Die Schule von Barbiana
Brief an eine Lehrerin

Gesellschaft
Territorio

Die Schule von Barbiana

Brief an eine Lehrerin

Übersetzung von Alexander Langer
Mit Texten von Lorenzo Milani
und Alexander Langer

Nachwort von Heidrun Demo
Herausgegeben von Sabina Langer

Die Drucklegung dieser Publikation wurde gefördert von

mit freundlicher Genehmigung der

in Zusammenarbeit mit

Originaltitel: *Lettera a una professoressa* (Libreria Editrice Fiorentina, 1967)

Erste deutsche Ausgabe:

Die Schule von Barbiana: Brief an eine Lehrerin

books@alphabeta.it • www.alphabeta-books.it

Umschlaggestaltung: A&D
Titelbild: *Don Milani a Barbiana* (1958), mit freundlicher Genehmigung der Fondazione Don Lorenzo Milani
Druckvorstufe: A&D
Druck: Cierre Grafica, Sommacampagna (VR)

ISBN 978-88-7223-413-6

Inhalt

Sabina Langer (1979) in Mailand geboren und aufgewachsen, hat Südtiroler Wurzeln. Redakteurin und Autorin von Schulbüchern; spezialisiert auf die Ausarbeitung von Unterrichtsmaterialien, die auf die Einbeziehung und aktive Beteiligung von Schüler:innen abzielen. Momentan PhD-Studentin an der Freien Universität Bozen, forscht zur politischen Bildung als Möglichkeit einer Mitgestaltung des Kurrikulums zwischen Lehrer:innen und Schüler:innen. Mitgründerin der „Casa delle Donne" in Mailand, Mitglied des Vorstands der „Alexander Langer Stiftung" in Bozen. Herausgeberin von Büchern von Alexander Langer über Bosnien-Herzegowina – auf Italienisch: *Quei ponti sulla Drina. Idee per un'Europa di pace*, Infinito, Formigine 2020; auf Bosnisch: *Umijeće zajedničkog življenja. Od Južnog Tirola do Srebrenice*, University Press, Sarajevo 2022. Mitverfasserin und -herausgeberin von *Scuola Sconfinata. Per una rivoluzione educativa*, Fondazione Giangiacomo Feltrinelli, Milano 2021.

Sabina Langer

Brief über die Lust am Lernen

Dieses Buch könnte einfach ein Geschenk für Don Lorenzo Milani zu seinem 100. Geburtstag sein, dahinter steckt jedoch auch eine andere Absicht: Es soll zum Nachdenken über die Rolle der Schule in der Gesellschaft anregen. *Lettera a una professoressa* ist der Wendepunkt, der ab 1967 die Vision der italienischen Schule für immer veränderte. Alexander Langer hat es gleich ins Deutsche übersetzt; der Tradition von alphabeta entsprechend soll dieses Buch auch heute zwischen Kulturen und Blickpunkten – zwischen der Toskana und Südtirol – vermitteln.

Sicherlich hat sich die Welt inzwischen drastisch geändert, die wirtschaftlich-sozialen Bedingungen sind ganz anders geworden, aber die Schule könnte (und sollte) heute immer noch der Emanzipation dienen und den Kindern und Heranwachsenden helfen, ihren Platz in der Welt und in der Gesellschaft zu finden. Im *Brief an eine Lehrerin* steht: „Schule ist jedenfalls immer noch besser als Stallmist“ (S. 43). Lernen gibt vor allem den Bauern- und Arbeiterkindern – heute könnten wir u. a. an Kinder mit Migrationshintergrund denken – die Möglichkeit, ihre eigene Situation zu verbessern und damit die Welt zu verändern. Lernen – verstanden als Transformationsprozess – ermöglicht, nicht länger in den herrschenden Dynamiken und Systemen steckenzubleiben oder sie nur zu reproduzieren. Deshalb ist es so wichtig, die Lust am Lernen zu erwecken.

Die systemischen Herausforderungen unserer Zeit wie Klimawandel, Pandemien und Kriege bedürfen wirkmächtiger Gedanken, um kreative Lösungen zu finden. Und dieses Büchlein kann dabei vielleicht helfen.

Der toskanische Pfarrer Lorenzo Milani und der Südtiroler Alexander Langer hatten beide ganz klare Vorstellungen bezüglich der damaligen Lebensbedingungen der Bevölkerung. Sie trafen sich manchmal und tauschten ihre Meinungen aus: Langer besuchte Milani in Barbiana, einem kleinen Dorf nicht weit von Florenz. Nachdem Langer die Idee aufgegeben hatte, Mönch zu werden, zog er nach Florenz, wo er Jura bei Giorgio La Pira[1] studierte und in katholischen politisch engagierten Bewegungen aktiv war. Wie alle jungen Männer in seinem Alter war Langer militärpflichtig, erwog aber die Kriegsdienstverweigerung – und dies brachte ihn dazu, Pfarrer Milani aufzusuchen, der sich für die Kriegsdienstverweigerung aus Gewissensgründen persönlich eingesetzt hatte und dafür auch vor Gericht gestellt, aber schlussendlich freigesprochen worden war.[2]

---

[1] Giorgio La Pira (1904–1977), Mitglied der italienischen Verfassunggebenden Versammlung, Jurist und Politiker. Er war in jener Zeit Bürgermeister von Florenz und wegen seines sozialen Engagements oft mit Lorenzo Milani in Kontakt.

[2] Zu diesem Prozess siehe den Anhang (S. 203), den Langer zum *Brief* geschrieben hatte.

Milani und Langer hatten beide jüdische Wurzeln, waren „konkrete“[3] Pazifisten, kannten den Wert und die Bedeutung der Minderheiten, versuchten die Abstände zwischen Menschen und Volksgruppen zu verkleinern, sahen kompetente Kommunikation und Dialog als Basis zwischenmenschlicher sowie interkultureller Interaktion. Allgemein setzten sich beide für den Aufbau einer gerechteren Welt ein, in der für alle Platz sein sollte. Diesbezüglich konzentrierte sich Milani stärker darauf, die sozialen Unterschiede zu bewältigen, Langer bleibt uns – neben seiner aktiven Umweltpolitik – vor allem wegen der „gemischten Gruppen“[4] und wegen seines Engagements

[3] Mitten im Krieg im ehemaligen Jugoslawien wurde Alexander Langer von der italienischen Linken vorgeworfen, kein echter Pazifist zu sein, weil er behauptete, es solle was gemacht werden, um den Krieg zu stoppen. So unterschied Langer im Artikel *Pacifismo tifoso, pacifismo dogmatico, pacifismo concreto* (»AAM Terra Nuova«, 06.04.1994) zwischen denjenigen, die den Frieden bejubeln – und mit Antikriegsfahnen und -parolen demonstrieren –, und denjenigen, die den universellen Wert des Friedens und der Menschenrechte verkünden und sich gegen jede Form der bewaffneten Intervention zur Verhinderung von Massakern wenden. Und es gibt nach Langer eine dritte Art von Pazifisten, die konkreten Pazifisten, die durch ihr Handeln versuchen, den Frieden Stück für Stück aufzubauen.

[4] „Gemischte Gruppen“ ist ein Begriff, den Langer in *Zehn Punkte fürs Zusammenleben* benutzt. Dort heißt es: „10. Vordenker und Vorläufer des Zusammenlebens: gemischte Gruppen. In Situationen des Zusammenlebens, der inter-ethnischen Spannung oder gar des Konflikts gibt es ein unschätzbar wertvolles Friedensinstrument: nämlich gemischte inter-ethnische (inter-konfessionelle, inter-kulturelle ...) Gruppen (so klein und bescheiden sie auch sein mögen). [...] In jedem Fall wird in solchen Gruppen das Zusammenleben in all seinen Aspekten praktisch erprobt und geübt. Wer die schwierige Kunst des Zusammenlebens schätzt oder gar erlernen möchte, wisse, dass gemischte Gruppen der beste Weg dazu sind. Sie stellen heute wohl das einfachste und gleichzeitig das wirksamste

für den Frieden in Bosnien-Herzegowina in Erinnerung. Beide waren sie im Innersten Lehrer.

Lorenzo Milani (1923–1967) setzte sich für eine inklusive, demokratische Schule ein; wie diese Schule sein sollte, lesen wir im *Brief an eine Lehrerin*. In der unmittelbaren Nachkriegszeit konnte ein großer Teil der italienischen Landbevölkerung weder lesen noch schreiben. Als junger Priester wurde Milani 1947 nach Calenzano, in ein Dorf in der Nähe von Prato (Toskana) versetzt, wo er wenig später eine Abendschule für Arbeiter und Bauern gründete. Er war fest davon überzeugt, dass auch die Armen ihre Lebensbedingungen verstehen und somit verbessern sollten, sie sollten auch ihre Rechte kennen und verteidigen; durch Schulung und Bildung könnten sie Ungerechtigkeiten erkennen und Veränderungen in Gang bringen. Dasselbe galt für Frauen – er wollte auch für sie eine Schule eröffnen; dazu sollte es aber nicht kommen. Milanis Ideen waren für die damalige Zeit viel zu fortschrittlich: Aufgrund von Meinungsverschiedenheiten mit der Kurie in Florenz wurde er 1954 nach Barbiana versetzt. Barbiana war ein noch abgelegeneres, noch kleineres Dorf. Hartnäckig schwor er seinen Überzeugungen nicht ab und gründete eine Ganztagsschule für die Kinder und Heranwachsenden. Das Grundprinzip der *Scuola di Barbiana* lässt sich mit dem englischen Motto *I care* („Ich kümmere mich darum“) zusammenfassen. Die Schule gab es von 1954 bis 1967, sie wurde wenige Monate nach dem Tod von Milani, der nur 44 Jahre alt wurde, geschlossen.

Gegenmittel gegen den allerorts aufflackernden ethnischen Konflikt und gegen den Rückfall in ethnozentrische Barbarei dar.“ https://www.alexanderlanger.org/de/172/126

Alexander Langer (1946–1995) lebte in Sterzing, Bozen und Florenz. Wie Milani selbst und wie es dieser seinen Schüler:innen beibrachte, widmete auch Langer sein Leben den Menschen und der Gesellschaft; er war Lehrer, Journalist, Übersetzer, Politiker. Er lehrte Deutsch, Geschichte, Philosophie an Gymnasien in Südtirol und Trentino; später etwa zehn Jahre lang in Rom (ab 1968), wenn auch nicht kontinuierlich; u. a. kamen der Militärdienst (er wäre im Falle einer Verweigerung zweifellos zu einer langen Militärgefängnisstrafe verurteilt worden) und eine wissenschaftliche Arbeit in Deutschland dazwischen. Langer war ab 1978 Landtagsabgeordneter in Südtirol, gehörte zu den Gründern der grünen politischen Bewegung in Italien und Europa und wurde Abgeordneter des Europäischen Parlaments. Er setzte sich für ein friedliches Zusammenleben unter den Menschen sowie der Menschen mit der Natur ein. Alexander Langer nahm sich mit 49 Jahren das Leben.

Kurz nachdem *Lettera a una professoressa* (1967) in Italien erschienen war, übersetzte Langer den *Brief* ins Deutsche. Marianne Andre, eine böhmische Jüdin, die oft in Barbiana gewesen war, überarbeitete die Übersetzung – Langer war damals Anfang zwanzig.

Alexander Langer war es wichtig, dass die Vorschläge und Überlegungen auch jenseits der Alpen und vielleicht auch von deutschsprachigen Lehrer:innen in Südtirol gelesen und verstanden werden konnten. Auch die deutschsprachige Fassung des *Briefes* ist ein wirkmächtiges Dokument aus jener Zeit. Langer ist sowohl Übersetzer als auch Herausgeber, obwohl diese Angaben auf dem Einband fehlten. In der kurzen *Vorbemerkung* erklärt Alexander Langer Eigenheiten des damaligen italienischen Schulsystems – die in Deutschland weitgehend unbekannt waren und heute zum Teil vergessen sind. Diese einleitenden Zeilen dienen dazu, die italienische Schule der Sechzigerjahre besser zu verstehen und sie gleichzeitig vom Blickwinkel des Studenten Langer aus zu betrachten. Eine Besonderheit der deutschsprachigen Fassung ist der Vorspruch *Über unsere Schule*, der in der ursprünglichen italienischsprachigen Ausgabe nicht enthalten war. Nachträglich von den Schüler:innen geschrieben, ermöglicht der Vorspruch einen Überblick über die grundlegenden Merkmale der Schule von Barbiana, einer Schule „ohne Ängste", wo nach wenigen Monaten alle „das Wissen selbst liebgewonnen" hatten, um es „im Dienst des Nächsten zu verwenden". In diesen paar Seiten gründet wahrscheinlich die Idee, das Buch nicht *Brief an eine Lehrerin*, sondern *Brief über die Lust am Lernen* zu nennen. Damit stellte Langer die Schüler:innen noch mehr in den Vordergrund – sie waren ihm wichtiger als irgendeine Lehrerin, die imaginäre Empfängerin des Briefes. Die übersetzten Seiten strahlen Liebe und Bewunderung für Milanis Ideen und diese Schule aus.

Im Italienischen wird immer noch allzu oft das generische Maskulinum benutzt: *Le maestre* (die Lehrerinnen) müssen bei *i maestri* (den Lehrern) mitbedacht werden … „der Junge" bedeutet implizit auch „das Mädchen". Der *Brief an eine Lehrerin* wurde im generischen Maskulinum geschrieben; Langer hat getreu übersetzt, es geht – auch in der deutschen Fassung – der Zeit entsprechend vordergründig um Jungen. Mädchen werden nicht ausdrücklich erwähnt, sind aber mitgemeint.

Um den *Brief* in der deutschsprachigen Fassung zu veröffentlichen, suchte Langer den Verleger Klaus Wagenbach in

Berlin auf.[5] Als die Übersetzung erschien (1970), war der *Brief* in Italien zu einem Vademecum geworden, mit dem demokratische Lehrer:innen neue Unterrichtsformen suchten; er wurde zu einem Manifest für die Studentenbewegung; er wurde an allen besetzten Universitäten Italiens zum Gegenstand von Seminaren; er wurde zu einem primären Bezugspunkt für alle, die sich für Bildung interessierten. Schule sollte sich nämlich laut italienischer Verfassung an *alle* richten, sollte *für* alle (da) sein. Milani war davon überzeugt, Schule solle als „Sozial-Aufzug" dienen: Auch Proletarier- und Bauernkinder sollten durch die Schule die Möglichkeit erhalten, sich zu verwirklichen. Diese emanzipatorische Aufgabe der Schule hatte in den Jahren der 68er-Bewegung enorme Bedeutung. Nicht allen war diese Vorstellung einer Schule für alle geläufig – insbesondere nicht denjenigen, die sie am meisten brauchten. Der junge Alexander Langer wusste hingegen, dass dieses Buch nicht für die Lehrkräfte geschrieben worden war, sondern sich an die Eltern richtete: „Es ist eine Aufforderung, sich zu organisieren" (wie die Schüler:innen auf der ersten Seite schreiben). Langer hatte die Kraft dieses schmalen kollektiven Werkes erkannt und sorgte dafür, es auch im deutschen Sprachraum zugänglich zu machen.

Die Schule in Barbiana war eine Ganztagsschule – zwölf Stunden am Tag, jeden Tag im Jahr. Schüler:innen waren in jenen Jahren etwa 45 Dorfkinder (darunter neun Mädchen), die eigentlich dazu bestimmt gewesen wären, in sozialer und kultu-

[5] Der unabhängige Wagenbach Verlag (1964 gegründet) war zunächst ein Ost-West-Verlag, erhielt bald Lizenzverbot durch die DDR und wurde der wichtigste Verlag der Studentenbewegung. Seit den Achtzigerjahren galt er als *der* Verlag für italienische Literatur und Kunst.

reller Hinsicht gesellschaftlich untergeordnet zu bleiben. Genau diese Bauernkinder klagen im *Brief* die Missstände einer auf das Bürgertum zugeschnittenen Schule an. Milani brachte ihnen bei, dass die Schule nicht nur die Besten auswählen und fördern sollte, sondern alle auf ein Mindestniveau an Bildung bringen und allen gleiche Möglichkeiten garantieren sollte. Aufgabe der Schule sei es, Unterschiede auszugleichen, anstatt sie zu vergrößern, den Kindern die Wichtigkeit des Seins anstatt die des Habens beizubringen.

In Italien gab es in dieser Zeit eine achtjährige Schulpflicht. Theoretisch sollten es fünf Jahre Grundschule und drei Jahre einheitliche Mittelschule (1962/63 reformiert) sein, in der Praxis bedeutete dies aber oft – vor allen in den Dörfern –, eine Klasse mehrmals zu wiederholen, bis die acht vorgeschriebenen Schuljahre absolviert waren. Die staatliche Schule war keineswegs inklusiv, sondern eher selektiv: Sie „verlor" einfach die Kinder der Arbeiter- und Bauernfamilien „zwischen den Jahren", weil sie kein soziales und kulturelles Kapital hatten, um sich dem gegebenen System anzupassen. Im *Brief* steht, eine solche Schule könne mit einem Krankenhaus verglichen werden, das „die Gesunden pflegt und die Kranken abweist. Sie wird zu einem Werkzeug, das immer unheilbarere Unterschiede schafft" (S. 50). Die Schule sollte aber keinen durchfallen lassen, keinen verlieren:

> Eine Schule, die Auslese betreibt, zerstört die Bildung. Den Armen nimmt sie die Möglichkeit, sich auszudrücken. Den Reichen nimmt sie die Kenntnis der Tatsachen.

Milani war fest davon überzeugt, dass auch die Bauernkinder aus Barbiana die Möglichkeit erhalten sollten, aktive Bürger:innen zu werden. Sie lernten an der Schule, die Gegenwart kritisch zu lesen und zu beurteilen, verschiedene Meinungen zu entwickeln, die Welt zu verstehen und sich für die Gesellschaft einzusetzen. Gehorsam war für Milani keine Tugend[6], sondern hauptsächlich eine heimtückische Versuchung mit zerstörerischer Wirkung auf gesellschaftliche und individuelle Beziehungen. In Barbiana lernten die Heranwachsenden, kritisch zu denken und nicht einfach dem herrschenden System zu gehorchen: Milani hatte große Pläne für sie, als Erwachsene hätten sie ihr Wissen teilen und „Priester, Lehrer [...], Gewerkschafter, Politiker" (S. 145) werden sollen, um eine gerechtere Welt zu erschaffen.

Dies galt auch für die Mädchen. Wie im *Brief* zu lesen ist (S. 45), ging kein Mädchen aus den Dörfern damals in die öffentliche Schule. Viele Jahre lang wurden die Mädchen und Frauenfiguren der Schule von Barbiana nicht erwähnt[7]; wahrscheinlich liegt dies an der mangelnden Sensibilität für dieses Thema, das Italien kennzeichnet. Lorenzo Milani hingegen war ein Priester, der vielleicht sogar als Feminist bezeichnet werden könnte. Mädchen sollten von Alternativen zur Hausarbeit und zur Ehe als einziger Form des Lebensunterhalts erfahren. Sie durften – sollten – auch in die Schule gehen und erhielten von Milani genau dieselbe Erziehung wie die Jun-

---

[6] *L'obbedienza non è più una virtù* (*Gehorsamkeit ist keine Tugend mehr*) ist eine Sammlung von Texten, welche die kulturelle Kontroverse und das Gerichtsverfahren von Lorenzo Milani zur Frage der Wehrdienstverweigerung aus Gewissensgründen in Italien dokumentieren (L. Milani, *L'obbedienza non è più una virtù*, Chiarelettere, Milano 2020 [1969]).

[7] Ein Bericht über die Mädchen und Frauenfiguren in Barbiana ist zu finden bei: S. Passerotti, *Le ragazze di Barbiana. La scuola al femminile di Don Milani*, Libreria Editrice Fiorentina, Firenze 2019.

gen. Wenn es schon schwierig war, Eltern aus der Bauern- und Arbeiterklasse davon zu überzeugen, ihre Söhne zur Schule zu schicken, so war es umso schwieriger, wenn es um die Töchter ging. Es war einfacher, die Kinder zur Arbeit als sie zur Schule zu schicken … aber „die Schule ist jedenfalls immer noch besser als Stallmist". Milani wollte, dass die Kinder und Heranwachsenden – Jungen wie Mädchen – lernten, sich niemandem unterlegen zu fühlen und immer ihre eigene Meinung zu vertreten. Er war überzeugt, dies durch Bildung zu erreichen.

Oftmals waren die Bauern- und Arbeiterfamilien aus Armut gezwungen, die Dörfer zu verlassen und in die Stadt zu ziehen. Dort aber wurden sie, so Milani, vom herrschenden (Schul-)System misshandelt: In den Schulbüchern fänden sie nichts von dem, was sie kannten; die Schule biete in ihrem Unterricht lediglich die bürgerliche Kultur an, sie sei auf die Bourgeoisie und deren Werte zugeschnitten. Milani versuchte dagegen, die kulturelle Identität der Bauern- und Arbeiterkinder zu schützen, denn die Werte derjenigen, die am Rande stehen, waren in seinen Augen für eine gerechtere Gesellschaft entscheidend und die Schule hatte sie seiner Ansicht nach zu verteidigen. Die Macht der herrschenden Klassen beruhe auf einem reicheren Wortschatz und einer umfangreicheren Sprache – die aber weder die Kenntnisse noch die Bedürfnisse der Arbeiter und Bauern einbezögen. „Ins Parlament müssen wir gelangen. Die Weißen werden nie die Gesetze erlassen, die die Neger brauchen. Um ins Parlament zu kommen, muss man sich die Sprache zu eigen machen." (S. 127)

In der Schule von Barbiana ist die Sprache – sind vielmehr die Sprachen – Mittel zur Verringerung sozialer Unterschiede: Die Schüler:innen sollten nicht nur Italienisch[8] sprechen, lesen und schreiben lernen, sondern so viele unterschiedliche Sprachen wie möglich. Jede:r sollte sich in der Welt ausdrücken und mit anderen Völkern unterhalten können – viele Schüler (und auch eine Schülerin!) aus Barbiana lebten und arbeiteten eine Zeit lang im Ausland, wie wir dem letzten Teil des *Briefes* entnehmen können; sie hatten die nötigen Sprachen mithilfe von Schallplatten erlernt und konnten sich manchmal besser als die Einheimischen ausdrücken und verständigen.

Wortschatz und Sprache stehen auch im Mittelpunkt des kollektiven Schreibens, einer Technik, die Milani von Mario Lodi[9] lernte. Der *Brief* ist das beste Beispiel dafür: ein kollektives Werk, an dem monatelang die älteren Schüler:innen arbeiteten – deshalb wurde er der Schule von Barbiana zugeschrieben. Das kollektive Schreiben wird heute leider nur noch sehr selten verwendet, obwohl es eine wirksame Praxis der Begegnung ist, im Sinne eines Ortes, an dem Lehrkraft und Schüler:innen zusammenkommen, um gemeinsam (Schreib-)Kultur zu schaffen. Don Milani erschien übrigens im *Brief* nicht, weder als Lehrer noch als Mitschreiber – er blieb im Hintergrund; die Schüler:innen stehen im Vordergrund. Deshalb beschloss Langer, dies zu unterstreichen und als „Schülerschule von Barbiana" zu zeichnen.

Für Milani hatte ein Lehrer sein Ziel an dem Tag erreicht, an dem die Schüler:innen selbständige Menschen und Bür-

---

[8] Damals sprachen noch sehr viele Leute Dialekt und nicht Italienisch, das für die meisten fast eine Fremdsprache war.

[9] Mario Lodi (1922–2014) war ein italienischer Pädagoge, Lehrer und Schriftsteller. Er war Mitglied des *Movimento di cooperazione educativa* (Bewegung für Bildungskooperation).

ger:innen sind. In der Schule von Barbiana waren alle sowohl Lernende als auch Lehrende – das kooperative Lernen war gang und gäbe –, und es wurde ein gemeinsamer Wissensschatz aufgebaut, wo jede:r nach den eigenen Möglichkeiten mitmachen konnte. Durch Gemeinschaftssinn und Beziehungen zwischen den Schüler:innen wie auch mit anderen Menschen konnten Individualismus und Einsamkeit der Gegenwart vermieden werden.

Die Schule sollte wie keine andere Institution zur politischen Bildung beitragen. Die Kinder in Barbiana lernten die Verfassung sowie Arbeitsverträge zu verstehen, sie lasen Zeitung und waren weitgehend informiert. Oft lud Milani Leute aus der Stadt ein, um verschiedene Themen mit den Schüler:innen zu vertiefen und ihr Wissen zu erweitern. Innerhalb weniger Jahre wurde Barbiana ein bekannter Ort: Leute aus aller Welt besuchten die Schule, unterhielten sich mit den Schüler:innen und beantworteten Fragen. Bald erlaubte Milani all denen, die ein höheres Schuldiplom hatten, den Zugang zu Barbiana nur noch, wenn sie sich für den Unterricht als nützlich erwiesen.

Auch Alexander Langer schaffte es nach Barbiana – wie wir im Artikel *Don Lorenzo Milani sagte uns: Ihr müsst die Universität verlassen* (S. 237) nachlesen können. Langer wollte den Pfarrer und Denker treffen, der so viele gesellschafts- und bildungspolitische Diskussionen auslöste. 1987 schrieb er von dieser erinnerungswürdigen Erfahrung und erzählte, wie Milani ihn aufforderte, die Universität zu verlassen, weil sie den Abstand zwischen ihm und der großen Masse der ungebildeten Menschen vergrößere. Er solle lieber etwas tun, um diese Distanz zu überbrücken, nur dann könnten alle gemeinsam einen Schritt nach vorne tun. Langer ließ von seinem Studium nicht ab, bemühte sich aber sein ganzes Leben lang, Abstände zwischen den Menschen zu verringern.

Im Artikel *Don Lorenzo Milani sagte uns: Ihr müsst die Universität verlassen* erzählt Langer von seinem Treffen mit dem Priester von Barbiana, das für ihn so ausschlaggebend war, dass er beschloss, zwei Texte, die in diesem Buch enthalten sind, zu übersetzen und herauszugeben, und zwar *Brief an eine Lehrerin* (S. 35) und *Offener Brief an die Feldseelsorger der Toskana* (S. 205).

Da Alexander Langer nicht nur Übersetzer war, sondern auch Student, Lehrer und Journalist – erst später Politiker –, finden sich in diesem Buch weitere Texte, in denen er über Sprachen und Schule nachdenkt.

Gegenseitiges Kennenlernen, um gemeinsam voranzukommen erschien in »Bi-Zeta 58«, einer italienischen Studentenzeitung, die ab 1964 auch deutschsprachige Artikel veröffentlichte. Es handelt sich um zwei ursprünglich nebeneinanderliegende Artikel, in denen sich Langer an italienischsprachige Studierende auf Italienisch und an deutschsprachige Studierende auf Deutsch wendet. Das Thema ist der Zugang zur zweiten Sprache in einem Land, das zweisprachig sein könnte, es aber (noch) nicht ist. Die Sprache der anderen zu kennen war für Langer – wie für Milani – ein lebenslanges großes Thema; nur durch gegenseitiges Verständnis könnten Konflikte vermieden und ein friedliches Miteinanderleben aufgebaut werden.

Der Artikel *Abiturprüfung: Es gibt einen Mitläufer in der Kommission* gibt uns einen Einblick in die Gefühle und Überlegungen im Zusammenhang mit Langers Erfahrungen als Lehrer – oder besser gesagt als Kommissar bei der Abiturprüfung im Jahr 1978. Langer hatte gehofft, die Schule könnte ein Ort sein, an dem man sich als aktive:r Bürger:in betätigen könne. Seit Ende der Siebzigerjahre widmete sich Langer mit Leib und Seele der institutionellen Politik, stand weiterhin auf der Seite der Minderheiten und setzte sich tagtäglich für das friedvolle Zusammenleben der Menschen untereinander und mit der Natur ein.

Im Nachwort *Warum brauchen wir den* Brief an eine Lehrerin *hier und jetzt?* stellt Heidrun Demo – Professorin für Inklusionspädagogik an der Freien Universität Bozen – Überlegungen zur Aktualität des *Briefes* sowie zu seiner Bedeutung für Südtirol an.

Hoffentlich macht euch, liebe Leserinnen und Leser, die Lektüre der einzelnen Beiträge Spaß. Hoffentlich wird durch das Buch die Lust am Lernen geweckt sowie die Lust daran, eine demokratischere Schule zu erschaffen.

> Wir möchten, dass alle Armen der Welt Sprachen lernen, um sich untereinander verstehen und zusammenschließen zu können. So gäbe es keine Unterdrücker und keine Vaterländer und keine Kriege.

Alexander Langer

Vorbemerkung
Kurze Erklärung des italienischen Schulwesens zur Zeit der Entstehung dieses Buches (1966–67)

Pflichtschule: Laut Verfassung dauert die Schulpflicht acht Jahre (6.–14. Lebensjahr). Vor Einführung der reformierten Mittelschule (1962/63) und Ausdehnung des Mittelschulnetzes bestand in kleineren Orten oft keine andere Wahl, als mehrmals die letzte Grundschulklasse zu besuchen.
Grundschule: dauert fünf Jahre, Unterstufe (1.–2. Klasse), Oberstufe (3.–5. Klasse). Einheitlich.
Mittelschule (auch Untermittelschule genannt): dauert seit der Reform von 1962 drei Jahre und ist einheitlich. Unterrichtsfächer: Italienisch, eine Fremdsprache (früher nicht, dafür Latein als Pflichtfach), Mathematik, Erdkunde, Geschichte, Staatsbürgerkunde (ungenügend durchgeführt), Naturkunde, Kunst-, Werk- und Musikerziehung, Turnen, Religion, Latein ist nur noch Wahlfach.
Nach der Mittelschule (also nach vollendetem achten Schuljahr, womit die allgemeine Schulpflicht aufhört) teilen sich die verschiedenen Schulzweige.

Allgemein kann man die Schultypen bis zum Reifegrad als Oberschulen (Obermittelschulen, höhere Mittelschulen) bezeichnen; sie dauern fünf Jahre. Die wichtigsten Typen sind:

Humanistisches Gymnasium („ginnasio-liceo classico") mit Griechisch und Latein. Der Schultyp, der allgemein von den Kindern aus „guter Familie" besucht wird.
Realgymnasium („liceo scientifico"): ohne Griechisch und mit weniger Latein, dafür mehr exakte Wissenschaften, im Übrigen dem humanistischen ziemlich ähnlich; die zweite Stufe im Sozialprestige.
Fach-Oberschulen (Handelsoberschule, Oberschule für Geometer usw. – eine ganze Reihe von Zweigen, die ebenfalls bis zum Reifegrad führen). Eine Ausnahme bildet die *Lehrerbildungsanstalt* („istituto magistrale"), von der in diesem Buch hauptsächlich die Rede ist: Sie dauert nur vier Jahre, weswegen sie manchmal auch aus Gründen der kürzeren Ausbildungsdauer besucht wird.

Alle diese Schultypen arbeiten mit *Prüfungen*: Übergang von der ersten zur zweiten Stufe der Grundschule, Abschluss der Grundschule („licenza elementare"), Abschluss der Mittelschule („licenza media"), eine Zwischenstufe im humanistischen Gymnasium („licenza ginnasiale"), Abschluss der Oberschule. Die Abschlussprüfung der Oberschule heißt je nach Schultyp humanistische oder wissenschaftliche Reifeprüfung, Lehrbefähigung, Fachbefähigungsprüfung usw. Sie entspricht dem Abitur.

Mit dem Abschlussdiplom einer Oberschule und je nach dem besuchten Schultyp kann man die *Universität* besuchen. Dabei eröffnet das humanistische Gymnasium Zugang zu allen Fakultäten, die anderen Oberschulen zu einer begrenzteren Anzahl von Fakultäten oder Hochschulinstituten, die Lehrerbildungsanstalt nur zu einer Fakultät (Pädagogik).

Die Universität wird mit Dissertation und Promotion abgeschlossen; man erwirbt den Doktorgrad nach einem Studium von mindestens vier Jahren (in den meisten Fällen länger). *Lehrer*: die Grundschullehrer haben die Lehrerbildungsanstalt besucht (vier Jahre; nach Abschluss der Mittelschule). Die Mittel- und Oberschullehrer müssen die Universität abgeschlossen haben. In Italien werden sie „professore" (weiblich: „professoressa") genannt. Hier steht einheitlich „Oberschullehrer" für die Lehrer an Mittel- und Oberschulen.

Schulische Laufbahn: Die Schulzeugnisse werden in den Grund-, Mittel- und Oberschulen dreimal im Jahr (Trimester) ausgestellt. Dabei wird in jedem einzelnen Fach eine Note (Zensur) erteilt. Die Höchstnote ist Zehn, kommt aber praktisch nur in der Grundschule vor. Auch Neun ist in den Mittel- und besonders Oberschulen äußerst selten. Die Zensuren entsprechen etwa folgenden Bewertungen: 10 = außerordentlich, 9 = sehr gut, 8 = gut, 7 = befriedigend, 6 = genügend, 5 = ungenügend, 4 = ganz ungenügend, manchmal auch noch 3, 2, 1. Dazu gibt es Zwischennoten (5/6, 6+, 4– usw.), die die Bewertungen noch weiter abstufen sollen. Wer am Schluss des Jahres in einem oder mehreren Fächern (bis zu vier Fächern gewöhnlich) ungenügende Zensuren hat, muss in den entsprechenden Fächern am Ende der Ferien „Nachprüfungen" (oder „Wiederholungsprüfungen") ablegen, aufgrund deren er dann versetzt wird oder nicht. Wenn schon vor Beginn der Ferien, also am Ende des Schuljahres, das Ergebnis als eindeutig ungenügend im Ganzen gewertet wird, muss der Schüler das Jahr wiederholen (durchfallen, ital. Fachausdruck: „bocciare"). Man kann also schon am Ende des Schuljahres durchfallen oder erst aufgrund der Nachprüfungen (oder wenn man dazu nicht antritt). Das Schuljahr dauert in Italien vom 1. Oktober bis Mitte (Mittel- und Oberschulen) oder Ende (Grundschulen) Juni. Sofort anschließend finden die Prüfungen statt; im September die Nachprüfungen.

Wer aus irgendeinem Grund die Oberschule nicht besuchen kann oder will, kann trotzdem am Ende des Jahres in den staatlichen Schulen zu Prüfungen antreten (als „Privatist"), um das staatliche Zeugnis zu erlangen.

Darauf bezieht sich auch die Lage, die in diesem Brief geschildert wird: Ein Junge wird von der Lehrerbildungsanstalt „zurückgewiesen".

Schule und Pfarrhaus von Barbiana sind heute verlassen: Nach dem Tod Don Milanis hat man nicht gewagt, die Pfarrstelle neu zu besetzen; zudem sind viele Bauernfamilien ins Tal gezogen – im Buch ist davon die Rede. Die Schüler von Barbiana arbeiten zum Teil in den Gewerkschaften, zum Teil kämpfen sie noch immer um ihre Ausbildung für offiziell anerkannte Lehrberufe.

Seit dem Erscheinen des Buches (1967) arbeiten eine große Zahl von „doposcuola" (Ergänzungsschulen) in Landgemeinden, Arbeitervorstädten und unterprivilegierten Zonen, die den Bericht und die Forderungen der Schule von Barbiana alle als Grundsatzdokument anerkennen. Diese Schulen – in der Toskana, in Mittelitalien, in den Barackensiedlungen vor Rom, in den Vorstädten Turins, Mailands und anderer Großstädte – haben fast immer den Charakter von Gegenschulen; alle Versuche der offiziellen Institutionen der reformistischen Linken, sie zu integrieren, sind bisher gescheitert.

Insofern hat das Buch der Schüler von Barbiana sehr stark gewirkt, auch die italienische Studentenbewegung verdankt ihm sehr viel.

Schüler und Schülerinnen von Barbiana

Über unsere Schule*

I. Barbiana

Barbiana liegt am Nordhang des Monte Giovi, 470 Meter über dem Meeresspiegel.
Von hier sehen wir unter uns das ganze Mugello-Tal, das von der Sieve – einem Nebenfluss des Arno – durchflossen wird.
Auf der anderen Seite des Mugello-Tales sehen wir die Apenninen-Kette.
Barbiana ist nicht einmal ein Dorf, es ist eine Kirche, und die Häuser sind in den Wäldern und auf den Feldern verstreut.
Die Orte im Gebirge wie dieser sind verlassen, ohne Bewohner. Wenn unsere Schule nicht wäre, die unsere Eltern in Barbiana festhält, wäre auch Barbiana verlassen. Im Ganzen sind 39 Seelen hiergeblieben.
Unsere Väter sind Bauern oder Arbeiter.
Die Erde ist sehr karg, weil die Regengüsse sie wegtragen und den Felsen freilegen. Das Wasser fließt in die Ebene ab. So

* Der Vorspruch „Über unsere Schule“ ist nicht in der ursprünglichen italienischen Ausgabe enthalten. Er wurde nachträglich von allen Schülern gemeinsam geschrieben; die ersten beiden Abschnitte schrieben die jüngsten (11–12 Jahre alt), die folgenden die älteren.

essen die Bauern ihre ganze Ernte auf und können nichts verkaufen.
Auch das Leben der Arbeiter ist hart. Sie stehen morgens um fünf Uhr auf, legen sieben Kilometer bis zum Zug zurück und brauchen eineinhalb Stunden Eisenbahnfahrt, bis sie nach Florenz kommen, wo sie als Handlanger arbeiten. Sie kommen abends um halb neun Uhr nach Hause.
In vielen Häusern und auch hier in der Schule fehlen das elektrische Licht und das Wasser. Eine Straße gab es nicht. Wir haben sie einigermaßen hergerichtet, damit ein Auto darauf fahren kann.

II. Unsere Schule

Unsere Schule ist privat.
Sie besteht aus zwei Zimmern des Pfarrhauses und aus zwei weiteren, die uns als Werkstatt dienen.
Im Winter ist es darin etwas eng. Aber von April bis Oktober halten wir im Freien Schule und dann mangelt es uns nicht an Raum.
Jetzt sind wir 29. Drei Mädchen und 26 Jungen.
Nur neun haben ihre Familie in der Pfarrei von Barbiana. Fünf weitere leben bei Familien von hier zu Gast, weil ihre Häuser zu weit weg sind.
Die anderen fünfzehn stammen aus anderen Pfarreien und kehren jeden Tag nach Hause zurück: einige zu Fuß, einige mit dem Fahrrad, einige mit dem Moped. Mancher kommt von sehr weit, so zum Beispiel Luciano, der zwei Stunden durch den Wald geht, auf dem Hin- und dem Rückweg.
Der Jüngste von uns ist elf Jahre alt, der Älteste 18.

Die Kleinsten machen die erste Mittelschulklasse. Dann gibt es eine zweite und eine dritte Fachschulklasse.
Die, die die Fachschulklassen abgeschlossen haben, lernen andere Fremdsprachen und technisches Zeichnen. Die Sprachen sind: Französisch, Englisch, Spanisch und Deutsch. Francuccio, der Missionar werden will, beginnt jetzt auch mit dem Arabischen.
Unser Stundenplan geht von acht Uhr morgens bis halb acht Uhr abends. Nur zum Essen gibt es eine kleine Unterbrechung. Vor acht Uhr morgens arbeiten gewöhnlich jene von uns, die näher wohnen, bei sich zu Hause im Stall oder beim Holzhacken.
Erholungspausen und Spiel gibt es nicht.
Wenn Schnee liegt, fahren wir nach dem Essen ein bisschen Ski, und im Sommer schwimmen wir eine Stunde in einem kleinen Schwimmbecken, das wir selbst gebaut haben.
Das nennen wir nicht Erholung, sondern besonders begeisternde Unterrichtsfächer. Der Pfarrer lässt sie uns lernen, weil sie uns im Leben nützlich sein können.
Wir haben 365 Schultage im Jahr. In den Schaltjahren 366. Der Sonntag unterscheidet sich von den anderen Schultagen, weil wir die Messe besuchen.
In den zwei Zimmern, die wir Werkstatt nennen, lernen wir Holz und Eisen zu bearbeiten und bauen alle Gegenstände, die für die Schule notwendig sind.
Wir haben 23 Lehrer. Denn außer den sieben Jüngsten unterrichten alle anderen diejenigen, die weniger wissen als sie. Der Pfarrer unterrichtet nur die Größten. Um Zeugnisse zu bekommen, gehen wir als Privatisten an die staatlichen Schulen, um die Prüfungen abzulegen.

III. Warum wir anfangs zur Schule kamen

Bevor wir kamen, wussten weder wir noch unsere Eltern, was die Schule von Barbiana war.

Was wir dachten

Wir sind nicht alle aus demselben Grund hergekommen.

Für uns von Barbiana war es einfach:

Am Morgen gingen wir in die Volksschule und am Nachmittag mussten wir auf die Felder gehen. Wir beneideten unsere älteren Geschwister, die den Tag in der Schule verbrachten und von fast allen Arbeiten befreit waren. Wir waren immer allein, sie immer in Gesellschaft. Uns Jungen gefällt es, das Gleiche wie andere zu tun. Wenn alle spielen: zu spielen; hier wo alle lernen: zu lernen.

Für jene aus den anderen Pfarreien waren die Gründe verschieden:

Fünf von uns sind wider Willen gekommen (Arnaldo sogar zur Strafe). Ganz entgegengesetzt haben zwei von uns ihre Eltern überzeugen müssen, uns (weil wir von unseren Schulen angewidert waren) herzuschicken.

Die meisten von uns hingegen sind im Einverständnis mit den Eltern gekommen.

Fünf, weil sie von nichtssagenden Lehrfächern angezogen wurden, vom Skifahren oder Schwimmen, oder nur um es einem Freund gleichzutun, der kam.

Die anderen acht, weil sie vor der zwingenden Wahl standen: entweder Schule oder Arbeit. Wir haben die Schule gewählt, um weniger zu arbeiten.

Jedenfalls hatte niemand von uns damit gerechnet, hierherzukommen, um ein Zeugnis zu erwerben und eines Tages mehr

Geld zu verdienen oder sich weniger bemühen zu müssen. Ein solcher Gedanke wäre uns von selbst nicht gekommen. Wenn er in jemandem steckte, war es durch den Einfluss der Eltern.

Was unsere Eltern dachten

Es scheint jedenfalls so, als wären dies gewöhnlich die Berechnungen der Eltern, wenigstens wenn wir es nach der Weise unserer Eltern beurteilen.

Wir haben sie nichts anderes sagen hören als: „Gib nur ja acht, dass du durchkommst! Wenn du durchkommst, mache ich dir ein Geschenk! Wenn du durchfällst, wirst du was abbekommen! Willst du auf den Feldern arbeiten wie dein Vater? Schau jenen mit dem Zeugnis an, was der sich für eine Stellung erarbeitet hat!"

Wenn man sie hörte, so schien es, als gäbe es auf der Welt kein anderes Problem außer uns selbst, das Geld, den „Platz im Leben".

Es mag also so aussehen, als erzögen sie uns zum Egoismus. Dagegen geben sie uns in vielen anderen Dingen Beispiele von Selbstlosigkeit: Sie helfen bereitwillig dem Nächsten, und auch ihre Sorge um uns zeigt uns ständig, dass sie wenig an sich selbst denken. Oft geben ihre Worte nicht ihre wahren Gedanken wieder, sie wiederholen nur, was die Leute gewöhnlich sagen.

IV. Warum wir jetzt zur Schule kommen

Langsam, langsam haben wir entdeckt, dass dies eine besondere Schule ist: Es gibt keine Zensuren, keine Zeugnisse, keine Gefahr durchzufallen oder wiederholen zu müssen. Mit den vielen Schulstunden und Schultagen, die wir haben, gelingen uns die staatlichen Prüfungen eher leicht, und so können wir uns erlauben, fast das ganze Jahr nicht an sie zu denken. Aber wir vernachlässigen sie nicht ganz, weil wir unsere Eltern mit jenem Fetzen Papier, den sie so sehr schätzen, zufriedenstellen wollen, sonst würden sie uns nicht mehr zur Schule schicken. Es bleiben uns jedenfalls reichlich Schulstunden übrig, sodass wir die Fächer des Lehrprogramms vertiefen oder neue, begeisterndere lernen können. Diese Schule also, ohne Ängste, tiefer und reicher, hat nach wenigen Tagen jeden von uns begeistert. Nicht nur das: Nach wenigen Monaten hat jeder von uns das Wissen selbst liebgewonnen.

Aber wir mussten noch eine Entdeckung machen: Das Wissen zu lieben kann auch Egoismus sein.

Der Pfarrer hält uns ein höheres Ideal vor: das Wissen nur zu suchen, um es im Dienst des Nächsten zu verwenden; zum Beispiel sich als Erwachsener dem Unterricht, der Politik, der Gewerkschaft, dem Apostolat oder Ähnlichem zu widmen. Deswegen sprechen wir oft von den Schwächsten und schlagen uns auf ihre Seite: Afrikaner, Asiaten, Süditaliener, Arbeiter, Bauern, Bergbewohner. Aber der Pfarrer sagt, dass wir auf keinem Gebiet etwas für den Nächsten zu tun vermögen, solange wir uns nicht mitteilen und verständigen können.

Deswegen sind die Sprachen hier, was die Stundenzahl angeht, das Hauptfach.

Vor allem Italienisch, denn sonst könnten wir Fremdsprachen nicht einmal lernen.

Dann so viele Sprachen wie möglich, denn es gibt auf der Welt ja nicht nur uns.

Wir möchten, dass alle Armen der Welt Sprachen lernen, um sich untereinander verstehen und zusammenschließen zu können. So gäbe es keine Unterdrücker mehr, und keine Vaterländer und keine Kriege.

V. Vom Reden zum Tun ist ein weiter Weg

Uns allen würde es gefallen, heute und unser ganzes Leben lang auf der Höhe dieser Ideale zu leben. Aber unter dem Druck der Eltern, der bürgerlichen Welt und eines gewissen Egoismus unsererseits sind wir ständig versucht, wieder in das bloße Interesse an uns selbst zurückzufallen.

Unsere Schwäche

Einer der Ältesten von uns zum Beispiel, der in Mathematik schon sehr gut war, verbrachte Nächte, um sie noch weiter zu studieren. Ein anderer hat sich nach sieben Jahren Schule hier entschlossen, sich an der Universität für Elektrotechnik einzuschreiben.

Einigen von uns kann es manchmal passieren, dass wir eine Diskussion beiseite lassen, um ein Moped zu bestaunen, genauso wie die Jungen von der Stadt.

Und wenn wir außer dem Moped noch blödere Dinge zur Verfügung hätten (wie einen Fernseher oder Fußball), könnten wir euch nicht versprechen, dass nicht manch einer schwach genug wäre, damit manche halbe Stunde zu vertun.

Der Druck der Eltern und der Umwelt

Zu unserer Verteidigung zählt jedoch der Umstand, dass jeder von uns frei ist, jeden Augenblick die Schule zu verlassen und wegzugehen, um zu arbeiten und Geld auszugeben, wie es in der Welt üblich ist.

Wenn wir es nicht tun, glaubt nur ja nicht, es sei wegen des Drucks unserer Eltern. Ganz im Gegenteil! Besonders jene unter uns, die schon die Mittelschule abgeschlossen haben, sind ständig im Gegensatz zur Familie, die uns drängen will, zu arbeiten und Karriere zu machen. Wenn wir zu Hause sagen, dass wir unser Leben dem Dienst am Nächsten widmen wollen, dann rümpfen sie die Nase, auch wenn sie vielleicht behaupten, Kommunisten zu sein.

Nicht sie haben Schuld, sondern die bürgerliche Welt, in der auch die Armen versunken sind.

Diese Welt übt auf sie wie auf uns Druck aus.

Aber wir wehren uns dank der Schule, die wir hatten, während sie, die Armen, weder diese noch eine andere Schule gehabt haben.

Die Schule von Barbiana

Brief an eine Lehrerin

Dieses Buch ist nicht für die Lehrer geschrieben, sondern für die Eltern. Es ist eine Aufforderung, sich zu organisieren.
Auf den ersten Blick scheint das Buch von einem Jungen allein geschrieben. In Wirklichkeit aber sind wir Verfasser acht Jungen der Schule von Barbiana.
Andere Kameraden von uns, die arbeiten, haben uns sonntags geholfen.
Vor allem müssen wir unserem Pfarrer danken, der uns erzogen hat. Er hat uns die Regeln der Kunst gelehrt und er hat die Arbeit an diesem Buch geleitet.
Ferner den vielen Freunden, die auf andere Weise mitgearbeitet haben:

- für die Vereinfachung dessen, was wir geschrieben haben, danken wir verschiedenen Eltern;
- für die Sammlung statistischer Angaben danken wir Sekretären, Lehrern, Schuldirektoren, Beamten des Ministeriums und des Zentralamtes für Statistik, Pfarrern;
- andere Nachrichten verdanken wir Gewerkschaftern, Journalisten, Gemeindeverwaltern, Historikern, Statistikern, Juristen.

Erster Teil

Die Pflichtschule darf nicht durchfallen lassen

Liebe Frau Oberschullehrerin,
Sie werden von mir nicht einmal mehr den Namen wissen. Sie haben ja viele durchfallen lassen.
Ich hingegen habe oft an Sie zurückgedacht, an Ihre Kollegen, an jene Institution, die Ihr Schule nennt, an die Jungen, die Ihr „zurückweist". Ihr weist uns in die Äcker und Fabriken zurück und vergesst uns.

die Schüchternheit
Vor zwei Jahren, in der ersten Klasse der Lehrerbildungsanstalt, flößten Sie mir Schüchternheit ein. Übrigens hat die Schüchternheit mein ganzes Leben begleitet. Als Kind hob ich die Augen nicht von der Erde. Ich schlurfte die Wände entlang, um nicht gesehen zu werden.
Zuerst glaubte ich, das sei eine persönliche Krankheit von mir oder höchstens meiner Familie: Meine Mutter gehört zu denen, die schon vor einem Telegrammformular scheu werden; der Vater sieht und hört zu, aber er spricht nicht.
Später habe ich geglaubt, die Schüchternheit sei die Krankheit der Bergbewohner. Die Bauern aus der Ebene schienen mir selbstsicherer, von den Arbeitern gar nicht zu reden. Jetzt habe

ich aber gesehen, dass die Arbeiter den Herrensöhnchen alle verantwortlichen Posten in den Parteien und alle Sitze im Parlament überlassen.
Also sind sie wie wir. Und die Schüchternheit der Armen ist ein viel älteres Geheimnis. Nicht einmal ich kann es Ihnen erklären, der ich doch daran teilhabe. Vielleicht ist es weder Feigheit noch Heldentum. Es ist nur das Fehlen von Anmaßung.

Die Leute vom Berg

die Einheitsklasse
In der Volksschule bot mir der Staat eine Schule zweiter Kategorie. Fünf Klassen in einem einzigen Klassenzimmer. Ein Fünftel der Schule, auf die ich Anspruch hatte.
Es ist das System, das sie in Amerika anwenden, um Unterschiede zwischen Weißen und Schwarzen zu schaffen. Eine schlechtere Schule für die Armen schon von klein auf.

Pflichtschule
Am Ende der Volksschule hatte ich Anrecht auf drei weitere Schuljahre. Mehr noch, die Verfassung sagt, dass ich die Pflicht hatte, sie zu besuchen. Aber in Vicchio(1) gab es noch keine Mittelschule. Bis nach Borgo zu gehen war ein richtiges Unterfangen. Wer es dennoch versucht hatte, der hatte einen Haufen Geld ausgegeben und war am Ende trotzdem wie ein Hund zurückgewiesen worden.
Meinen Eltern hatte die Lehrerin außerdem gesagt, sie sollten kein Geld verschwenden: „Schickt ihn auf die Felder. Er eignet sich nicht zum Lernen."

Der Vater antwortete ihr nicht. Bei sich dachte er: „Würden wir in Barbiana wohnen, wäre er geeignet."

Barbiana

In Barbiana gingen alle Jungen beim Pfarrer[2] zur Schule. Von frühmorgens bis zur Dunkelheit, Sommer und Winter. Dort war für niemanden das Lernen „aussichtslos".

Aber wir waren von einer anderen Pfarrgemeinde und wohnten weit weg. Der Vater war schon daran, es aufzugeben. Da erfuhr er, dass auch ein Junge von S. Martino dorthin ging. So machte er sich Mut und ging, um sich einmal umzuhören.

der Wald

Als er zurückkam, sah ich, dass er mir eine Taschenlampe für den Abend, einen verschließbaren Suppentopf und Gummistiefel für den Schnee gekauft hatte.

Am ersten Tag begleitete er mich selbst. Wir brauchten zwei Stunden, denn wir bahnten uns den Weg mit Hacke und Sichel. Dann lernte ich, ihn in kaum mehr als einer Stunde zurückzulegen.

Ich kam nur an zwei Häusern vorüber. Mit zerbrochenen Fensterscheiben, erst seit Kurzem verlassen.[3] Dann und wann begann ich zu laufen, wegen einer Schlange oder wegen eines Irren, der allein oben bei der „Rocca" lebte und mir von Weitem nachrief.

Ich war elf Jahre alt. Sie wären vor Angst gestorben. Sehen Sie? Jeder hat seine Ängste. Also sind wir gleich.

Aber nur so lange, wie jeder bei sich zu Hause bleibt. Oder wenn Sie bei uns Prüfungen ablegen müssten. Aber das müssen Sie ja nicht.

die Tische
Barbiana schien mir, als ich ankam, gar keine Schule. Kein Katheder, keine Tafel, keine Schulbänke. Nur große Tische, um die herum Schule gehalten und gegessen wurde.
Von jedem Buch gab es nur ein Exemplar. Die Jungen drängten sich darüber. Man merkte kaum, dass einer etwas größer war und unterrichtete.
Der älteste jener Lehrer war sechzehn Jahre alt. Der jüngste zwölf, und ich war voll Bewunderung für ihn. Vom ersten Tag an beschloss ich, dass auch ich einmal unterrichten würde.

vorgezogen
Das Leben war auch dort oben hart. Disziplin und Szenen, die einem schon die Lust zum Wiederkommen nehmen konnten.
Wem aber die Grundlagen fehlten und wer langsam oder faul war, der fühlte sich vorgezogen. Er wurde aufgenommen, wie Ihr den Klassenersten aufnehmt. Es war, als ob die Schule ganz für ihn da wäre. Solange er nicht verstanden hatte, gingen auch die anderen nicht weiter.

die Erholungspause
Es gab keine Erholungspause. Nicht einmal sonntags war schulfrei. Niemandem von uns bereitete das große Sorge, denn arbeiten ist schlimmer. Aber jeder Bourgeois, der uns besuchen kam, eröffnete über diesen Punkt eine Polemik.
Ein hochgelehrter Professor sagte: „Sie, Hochwürden, haben nicht Pädagogik studiert. Polianski sagt, dass der Sport für den Jungen eine physiopsy … Notwendigkeit ist.“*

---

* *Polianski:* Wir wissen nicht, wer das ist, aber es wird wohl ein berühmter Erzieher sein. *Pädagogik:* die Kunst, junge Menschen zu erziehen.

Er sprach, ohne uns anzusehen. Wer Pädagogik an der Universität lehrt, braucht die Jungen nicht anzusehen. Er kennt sie alle auswendig, so wie wir das Einmaleins.
Endlich ging er weg, und Lucio, der 36 Kühe im Stall hatte, sagte: „Die Schule ist jedenfalls immer noch besser als Stallmist."

die Bauern in der Welt
Diesen Satz müsste man auf die Tore Eurer Schulen meißeln. Millionen von Bauernjungen sind bereit, ihn zu unterschreiben.
Dass die Jungen die Schule hassen und das Spiel lieben, das behauptet Ihr. Uns Bauern habt Ihr nicht befragt. Aber wir sind eine Milliarde und neunhundert Millionen.* Sechs Jungen von zehn denken genauso wie Lucio. Von den anderen vier weiß man es nicht.
So ist Eure ganze Bildung aufgebaut. Als ob Ihr allein die Welt wärt.

Jungen als Lehrer
Im Jahr darauf war ich Lehrer. Das heißt, ich war es drei Halbtage pro Woche. Ich lehrte Geografie, Mathematik und Französisch in der ersten Mittelschulklasse.
Um den Atlas oder Bruchrechnungen zu erklären, braucht man kein Diplom.

---

physiopsy...: Teil eines der großen Worte, die der Professor gebrauchte und das wir nicht vollständig behalten haben.

* Wir haben in dieser Zahl auch jene mitgezählt, denen es noch schlechter geht als den Bauern: Jäger, Fischer, Hirten (*Compendium of Social Statistics*, UNO, New York 1963).

Wenn ich mich irrte, war das nicht weiter schlimm. Es war sogar eine Erleichterung für die Jungen. Wir suchten gemeinsam. Die Stunden vergingen ohne Angst und ohne Schüchternheit. Sie können nicht so Schule halten wie ich.

Politik oder Geiz
Außerdem lernte ich viel beim Unterrichten.
Zum Beispiel habe ich gelernt, dass das Problem der anderen auch meins ist. Wenn wir es gemeinsam lösen, so ist das Politik. Löst man es für sich selbst, allein, so ist das Geiz.
Gegen den Geiz war ich beileibe nicht gefeit. Während der Tage unmittelbar vor den Prüfungen an der öffentlichen Schule[(4)] hatte ich Lust, die Kleinen zum Teufel zu schicken und für mich selbst zu lernen. Ich war ein Junge wie die Euren, aber dort oben konnte ich das weder vor den anderen noch vor mir selbst zugeben. Ich musste großherzig sein, auch wenn ich es gerade nicht war.
Das wird Euch wenig scheinen. Aber mit Euren Jungen tut Ihr noch weniger. Ihr verlangt nichts von ihnen. Ihr fordert sie nur auf, Karriere zu machen.

Die Jungen vom Dorf

verklemmt
Nach der Einrichtung einer Mittelschule in Vicchio kamen auch Jungen aus dem Dorf nach Barbiana. Lauter Durchgefallene natürlich.
Für sie gab es das Problem der Schüchternheit offenbar gar nicht. Aber sie waren in anderen Sachen verklemmt.
Zum Beispiel betrachteten sie das Spiel und die Ferien als ein Recht, die Schule als ein Opfer. Sie hatten nie gehört, dass man

in die Schule geht, um zu lernen, und dass es ein Privileg ist, sie besuchen zu können.
Für sie stand der Lehrer auf der anderen Seite der Barrikade und es war richtig, ihn zu betrügen. Sie versuchten sogar, voneinander abzuschreiben. Es brauchte einige Zeit, bis sie begriffen, dass es kein Klassenbuch gab.

das Hähnchen

Dieselben Heimlichkeiten über geschlechtliche Dinge. Sie glaubten, dass man darüber im Verborgenen sprechen müsse. Wenn sie ein Hähnchen auf einer Henne sahen, stießen sie sich mit den Ellbogen an, als hätten sie einen Ehebruch gesehen. Immerhin war dies am Anfang das einzige Unterrichtsfach, das sie aufwecken konnte. Wir hatten ein Anatomie-Buch.[*] Sie zogen sich in eine Ecke zurück, um es zu betrachten. Zwei Seiten waren ganz abgegriffen.
Später entdeckten sie, dass auch andere Seiten ganz schön sind. Dann merkten sie, dass auch Geschichte schön ist. Mancher ist dann nicht mehr stehengeblieben. Jetzt hat er für alles Interesse. Er hält Schule für die Kleineren, er ist wie wir geworden. Bei manchen ist es Euch allerdings gelungen, dass sie noch einmal erstarrten.

die Mädchen

Von den Mädchen des Dorfes kam nicht einmal eines. Vielleicht lag die Schwierigkeit am Weg. Vielleicht in der Mentalität der Eltern. Sie glauben, eine Frau könne auch mit einem Spat-

---

[*] *Anatomie-Buch:* Buch, das die Medizinstudenten verwenden. Man studiert darin Stück für Stück den menschlichen Körper.

zengehirn leben. Die Männer verlangen ja nicht, dass sie intelligent sei.
Auch das ist Rassismus. Aber diesbezüglich haben wir Euch keinen Vorwurf zu machen. Ihr Lehrer schätzt die Mädchen mehr als die Eltern selbst.*

Sandro und Gianni
Sandro war fünfzehn Jahre alt. Einen Meter siebzig groß, gedemütigt, erwachsen. Die Lehrer hatten ihn als Schwachkopf beurteilt. Sie wollten, dass er die erste Klasse zum dritten Male wiederhole.
Gianni war vierzehn Jahre alt. Gedankenlos, allergisch gegen das Lesen. Die Lehrer hatten ihn als Taugenichts hingestellt. Und sie hatten nicht ganz unrecht, aber das ist kein Grund, ihn sich vom Hals zu schaffen.
Weder der eine noch der andere hatte die Absicht, die Klasse zu wiederholen. Sie waren so weit, sich nach der Werkstatt zu sehnen. Zu uns sind sie nur gekommen, weil wir Eure Zurückweisungen ignorieren und jeden Jungen in die seinem Alter entsprechende Klasse versetzen.
So kam Sandro in die dritte und Gianni in die zweite. Das war die erste schulische Befriedigung ihres armseligen Lebens. Sandro wird für immer daran denken. Gianni erinnert sich jeden zweiten Tag daran.

---

* 1962–63 z. B. wurden in der 1. Klasse der Mittelschule 65,2 % der Knaben und 70,9 % der Mädchen versetzt. In der 2. Klasse der Mittelschule 72,9 % der Knaben und 80,5 % der Mädchen (aus: *Annuario Statistico dell'Istruzione – Jahrbuch für Bildungsstatistik*, 1965, S. 81).

das kleine Mädchen mit den Schwefelhölzchen

Die zweite Befriedigung war: endlich ein anderer Unterrichtsstoff. Ihr wolltet sie beim Streben nach Vollkommenheit festnageln. Eine Vollkommenheit, die aber widersinnig ist, denn sie zwingt den Jungen dazu, immer das Gleiche bis zum Überdruss zu hören, während er doch inzwischen heranwächst. Der Stoff bleibt immer derselbe, er aber ändert sich. In seinen Händen wird er kindisch.

In der Ersten zum Beispiel hättet Ihr ihm zum zweiten oder dritten Mal „Das kleine Mädchen mit den Schwefelhölzern" und das Gedicht vom Schnee, der schneit und schneit und schneit, vorgelesen.[*] In der zweiten und dritten lest ihr dafür Sachen, die für Erwachsene geschrieben sind.

Gianni war nicht sicher, wann die Dehnung mit „h" oder mit „ie" zu schreiben ist. Doch von der Welt der Großen wusste er viel. Von der Arbeit, von den Familien, vom Leben des Dorfes. Manchen Abend ging er mit seinem Vater zur kommunistischen Sektion oder zu den Sitzungen des Gemeinderates.

Ihr habt ihm mit Euren Griechen und Römern die ganze Geschichte verhasst gemacht. Uns hörte er über den letzten Krieg vier Stunden lang atemlos zu.

In Geografie hättet Ihr ihn gezwungen, ein zweites Mal Italien zu behandeln. Er hätte dann die Schule verlassen, ohne von der gesamten übrigen Welt etwas zu hören. Ihr hättet ihm damit einen großen Schaden zugefügt. Nur schon im Hinblick auf das Zeitunglesen.

---

[*] *Das kleine Mädchen mit den Schwefelhölzchen:* Märchen von Hans Christian Andersen, dänischer Schriftsteller aus dem 19. Jahrhundert.

Der Schnee schneit und schneit und schneit: [ital: „La neve fiocca, fiocca, fiocca"]: Vers aus einem Gedicht von Giovanni Pascoli, italienischer Dichter aus dem 19. Jahrhundert.

du kannst dich nicht ausdrücken

Sandro begeisterte sich in kurzer Zeit für alles. Vormittags machte er das Programm der dritten mit. Dabei schrieb er sich die Dinge auf, die er nicht wusste, und am Nachmittag kramte er in den Büchern der ersten und zweiten. Im Juni trat der „Schwachkopf" zur Prüfung für die dritte Mittelschulklasse an und Ihr musstet ihn befördern.

Gianni war schwieriger. Er war als Analphabet aus Eurer Schule gekommen und hasste die Bücher.

Wir unternahmen wahre Kunststücke für ihn. Es gelang, ihn dazu zu bringen, nicht gerade alle, aber immerhin einige Fächer gernzuhaben. Es fehlte uns nur, dass Ihr ihn mit Lob überhäuftet und in die dritte Klasse versetztet. Nachher hätten wir schon dafür gesorgt, dass er sich auch für die übrigen Fächer begeistert.

Bei der Prüfung aber sagte ihm eine Lehrerin: „Warum besuchst du auch eine Privatschule? Du siehst ja, dass du dich nicht ausdrücken kannst!" „..."*

Das weiß auch ich, dass Gianni sich nicht ausdrücken kann. Schlagen wir uns alle an die Brust. Aber zuerst Ihr, die Ihr ihn ein Jahr vorher aus der Schule geworfen habt.

Schön, Eure Kur!

ohne Unterschied der Sprache

Übrigens müsste man sich erst einigen, was man unter korrekter Sprache versteht. Die Sprachen werden von den Armen geschaffen, die sie dann immer wieder weiterbilden und erneuern. Die Reichen hingegen legen sie fest, um jene verspot-

---

* Hier wollten wir das Wort einsetzen, das uns an jenem Tag über die Lippen kam. Aber der Verleger will es nicht drucken.

ten zu können, die nicht so sprechen wie sie. Oder um sie durchfallen zu lassen.
Ihr sagt, dass Pierino, der Sohn des Doktors, gut schreibt. Klar, er spricht wie Ihr. Er gehört gewissermaßen zur Firma. Die Sprache aber, die Gianni spricht und schreibt, ist jene seines Vaters. Als Gianni klein war, nannte er das Radio „lalla". Und der Vater meinte, ernsthaft: „Man sagt nicht ‚lalla', man sagt der ‚aradio'."
Nun mag es gut sein, dass Gianni auch lernt, Radio zu sagen. Eure Sprache könnte ihm nützlich sein. Aber inzwischen könnt Ihr ihn nicht aus der Schule vertreiben.
„Alle Bürger sind gleich, ohne Unterschied der Sprache." So hat es die Verfassung bestimmt und dabei an ihn gedacht.*

folgsamer Hampelmann

Aber Ihr schätzt die Grammatik mehr als die Verfassung. Und so ist Gianni auch nicht mehr zu uns zurückgekehrt.
Wir können uns damit nicht abfinden. Wir beobachten ihn von Weitem. Wir haben erfahren, dass er nicht mehr zur Kirche geht und auch nicht zur Sektion irgendeiner Partei. Er geht in die Werkstatt und macht dort sauber. In den freien Stunden folgt er der Mode wie ein gefügiger Hampelmann. Samstag zum Tanz, Sonntag ins Sportstadion.
Ihr wisst von ihm nicht einmal, dass er existiert.

das Krankenhaus

So war unsere erste Begegnung mit Euch. Durch die Jungen, die Ihr nicht wollt.

---

* In Wirklichkeit dachten die Abgeordneten der Verfassunggebenden Versammlung an die Deutschen in Südtirol; aber ohne es zu wollen, dachten sie auch an Gianni.

Auch wir haben es gemerkt, dass mit ihnen die Schule schwieriger wird. Manchmal kommt einen die Versuchung an, sie sich vom Halse zu schaffen. Aber wenn man sie verliert, ist die Schule ja keine Schule mehr. Dann ist sie ein Krankenhaus, das die Gesunden pflegt und die Kranken abweist. Sie wird zu einem Werkzeug, das immer unheilbarere Unterschiede schafft.
Und Ihr fühlt Euch berufen, diese Rolle in der Welt zu spielen? Dann ruft sie doch zurück, gebt nicht nach, beginnt wieder von vorn, viele Male, mag man Euch auch für verrückt halten.
Lieber für verrückt gehalten werden als ein Werkzeug der Rassendiskriminierung sein.

Die Prüfungen

die Regeln des Schreibens
Im Juni, nach drei Jahren Barbiana, trat ich als Privatist zur Abschlussprüfung für die Mittelschule an.
Das Aufsatzthema hieß: „Die Eisenbahnwaggons erzählen." In Barbiana hatte ich gelernt, dass für das Schreiben folgende Regeln gelten: etwas Wichtigeres zu sagen haben, und nützlich für viele oder alle. Wissen, für wen man schreibt. Alles zusammentragen, was nützt. Einen logischen Faden herausfinden und danach ordnen. Jedes Wort streichen, das nichts nützt. Jedes Wort streichen, das wir beim Sprechen nicht verwenden. Sich keiner Zeitbegrenzung unterwerfen.
So schreibe ich mit meinen Kameraden diesen Brief. Ich hoffe, dass meine Schüler so schreiben werden, wenn ich einmal Lehrer bin.

das Messer in Euren Händen

Was sollte ich gegenüber einem derartigen Aufsatzthema mit den bescheidenen und gesunden Regeln der Kunst aller Zeiten anfangen? Wollte ich ehrlich sein, musste ich das Blatt weiß abgeben. Oder das Aufsatzthema und den, der es mir gestellt hatte, kritisieren.

Aber ich war vierzehn Jahre alt und kam vom Berg. Um die Lehrerbildungsanstalt besuchen zu können, brauchte ich den Mittelschulabschluss. Dieser Fetzen Papier aber war in der Hand von fünf oder sechs Menschen, die meinem Leben und fast all dem, was ich liebte und wusste, fern standen. Zerstreute Leute, die aber den Messergriff in der Hand hielten.

So strengte ich mich also an, so zu schreiben, wie Ihr es wollt. Ich glaube gern, dass mir das nicht gelang. Klar, dass das Geschreibsel Eurer jungen Herren flüssiger war, sie waren schon geübt, leere Worte zu dreschen und Gemeinplätze wiederzukäuen.

besessene Fallensteller

Die Französischaufgabe war eine Ansammlung von Ausnahmen. Die Prüfungen gehören abgeschafft. Aber wenn Ihr sie schon durchführt, dann seid wenigstens redlich. Schwierigkeiten muss man im selben Prozentsatz vorkommen lassen, wie sie auch im wirklichen Leben vorkommen. Wenn Ihr sie häufiger hineinsteckt, seid Ihr besessene Fallensteller. Als ob Ihr gegen die Jungen Krieg führtet. Für wen tut Ihr das? Für ihr Wohl?

Nachteulen, Kieselsteine und Fächer

Für ihr Wohl nicht. Ein Junge kam mit einer Neun durch, der in Frankreich nicht einmal nach dem Abort hätte fragen können.

Er wusste nur nach der Nachteule, dem Kieselstein und dem Fächer zu fragen, und zwar in Einzahl und Mehrzahl.* Er wird im Ganzen etwa zweihundert Vokabeln gewusst haben, die nach dem Gesichtspunkt der Ausnahmen und nicht des häufigen Vorkommens ausgewählt waren.
Das Ergebnis war, dass er auch Französisch hasste, so wie man Mathematik hassen könnte.

der Zweck
Ich habe die Sprachen nach Schallplatten gelernt. Ohne es überhaupt zu merken, habe ich so zuerst die nützlichsten und häufigsten Dinge gelernt. Genau so, wie man die Muttersprache lernt.
In jenem Sommer war ich in Grenoble** zum Tellerspülen in einem Gasthaus gewesen. Ich hatte mich sofort heimisch gefühlt. In den Jugendherbergen hatte ich mich mit Jungen aus Europa und Afrika unterhalten.
Als ich zurückkam, war ich entschlossen, mit Volldampf Sprachen zu lernen. Lieber viele Sprachen schlecht als nur eine gut. Um sich nur mit allen verständigen zu können, neue Menschen und Probleme kennenzulernen und über die heiligen Grenzen der Vaterländer(5) zu lachen.

die Mittel
In den drei Jahren der Mittelschule hatten wir zwei Sprachen statt einer gemacht: Französisch und Englisch. Wir hatten

---

* *Nachteulen, Kieselsteine und Fächer:* Diese drei Wörter sind im Französischen schwieriger als die anderen. Die altmodischen Lehrer lassen sie schon von den ersten Schultagen an auswendiglernen.

** *Grenoble:* Stadt in Frankreich.

einen Wortschatz, der ausreichte, jede Diskussion mitzumachen.
Wenn man sich nur nicht lange bei irgendwelchen Grammatikfehlern aufhält. Aber die Grammatik taucht eigentlich bloß beim Schreiben auf. Beim Lesen und Sprechen kommt man auch ohne sie aus. Später kann sie ja lernen, wer will. Dasselbe machen wir übrigens mit unserer eigenen Sprache. Die erste Grammatikstunde hat man acht Jahre, nachdem man sie spricht. Und drei Jahre, nachdem man sie liest und schreibt.
In den neuen Lehrprogrammen der Mittelschule sind die Schallplatten auch für Euch empfohlen. Schallplatten aber eignen sich für eine Ganztagsschule, in der man die Sprachen zur Zerstreuung in Stunden der Müdigkeit lernt. Einige Stunden täglich, sieben Tage in der Woche. Und nicht drei Stunden wöchentlich wie bei Euch.
In Eurer Lage ist es sogar besser, sie nicht zu verwenden.

die Loire-Schlösser

Bei den mündlichen Prüfungen(6) gab es eine Überraschung. Eure Jungen schienen Abgründe an französischer Kultur zu sein. So sprachen sie zum Beispiel mit Sicherheit von den Loire-Schlössern.*
Später kam man darauf, dass sie im ganzen Jahr nur das gemacht hatten. Ferner standen einige Text-Abschnitte auf ihrem Lehrprogramm, die sie zu lesen und übersetzen wussten.
Wenn gerade ein Schulinspektor hinzugekommen wäre, hätten sie sicher besser dagestanden als wir. Der Inspektor geht ja nicht über das Programm hinaus. Und dennoch wisst Ihr und weiß er, dass jenes Französisch zu nichts nütze ist. Für wen

---

* *Loire:* Fluss in Frankreich.

macht Ihr es dann? Ihr für den Inspektor. Er für den Schulamtsleiter. Der wiederum für den Minister.
Das ist der entmutigendste Zug Eurer Schule: Sie lebt als Selbstzweck dahin.

schon mit zwölf Jahren Karrieremacher

Auch das Ziel Eurer Jungen ist ein Rätsel. Vielleicht existiert es nicht, vielleicht ist es vulgär.
Tag für Tag lernen sie für das Klassenbuch, für das Zeugnis, für das Diplom. Und lassen sich unterdessen von den schönen Sachen ablenken, die sie lernen. Sprachen, Geschichte, Naturkunde: Alles wird zur Zensurnote und nichts weiter.
Hinter diesem Fetzen Papier steckt nur der Eigennutz. Das Abschlusszeugnis ist Geld. Niemand von Euch sagt das. Aber letzten Endes läuft es doch darauf hinaus.
Um in Euren Schulen gerne zu lernen, müsste man schon mit zwölf Jahren Streber sein.
Mit zwölf Jahren gibt es noch wenige Streber. So hasst auch die Mehrzahl Eurer Jungen die Schule. Eure vulgäre Einladung verdient auch keine andere Antwort.

Englisch

Im Klassenzimmer nebenan war eine Abteilung mit Englisch als Prüfungsfach. Schlimmer dran als je. Das weiß auch ich, dass Englisch nützlicher ist. Wenn man es kann. Nicht aber, wenn man gerade erst anfängt, und so, wie Ihr das macht. Noch ärger als Nachteulen und Kieselsteine! Sie konnten nicht einmal „guten Abend“ sagen. Und waren für immer entmutigt.
Die erste Fremdsprache ist ein Erlebnis im Leben eines Jungen. Sie muss ein Erfolg sein, sonst wehe!

Wir haben gesehen, dass das für uns praktisch nur mit dem Französischen möglich ist. Jedesmal, wenn ein ausländischer Gast zu uns kam, der Französisch sprach, gab es irgendeinen Jungen, der die Freude des Verstehens entdeckte. Noch am selben Abend sah man ihn die Schallplatten für eine dritte Sprache in die Hand nehmen.
Das Wesentliche hatte er nun: Lust zum Lernen, die Sicherheit, dass es gelingen kann, und den in Sprachproblemen schon geschulten Verstand.

Mathematik und Sadismus
Die Aufgabe in Geometrie erinnerte an eine Skulptur der Biennale von Venedig: „Ein Körper besteht aus einer Halbkugel über einem Zylinder, dessen Oberfläche drei Siebtel jener der Halbkugel betragen …"
Es gibt kein Gerät, das Oberflächen misst. Somit kann es im wirklichen Leben nie vorkommen, dass man die Oberflächenmaße kennt und nicht die Längen. Eine derartige Aufgabe kann nur im Hirn eines Verrückten entstehen.

neue Etiketten
In der reformierten Mittelschule wird es solche Dinge nicht mehr geben. Die Aufgaben werden „von Erwägungen praktischer Art" ausgehen.
Und tatsächlich wurde Carla in diesem Jahr bei der Mittelschulprüfung vor eine moderne Aufgabe gestellt, die von Heizkörpern ausging: „Ein Heizkörper hat die Form einer Halbkugel über …", und wieder beginnt man bei den Flächenmaßen.
Besser ein altmodischer Lehrer als einer, der glaubt, modern zu sein, weil er neue Etiketten verwendet.

eine Klasse von Schwachköpfen

Unserer war altmodisch. Unter anderem passierte es ihm, dass keinem seiner Jungen die Lösung einer Aufgabe gelang. Von unseren schafften es zwei von vier. Ergebnis: sechsundzwanzig Zurückgewiesene von achtundzwanzig.

Er erzählte herum, dass ihm eine Klasse von Schwachköpfen zugefallen sei!

die Gewerkschaft der Väter

Wem hätte es zugestanden, einem solchen Menschen Einhalt zu gebieten?

Der Direktor hätte es tun können, oder der Schulrat(7). Aber sie haben es nicht getan.

Die Eltern hätten es tun können. Aber solange Ihr das Heft des Messers in der Hand haltet, werden die Eltern still sein. Dann muss man also entweder Euch jedes Messer (Zensuren, Zeugnisse, Prüfungen) aus der Hand nehmen oder die Eltern organisieren.

Eine ordentliche Gewerkschaft von Vätern und Müttern, die imstande sein muss, Euch zu erinnern, dass wir Euch bezahlen, und dass wir Euch bezahlen, um uns zu dienen, nicht um uns hinauszuwerfen. Das wäre zuletzt zu Eurem Besten. Wer nie von Kritik getroffen wird, altert übel. Er verliert den Kontakt zur Geschichte, die lebt und fortschreitet. Er wird zu einem so armseligen Geschöpf, wie Ihr es seid.

die Zeitung

Die Geschichte des letzten halben Jahrhunderts war die, die ich am besten kannte. Russische Revolution, Faschismus, Krieg, Widerstand, Befreiung Afrikas und Asiens. Die Geschichte, in der mein Großvater und Vater gelebt haben.

Ferner kannte ich die Geschichte gut, in der ich lebe. Nämlich die Zeitung, die wir in Barbiana jeden Tag laut von vorne bis hinten durchlasen.
Wenn Prüfungen bevorstehen, muss jeder die zwei Stunden Schule, die man für die Zeitung aufwenden muss, seinem Geiz abringen. Denn in der Zeitung findet man nichts, was einem bei Euren Prüfungen nützen könnte. Das ist der Beweis dafür, dass es in Eurer Schule wenig gibt, was im Leben nützt.
Gerade deshalb muss man sie lesen. Das bedeutet, Euch ins Gesicht zu schreien, dass ein dreckiges Zeugnis es nicht vermocht hat, uns in Tiere zu verwandeln. Wir wollen das Zeugnis nur für unsere Eltern. Politik aber und Zeitgeschehen – nämlich die Leiden der anderen – sind wichtiger als Ihr und wir.

die Verfassung

Jene Oberschullehrerin hatte beim Ersten Weltkrieg aufgehört. Genau an jenem Punkt, an dem die Schule an das Leben anknüpfen konnte. Und das ganze Jahr hindurch hatte sie mit der Klasse nie eine Zeitung gelesen. Es müssen ihr jene faschistischen Wandaufschriften(8) in den Augen geblieben sein, auf denen stand: „Hier spricht man nicht über Politik."
Einmal sagte die Mutter von Giampiero zu ihr: „Und doch scheint mir, dass sich der Bub sehr gebessert hat, seit er zur Ergänzungsschule(9) der Gemeinde geht. Abends zu Hause sehe ich, dass er liest." „Er liest? Wissen Sie, was er liest? Die VERFASSUNG! Voriges Jahr hatte er die Mädchen im Kopf, jetzt die Verfassung."
Die arme Frau meinte, das sei ein schmutziges Buch. Am Abend wollte sie Giampiero von seinem Vater verhauen lassen.

Monti

Dieselbe Oberschullehrerin wollte im Italienischunterricht unbedingt die merkwürdigen Fabeln Homers(10). Aber wäre es wenigstens Homer gewesen. Es war aber Monti.*

In Barbiana hatten wir das nicht gelesen. Nur einmal zum Spaß nahmen wir den griechischen Text und zählten die Worte eines Gesanges. Hunderteinundvierzig auf hundert! Auf drei Worte sind also zwei von Homer, während eines dem Köpfchen Montis entsprungen ist.

Und Monti, wer ist das schon? Einer, der uns etwas zu sagen hat? Einer, der die Sprache spricht, die wir brauchen? Schlimmer noch: Er ist einer, der eine Sprache schrieb, die nicht einmal zu seiner Zeit gesprochen wurde.

Eines Tages brachte ich einem Jungen, der eben aus Eurer Mittelschule vertrieben worden war, Geografie bei. Er wusste wirklich gar nichts, aber statt Gibraltar sagte er „Herkulessäulen".**

Können Sie sich den vorstellen, etwa wie er in Spanien an einem Bahnschalter eine Fahrkarte verlangt?

Dringlichkeitsstufen

Wenn man wenig Schulzeit zur Verfügung hat, muss man den Lehrplan so einrichten, dass man streng auf Dringliches Rücksicht nimmt.

---

* *Homer:* antiker griechischer Dichter, Verfasser der *Ilias* und der *Odyssee.*

Vincenzo Monti: Dichter um 1800. Er hat die *Ilias* ins Italienische übersetzt.

** *Herkulessäulen:* Die antiken Dichter bezeichneten damit die Meerenge von Gibraltar. Das ist die Durchfahrt vom Mittelmeer zum Atlantischen Ozean.

Der Doktorsohn Pierino hat Zeit, auch Novellen zu lesen. Gianni nicht. Er ist mit fünfzehn Jahren Euren Händen entlaufen. Er ist in der Werkstatt. Für ihn ist es nicht wichtig, zu wissen, ob Zeus die Athene geboren hat oder umgekehrt.*
In seinem Italienischprogramm stünde lieber der Tarifvertrag der Metallarbeiter. Haben Sie ihn gelesen, Frau Lehrerin? Und Sie schämen sich nicht? Er ist das Leben für eine halbe Million von Familien.
Dass Ihr gebildet seid, redet Ihr Euch selbst ein. Ihr habt alle dieselben Bücher gelesen. Es gibt niemanden, der Euch etwas anderes fragen würde.

unglückliche Jungen
Bei der Turnprüfung warf uns der Lehrer einen Ball zu und sagte uns: „Spielt Korbball." Wir konnten das nicht. Der Lehrer schaute uns mit Verachtung an: „Unglückliche Jungen."
Auch er wie Ihr. Ihm schien es wichtig, in einem konventionellen Ritus Geschicklichkeit zu zeigen. Er sagte zum Direktor, dass es uns an „Leibeserziehung" fehle, und wollte uns auf die Wiederholungsprüfung verweisen.
Jeder von uns konnte auf eine Eiche klettern. Oben die Hände loslassen und mit Axthieben auch einen zentnerschweren Ast herunterhauen. Ihn dann durch den Schnee bis nach Hause bis vor die Füße der Mutter schleifen.
Man hat mir von einem Herrn aus Florenz erzählt, der mit einem Aufzug seine Wohnung erreicht. Überdies hat er sich ein weiteres kostspieliges Gerät gekauft und tut damit so, als

* *Zeus und Athene:* Die alten Griechen glaubten an Götter oder taten wenigstens so. Unter anderem erzählten sie, dass ein Mann (namens Zeus) ein Mädchen (namens Athene) geboren habe.

ob er rudere. Ihr würdet ihm in Turnen bestimmt eine Zehn geben.

Latein im Mugello

Latein(11) konnten wir natürlich wenig. Im Abgeordnetenhaus hatte man es schon seit zwei Jahren begraben.* Gerade in diesem Jahr hatte man sogar in Cambridge und Oxford aufgehört, es zu verlangen.** Aber die Bauern aus dem Mugello-Tal mussten alles wissen. Zwischen den Bänken schritten die Oberschullehrer feierlich wie Priester auf und ab. Hüter eines verloschenen Flämmchens.

Ich starrte derart seltsame Leute mit aufgerissenen Augen an. Niemals hatte ich Ähnliches erlebt.

Die reformierte Mittelschule

in Euren Händen

Wir haben das Gesetz und die Lehrprogramme für die reformierte Mittelschule gelesen.

Die Mehrzahl der Dinge, die darin stehen, passen uns. Und dann ist da die Tatsache, dass es die reformierte Mittelschule gibt, dass sie einheitlich(12) ist, dass sie Pflicht ist, dass sie der Rechten missfallen hat. Also eine begrüßenswerte Tatsache. Traurig ist nur, dass wir sie in Euren Händen wissen. Werdet Ihr daraus wieder eine Klassenschule machen wie aus den anderen?

---

* Das Gesetz zur Mittelschulreform ist vom Dezember 1962.

** *Cambridge und Oxford:* alte englische Universitäten, den Herrensöhnen vorbehalten. Bis vor Kurzem wurde niemand zugelassen, der nicht Latein konnte.

der Stundenplan

Die alte Mittelschule war vor allem wegen der Anzahl der Schulstunden und der Schultage klassendiskriminierend. Diese beiden Dinge hat die reformierte Schule nicht geändert. Sie bleibt eine Schule nach dem Maß der Reichen. Jener nämlich, die die Bildung zu Hause haben und nur in die Schule gehen, um Zeugnisse zu ernten.

Aber im Artikel 3 des Gesetzes ist ein Hoffnungsschimmer. Er führt eine Ergänzungsschule mit mindestens zehn Wochenstunden ein. Anschließend bietet Euch derselbe Artikel den Ausweg, das nicht zu tun: Die Ergänzungsschule wird durchgeführt, „sobald die örtlichen Möglichkeiten dazu festgestellt sind". Somit ist die Sache wieder in Eure Hand gegeben.

Verwirklichung

Im ersten Jahr der neuen Mittelschule hat in fünfzehn von einundfünfzig Gemeinden der Provinz Florenz eine staatliche Ergänzungsschule bestanden.

Im zweiten Jahr in sechs Gemeinden; sie erfasste 7,1 % der Kinder. Im Jahr darauf in fünf Gemeinden mit 2,9 % der Kinder.[*]

Gemeindeeigene Ergänzungsschulen gibt es überhaupt keine mehr.[**]

---

[*] Vgl. *La nuova scuola media al termine del primo triennio* (*Die reformierte Mittelschule am Ende der ersten Dreijahresperiode*), Ufficio studi della provincia di Firenze (Erhebungsamt der Provinz Florenz), Juni 1966.

[**] „… nach einigen mutigen Versuchen der letzten Jahre, die wegen der ablehnenden Haltung der Gemeindeaufsichtsbehörde [d. h. der staatlichen Provinz-Präfektur] nicht wiederholt werden können, gibt es nun keine Ergänzungsschule mehr, die von Gemeinden geführt würde." (ebd., S. 5)

Die Eltern könnt Ihr nicht verantwortlich machen. Sie haben verstanden, dass Ihr keinen Wert darauf legt. Andernfalls hätten sie Euch, unterwürfig wie sie sind, die Kinder nicht nur zur Ergänzungsschule, sondern sogar ins Bett geschickt.

dagegen

Der Bürgermeister von Vicchio holte die Meinung der staatlichen Lehrer ein, bevor er die Ergänzungsschule der Gemeinde wiedereröffnen wollte. Es kamen fünfzehn Briefe an. Dreizehn dagegen und zwei dafür. Der häufigste Grund war, dass die Ergänzungsschule besser gar nicht als mangelhaft durchgeführt werden sollte.

Die Jungen des Dorfes trieben sich in Kneipen und auf der Straße herum. Die vom Land auf den Feldern. Einer derartigen Situation gegenüber kann die Ergänzungsschule sich nie irren. Da ist alles gut. Da ist sogar jene Fehlgeburt gut, die Ihr Schule nennt.

Wenn Ihr gegen die Ergänzungsschule seid, würde ich Euch wenigstens raten, das nicht merken zu lassen. Die Leute sind boshaft. Sie könnten glauben, dass Ihr den Herrensöhnchen aus den wohlhabenden Familien Privatstunden gebt.

Südafrika

Andere können die Gleichheit nicht leiden. Ein Schuldirektor in Florenz hat zu einer Dame gesagt: „Sorgen Sie sich nicht, schicken Sie ihn zu mir. Meine Mittelschule ist die am wenigsten vereinheitlichte von ganz Italien." Das souveräne Volk zum Besten halten, das ist leicht. Es genügt, die Jungen „aus guter Familie" in einer bestimmten Schulabteilung zusammenzulegen. Dazu braucht man sie gar nicht persönlich zu kennen. Man richtet sich nach Zeugnis, Alter, Heimatort (Land, Stadt),

Herkunftsort (aus dem Norden oder Süden), Beruf des Vaters, Empfehlungen.

So werden in ein und derselben Schule zwei, drei, vier verschiedene Mittelschulen nebeneinander leben. Die A-Klassen stellen dabei die „alte Mittelschule“ dar. Jene, die gut funktioniert. Die angesehenen Lehrer streiten sich um die Lehraufträge in dieser Abteilung.

Eine gewisse Sorte von Eltern bemüht sich, ihr Kind dort hineinzubringen. Die B-Klassen sind dann schon etwas schlechter, und so weiter.

die „PFLICHT“ zur Ellbogentaktik

Alles wohlanständige Leute. Der Direktor und die Lehrer tun das nicht für sich, sie tun es für die Bildung.

Auch jene Eltern tun es nicht für sich. Sie tun es für die Zukunft des Kindes. Sich den Weg durch Ellbogentaktik zu bahnen, gehört sich nicht, wenn man es aber für das Kind tut, wird es zur heiligen Pflicht. Sie würden sich schämen, das nicht zu tun.

entwaffnen

Die ärmeren Eltern tun nichts. Sie vermuten nicht einmal, dass es solche Dinge gibt. Im Gegenteil, sie sind gerührt. Zu ihren Zeiten gab es auf dem Land die Schule nur bis zur dritten Volksschulklasse.

Wenn es dann nicht gut geht, dann wird es wohl daran liegen, dass das Kind nicht fürs Lernen geschaffen ist. „Der Herr Oberlehrer hat's mir gesagt. Was für ein wohlerzogener Mann. Er lud mich ein, mich zu setzen. Er hat mir das Klassenbuch gezeigt. Eine Aufgabe voll blauer Striche. Uns ist halt kein intelligentes Kind zugefallen, da kann man nichts machen. Er wird eben auch auf die Felder gehen wie wir.“

Statistik

überall im Land

Hier werden Sie uns nun entgegenhalten, dass wir zu unseren Prüfungen an besonders unglückselige Schulen geraten sind. Dass wir zufällig auch von auswärts nur schlimme Nachrichten erhalten haben. Und dass Sie Dutzende ebenso wahre Begebenheiten wie die unseren kennen, die aber genau das Gegenteil beweisen.

Machen wir es also so: Geben wir beide, Sie und wir, allzu leidenschaftliche Betrachtungsweisen auf und begeben wir uns auf die wissenschaftliche Ebene.

Beginnen wir unsere Erzählung von vorn, aber diesmal in Zahlen.

zum Lernen ungeeignet

Den Auftrag für die Statistiken hat Giancarlo übernommen. Er ist fünfzehn Jahre alt. Er ist einer jener Jungen aus dem Dorf, über den Ihr das Urteil „zum Lernen ungeeignet“ gefällt habt. Bei uns taugt er was. Nun ist er z. B. schon seit vier Monaten in diese Zahlen versunken. Nicht einmal die Mathematik scheint ihm trocken.

Das Erziehungswunder, das wir an ihm bewirkt haben, wurde nach einem ganz bestimmten Rezept vollbracht.

Wir haben ihm angeboten, für einen edlen Zweck zu studieren: um sich als Bruder jener 1.031.000 zu fühlen, die mit ihm durchgefallen sind, und um für sich und für sie die Freuden der Rache zu genießen.*

* Die Zahl gibt die Menge derer wieder, die in der Pflichtschule im Schuljahr 1963/64 durchgefallen sind. (Quellenangaben: siehe die Anmerkungen zu Tafel A, S. 175).

der anmaßende Lehrer

Dutzende von statistischen Jahrbüchern gewälzt, Dutzende von Schulen besucht, andere brieflich erreicht, Reisen zum Ministerium und zum ISTAT* wegen der noch ausstehenden Angaben, tagelang an der Rechenmaschine.

Andere werden vor uns ähnliche Arbeiten unternommen haben. Aber das sind jene unglückseligen Menschen, die dann ihre Ergebnisse nicht in die Alltagssprache übersetzen können.

Wir haben sie nicht gelesen. Ihr als Lehrer ebenso wenig.

So hat keiner von Euch eine genaue Vorstellung darüber, was in der Schule vor sich geht.

Wir haben einen Lehrer, der zu uns auf Besuch gekommen war, darauf aufmerksam gemacht. Er fühlte sich tödlich beleidigt: „Ich unterrichte doch seit dreizehn Jahren. Ich habe tausende von Jungen und Eltern kennengelernt. Ihr seht die Dinge von außen. Ihr seid in die Probleme der Schule nicht genügend eingeweiht."

Er ist also eingeweiht; er, der nur schon ausgewählte Jungen kennengelernt hat. Je mehr er davon kennt, desto mehr verdreht sich sein Blickfeld.

Millionen Giannis

Die Schule hat nur ein Problem. Die Jungen, die sie verliert.

Eure „Pflichtschule" verliert unterwegs 462.000, jährlich.** Bei dieser Erkenntnis seid also Ihr die Einzigen, die von Schule nichts verstehen, denn Ihr verliert sie und kehrt nicht zurück, um sie zu suchen. Nicht aber wir, die wir sie auf den Feldern und in den Fabriken finden und aus der Nähe kennen.

---

* Istituto Centrale di Statistica – Zentralamt für Statistik.

** Die Zahl stammt aus der Tafel A, S. 176/177, nach dem Verfahren gemäß Tafel C, S. 183.

Die Probleme der Schule sieht die Mutter von Gianni; sie, die nicht lesen kann. Diese Probleme versteht, wem ein durchgefallener Junge am Herzen liegt und wer die Geduld aufbringt, seine Augen auf die Statistiken zu lenken.
Denn dann beginnen die Zahlen selbst, gegen Euch zu schreien. Sie sagen aus, dass es Millionen Giannis gibt und dass Ihr entweder blöd oder böswillig seid.

die Pyramide
Da wir fürchteten, die statistischen Tafeln würden Ihnen unverdaulich sein, bringen wir sie erst im Anhang. Hier im Text haben wir sie vermenschlicht. Wir haben sie auf ein Maß gebracht, das so groß wie ein Klassenzimmer ist, das man mit einem liebevollen Blick überschauen kann.*
Die Pyramide aber wollten wir doch hier mitten im Text bringen.** Sie ist ein Zeichen, das sich dem Auge leicht einprägt. Von der Volksschule aufwärts scheint sie mit einer Axt zugehauen. Jeder Axthieb bedeutet ein Geschöpf, das zur Arbeit muss, bevor es zur Gleichheit gekommen ist.

Verfolgungsjagd 1951
Die Pyramide hat aber den Fehler, dass sie auf demselben Blatt Jungen von sechs und von dreißig Jahren verzeichnet. Alte und neue Sünden. Versuchen wir deshalb, einem Jahr-

* Wir haben uns nämlich eine erste Volksschulklasse mit 32 Kindern im Jahr 1957/58 vorgestellt. Damit haben wir also die Wirklichkeit 29.900-mal verkleinert. Auch die nachfolgenden Zahlen sind jeweils im Maßstab 1:29.900 wiedergegeben. Wer die ursprünglichen Zahlen vorzieht, findet sie im Anhang auf Tafel C für den Jahrgang 1951 (S. 184).

** Die Angaben zur Aufstellung der Pyramide stammen aus dem *Annuario Statistico dell'Istruzione* (Jahrbuch für Bildungsstatistik), 1965.

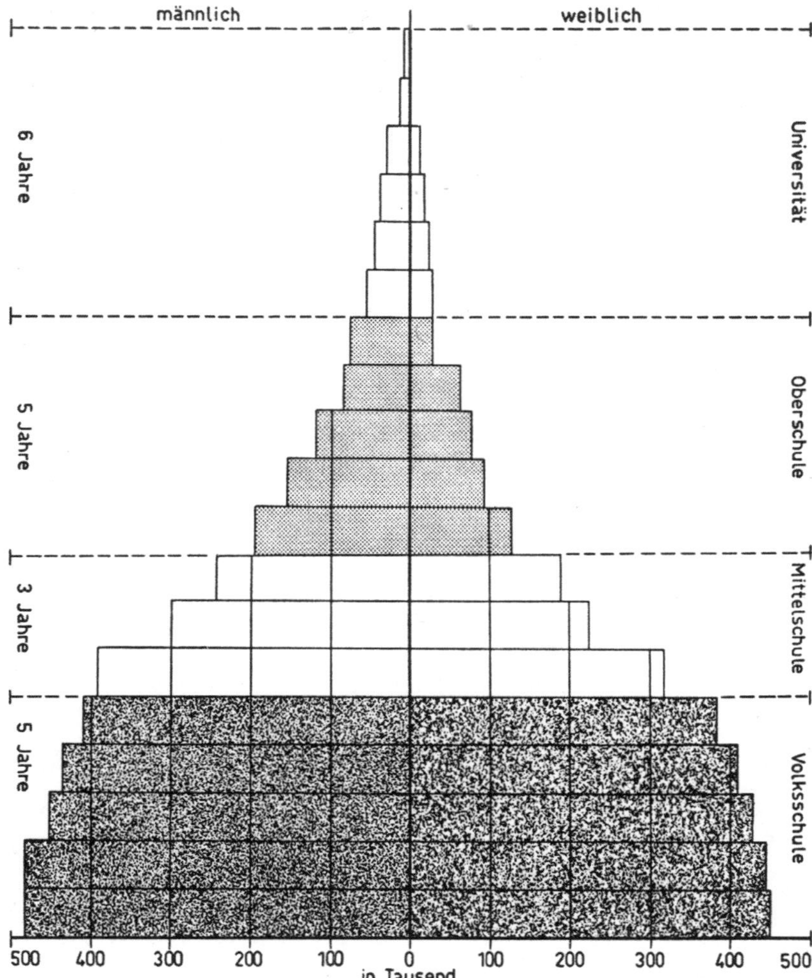

Abb. 1. Schulbesucher 1963/64

gang von Jungen durch die acht Pflichtschuljahre zu folgen. Da die neuesten Angaben noch nicht vorliegen, verfolgen wir den Jahrgang 1951.*

erste Klasse Volksschule

Betreten wir am ersten Oktober eine erste Volksschulklasse. Es sind 32 Kinder. Auf den ersten Blick scheinen sie gleich. In Wirklichkeit aber sind schon fünf darunter, die das Jahr wiederholen.

Mit sieben Jahren, noch im Schulkittel mit der Schleife[(13)], sind sie schon vom Stempel der Nachzügler gezeichnet, der ihnen in der Mittelschule teuer zu stehen kommen wird.

Verdienstausfall

Noch vor Beginn fehlen aber schon drei Kinder. Die Lehrerin kennt sie nicht, aber sie waren schon in der Schule. Sie haben das erste Durchfallen gekostet und sind nicht mehr zurückgekehrt. Wären sie zurückgekommen, wären sie jetzt in der Schule. In gewissem Sinn hat sie sie verloren. So wie man beim Verdienstausfall von Verlust spricht. Auch in den nachfolgenden Klassen wird sich das wiederholen. Wenn wir böswillig wären, könnten wir Euch alle Jahre die doppelte Anzahl an verlorenen Jungen aufrechnen: jene, die Ihr vertrieben habt, und jene, die Euch unter den Sitzengebliebenen fehlen.

---

* Der Jahrgang 1952 wäre besser gewesen, weil mit diesem die reformierte Mittelschule begonnen hat. Es fehlen aber noch zu viele Angaben, um diesen Jahrgang gründlich untersuchen zu können. Vorläufig ist nur ein annähernder Vergleich zwischen den beiden Mittelschulsystemen möglich. Er genügt aber, um nachzuweisen, dass sich nichts Wesentliches geändert hat. In der ersten Mittelschulklasse von 1962/63 („alte Mittelschule") betrugen die Zurückgewiesenen 33,3 %. In der ersten Klasse 1963/64 („neue Mittelschule") waren es 28,2 %.

Wenn Ihr gutwillig wärt, würdet Ihr selbst sie zählen.*

die Widerstrebenden

Diejenigen, die nie zur Schule gekommen sind, zählen wir nicht mit. Über sie gibt es keine Aufstellung auf gesamtstaatlicher Ebene. Es scheint aber, dass es nur wenige sind. Hier im Mugello-Tal zum Beispiel hat Giancarlo keine gefunden.

In Bezug auf diese jedenfalls hätten wir euch nichts vorzuwerfen. Andere hätten die Schuld. Vor allem die Pfarrer, die die ganze Bevölkerung kennen und die Eltern überzeugen oder anzeigen könnten.

die Durchgefallenen

Im Juni lässt die Lehrerin sechs Kinder durchfallen.** Damit übergeht sie das Gesetz vom 24. Dezember 1957, das sie auffordert, sie die beiden Jahre der ersten Stufe bei sich zu behalten.***

---

* Für nähere Erläuterungen siehe im Anhang die Tafeln B, S. 180 und 181, und C, S. 183–185, mit den Anmerkungen.

** Wir haben festgestellt, dass die 1. Klasse des Vorjahres dagegen 8 Durchgefallene aufwies (3 gingen dann verloren, die übrigen 5 wiederholen). Der Unterschied ist auf die geringere Geburtenzahl 1951 und auf die geringere Anzahl von Repetenten im Jahr 1957/58 zurückzuführen. Hier im Text verstehen wir einfachheitshalber unter „Durchgefallenen" auch jene, die sich während des Jahres zurückgezogen haben. In den Unterlagen hingegen werden die beiden Kategorien getrennt ausgewiesen.

*** Die Volksschule ist in zwei Stufen gegliedert: 1. und 2. Klasse (I. Stufe), 3., 4., 5. Klasse (II. Stufe).

„Nur in Ausnahmefällen (erhebliche Anzahl von Abwesenheiten, geistig-körperliche Behinderung) lässt der Lehrer den Schüler nicht zur nächsten Klasse derselben Stufe zu. Über jeden dieser Fälle liefert er dem Schuldirektor einen schriftlichen, begründeten Bericht."

Aber die Lehrerin lässt sich vom souveränen Volk nichts befehlen. Sie lässt durchfallen und fährt dann ans Meer auf Urlaub.

Schüsse in einen Busch

Durchfallenlassen ist wie in einen Busch schießen. Vielleicht war es ein Junge, vielleicht ein Hase. Man wird das dann gelegentlich feststellen.

Bis zum Oktober wisst Ihr nicht, was Ihr gemacht habt. Ist er zur Arbeit gegangen oder wiederholt er? Und wenn er wiederholt – wird ihm das gut oder schlecht tun? Wird er sich eine Grundlage schaffen, um besser weiterzukommen, oder wird er elendiglich über Schulprogrammen dahinaltern, die für ihn nicht geeignet sind?

zweite Klasse Volksschule

Im Oktober findet die Lehrerin in der zweiten Klasse wieder 32 Kinder vor.* Sie sieht 26 bekannte Gesichter und es scheint ihr, sie befinde sich wieder unter ihren Kindern, die sie liebt.

Dann bemerkt sie sechs neue Kinder. Fünf davon sind sitzengeblieben. Einer hat schon zweimal die Klasse wiederholt, er ist fast neun Jahre alt.

Das sechste neue Kind ist Pierino, der Sohn des Doktors.**

In den ersten fünf Jahren der Anwendung dieses Gesetzes fielen in der 1. Klasse Volksschule 15,14 %, in der 2. Klasse 16,88 % durch. In einer voll funktionierenden Schule (mit Sonderklassen usw.) wie in Vicchio sinkt die Anzahl der in der 1. Klasse Durchgefallenen auf 6,9 % (1965/66).

* Von hier ab wird es günstig sein, sich Abbildung 8 auf Seite 91 oder noch besser die Tafel D (S. 187) vor Augen zu halten.

** In unserem Text steht Pierino für die 30.000 Kinder, die jährlich die 1. Klasse Volksschule überspringen. Siehe Tafel E (S. 188) und die Anmerkung dazu.

Pierino
Die Chromosomen des Doktors sind mächtig.* Pierino konnte schon mit fünf Jahren schreiben. Er hatte es nicht nötig, die erste Klasse zu besuchen. Er tritt mit sechs Jahren in die zweite ein. Er spricht wie ein gedrucktes Buch. Auch er ist schon gezeichnet, aber diesmal mit dem Stempel der auserlesenen Rasse.

bitteres Brot
Von den sechs durchgefallenen Kindern wiederholen vier die Erste. Für die Schule sind sie nicht verloren, für die Klasse ja. Vielleicht macht sich die Lehrerin keine Sorgen um sie, weil sie sie in guter Obhut der Klasse nebenan weiß. Vielleicht hat sie sie auch schon vergessen.
Für sie mit ihren 32 Kindern ist ein Kind nur ein Bruchteil. Für das Kind ist die Lehrerin viel mehr. Es hatte nur eine, und diese hat es vertrieben.
Die beiden anderen sind nicht in die Schule zurückgekehrt. Sie arbeiten auf den Feldern. In allem, was wir zu essen bekommen, steckt etwas von ihrer Analphabeten-Mühe.

die Mütter
Im Ganzen haben schon sechs Mütter erfahren, was Eure Schule ist. Vier sahen ihr Kind aus seiner Klasse und seinen Zuneigungen herausgerissen. Ausgestoßen, um unter immer jüngeren Kameraden immer älter zu werden. Zwei sahen ihr Kind für immer ausgesperrt.
Die Mütter sind keine Heiligen. Sie sehen nicht über ihre Haustür hinaus. Das ist ein großer Fehler. Das Kind aber be-

---

* *Chromosomen:* die mikroskopisch kleinen Dinger, die bewirken, dass die Kinder den Eltern gleichen.

findet sich innerhalb der Haustür. Wenigstens das Kind werden sie nie vergessen können.

Priester und Huren

Die Lehrerin hingegen ist durch ihr kurzes Gedächtnis – als Mutter auf Stunden – geschützt. Wer nicht da ist, hat den Fehler, dass man ihn nicht sieht. Auf seiner Bank müsste ein Kreuz oder eine Bahre stehen, um an ihn zu erinnern.
In Wirklichkeit sitzt aber ein neues Kind auf seinem Platz. Genau so unglücklich wie das andere. Schon hat es die Lehrerin liebgewonnen.
Die Lehrerinnen sind wie die Priester und die Huren. Sie verlieben sich schnell in die Geschöpfe. Verlieren sie sie, haben sie keine Zeit zum Weinen. Die Welt ist eine unermessliche Familie. Es gibt so viele andere Geschöpfe, denen man dienen muss.
Es ist schön, wenn man über die eigene Haustür hinaussieht. Man muss nur sicher sein, dass man niemanden mit seinen eigenen Händen hinausgetrieben hat.

Bruchteile von Gleichheit

Am Ende der Volksschule haben durch die Schuld der Lehrerinnen schon elf Kinder die Schule verlassen.
„Die Schule steht allen offen. Alle Bürger haben Anspruch auf acht Schuljahre. Alle Bürger sind gleich." Diese elf aber nicht. Zwei besitzen eine Gleichheit von Null. Anstelle ihrer Unterschrift setzen sie ein Kreuzchen. Einer besitzt ein Achtel Gleichheit. Er kann seinen Namen schreiben. Die anderen haben zwei, drei, vier, fünf Achtel Gleichheit. Sie können schlecht und recht lesen, lesen aber nicht die Zeitung.

Familienzulagen

Auch nicht einer von ihnen ist Kind „aus guter Familie“. Das ist so offenkundig, dass man darüber lächeln muss.

Die Bauern haben erst jetzt Familienzulagen erhalten.* 154 Lire pro Tag und Kind. Die Arbeiter erhalten 187 Lire.**

Es wird nicht die Lehrerin gewesen sein, die solche Gesetze erlassen hat. Aber sie weiß, dass es sie gibt. Bei jedem Durchfallenlassen hat sie die Armen in Versuchung gebracht, wegzugehen. Die Reichen nicht.

Bauern

Die Versuchung der Arbeit lastet auf den Armen je nach Alter und je nachdem, ob sie Bauern oder Arbeiter sind. Die elf Kinder, die während der fünf Volksschuljahre zur Arbeit gingen, waren zwischen sieben und vierzehn Jahre alt. In der Mehrzahl Bauern oder jedenfalls Leute, die in einsamen Häusern und Gehöften wohnen, wo es auch für ein kleines Kind immer irgendeine Arbeit gibt.***

vorzeitig Erwachsene

Der Staat hat sie vergessen. Er führt sie nicht mehr im Register der Schüler und noch nicht in dem der Arbeitskräfte.

---

* Am 1. Januar 1967.

** Die Familienzulagen sind in Wirklichkeit etwas höher. Aber man bekommt sie nur für die Arbeitstage, während die Kinder der Armen das Laster haben, auch am Sonntag zu essen.

*** Das braucht nicht erst nachgewiesen zu werden. Man sehe aber immerhin Abbildung 2 auf Seite 74, auf der wir eine Untersuchung wiedergeben, die wir in einer Gemeinde der Provinz Florenz in den Schuljahren 1963/64, 1964/65 und 1965/66 durchgeführt haben. In die Kategorie „Super“ haben wir Beamte (kleine und große), Lehrer, Freiberufliche, Unternehmer, leitende Funktionäre eingeordnet.

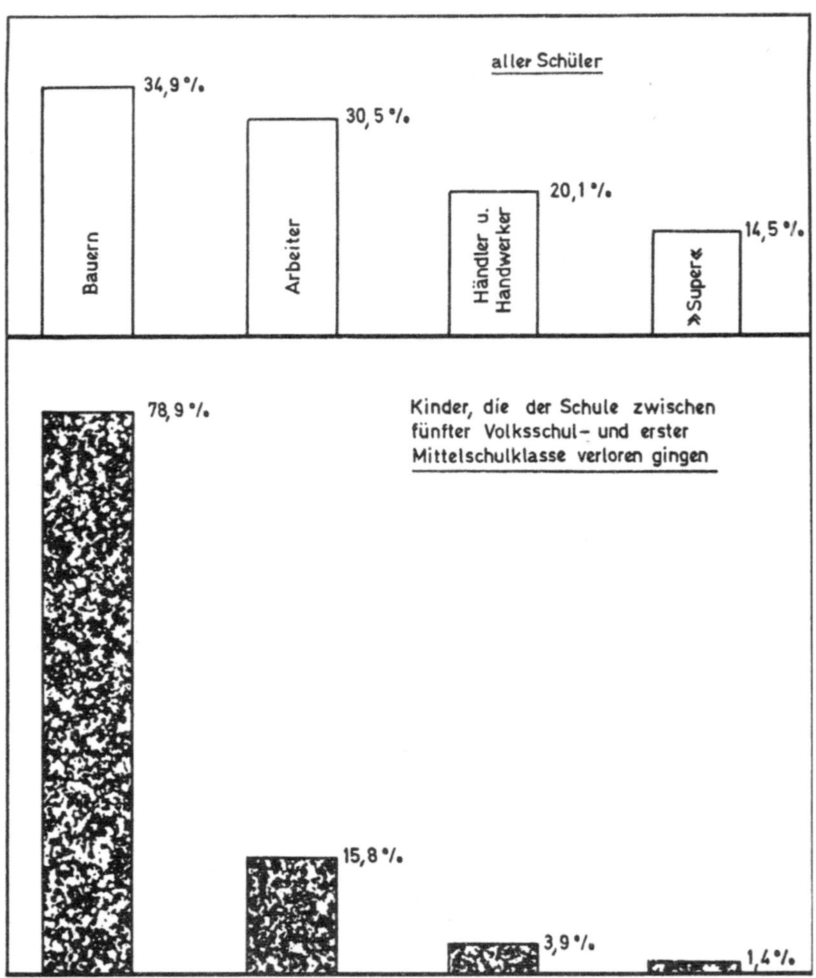

Abb. 2. Arbeit des Papas

Und doch arbeiten sie, und zwischen den Zeilen des Gesetzes merkt man, dass man das weiß, aber nicht sagen will.
Das Gesetz vom 29.01.1961 „über den Schutz der Frauen- und Jugendarbeit" verbietet, vor dem 15. Lebensjahr zu arbeiten. Das Gesetz gilt aber nicht für die Landwirtschaft. So ist es rich-

tig. Die mindere Rasse hat keine Kinder. Wir sind alle vorzeitig Erwachsene. Der Art. 205 des Gesetzes über die Versicherung gegen Arbeitsunfälle setzt fest, dass den Bauern Arbeitsunfälle schon von zwölf Jahren aufwärts vergütet werden. Also weiß man, dass wir arbeiten.

Rätsel

Trotz all dieser Verluste macht die Pyramide auf den ersten Blick den Volksschullehrern immer noch Ehre. Denn die eigentliche Pyramidenform beginnt erst bei der Mittelschule. Und tatsächlich hatte die Lehrerin in der Ersten 32 Kinder. In der Fünften hat sie 28. Man möchte also meinen, sie hätte nur vier verloren.

Die Wahrheit ist aber, dass sie zwanzig verloren hat.* Wie man zwanzig Kinder von 32 verlieren und dann immer noch 28 haben kann, ist ein Rätsel, das einer Erklärung bedarf.**

der See

Versuchen Sie, einen See auf dem Atlas anzusehen. Es scheint so viel Wasser, und dabei ist es genau das Wasser des Flusses. Es hat nur seinen Lauf verlangsamt. Es verliert Zeit und nimmt viel Platz ein. Dann beginnt es wieder zu strömen, und man sieht, dass ein Fluss wie zuvor daraus wird.

---

* Diese Angabe stammt, wie die anderen, aus den Statistiken auf gesamtstaatlicher Ebene. Deshalb ist sie niedriger als in Wirklichkeit, weil sie die inneren Wanderungsbewegungen (Süd–Nord, Berg–Ebene, Land–Stadt) nicht berücksichtigt.

** Prof. Dino Pieraccioni, Mitglied des staatlichen Unterrichtsausschusses [Consiglio superiore dell'Istruzione] hat am 15. Februar 1967 einem Journalisten gegenüber erklärt: „... die geringe Vorbildung der Kinder in der Volksschule, wo bekanntlich niemand oder fast niemand durchfällt."

Der See ist die Volksschule. Wenn ein Kind immer durchkommt, besetzt es im Ganzen fünf Schulbänke. Wenn es wiederholen muss, besetzt es sechs, sieben, acht ... Pierino, wohl ihm, besetzt nur vier. Wenn Ihr endlich aufhören werdet, durchfallen zu lassen, werdet Ihr mit einem Schlag auch das Problem der Schulräume lösen.

die farbige Tafel

Das ganze Problem kann man aus der farbigen Tafel [Abb. 3, S. 78 und 79] besser verstehen. Wenn alles glatt ginge, dürfte jede Reihe nur aus einer Farbe bestehen. Nun gibt es aber in Wirklichkeit dort eine Reihe von Farben, die nicht hingehören. [Der Verlag entschuldigt sich bei den deutschen Lesern dafür, dass die dreizehnfarbige (!) Tafel des italienischen Originals in dieser Ausgabe – die möglichst billig sein sollte – nur als Umzeichnung reproduziert werden konnte. Die weißen Felder in jedem Balken bezeichnen jeweils diejenigen, „die sich im richtigen Schuljahr befinden". Die schwarzen Felder sind „die Pierini", die die erste Klasse überspringen, also ein Jahr voraus sind. Die punktierten Felder bezeichnen die einmal, die schraffierten die mehrmals „Durchgefallenen" – diese letztere Gruppe (schraffiert) setzt sich also aus verschiedenen (bis zu drei) Jahrgängen zusammen.]

Versuchen Sie einmal, nur das Gelb [dritte Reihe, weiße Felder] zu betrachten. Es sind die 1950 Geborenen. Der gelbe Rand [zweite Reihe, schwarze Felder], der nicht an seinem Platz ist, sind die Pierini. Der Hauptteil [weiße Felder], der senkrecht abfällt, sind die Kinder, die sich im richtigen Schuljahr befinden. Jene, die nie durchgefallen sind. Dieser Teil wird immer dünner. In der dritten Mittelschulklasse ist es schon eine kleine, bevorzugte Gruppe, fast so wie die Pierini.

Die vielen links von dieser Reihe [schraffiert] sind die Sitzengebliebenen.
Die Mutter von Gianni hat die Tafel gesehen. Wir haben ihr gesagt, dass das Gelb Gianni ist. Sie hat es mit dem Zeigefinger verfolgt. Bei jedem Durchfallen etwas weiter nach rechts. Immer ferner, immer isolierter, immer unterschiedlicher [bis zu vier Jahrgänge Unterschied].

Zu Abb. 3. Das Ausmaß jedes Rechtecks ist proportional zur Anzahl der Schulbesucher, wie auf Tafel A, S. 176/177. Weitere Angaben nach der Tafel 5b des Buches *Distribuzione per età degli alunni delle scuole elementari e medie [Altersmäßige Verteilung der Volks- und Mittelschüler]*, ISTAT 1963. Die Tafel findet sich bei unseren Unterlagen (Tafel E, S. 188). Da die Erhebung nach dem Lebensalter nur in den Schuljahren 1952/53 und 1959/60 vorgenommen wurde, trifft unsere Tafel nur auf der waagerechten Linie, die dem letztgenannten Schuljahr entspricht, genau zu. Für die vorhergehenden und nachfolgenden Jahre haben wir die Prozentsätze von 1959/60 auf die tatsächliche Anzahl der Schulbesucher eines jeden Jahres angewandt.
Die so erreichten Angaben besitzen eine große Wahrscheinlichkeitsgültigkeit, denn in den Jahren zwischen 1954 und 1966 hat es keine gesetzgeberischen, gesellschaftlichen oder wirtschaftlichen Ereignisse solcher Art gegeben, dass sie eine Änderung in der Haltung der Lehrer hervorgerufen hätten.

Nomaden
Für die Lehrerin sind es Abfälle, die sie freundlicherweise auf ihre Kolleginnen abgeladen hat. Aber jedem geschieht so, wie er selbst tut. Von links her hat sie ungefähr gleich viel Zuwachs bekommen.

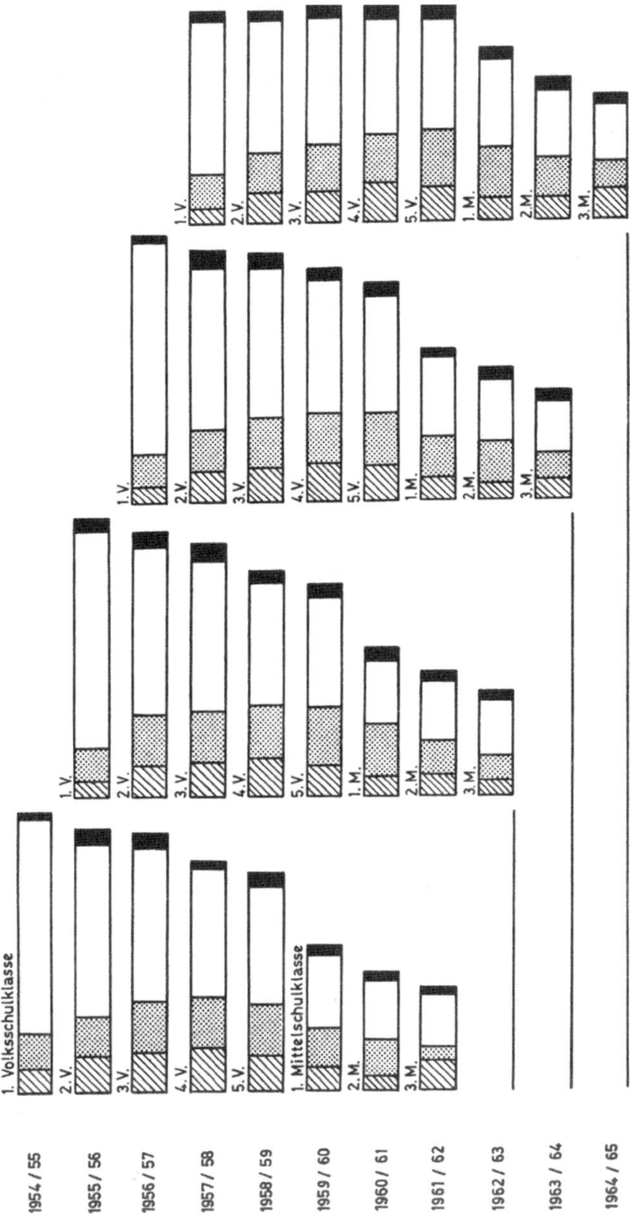

Abb. 3. Anteile der Jahrgänge in der Pflichtschule (Volks- und

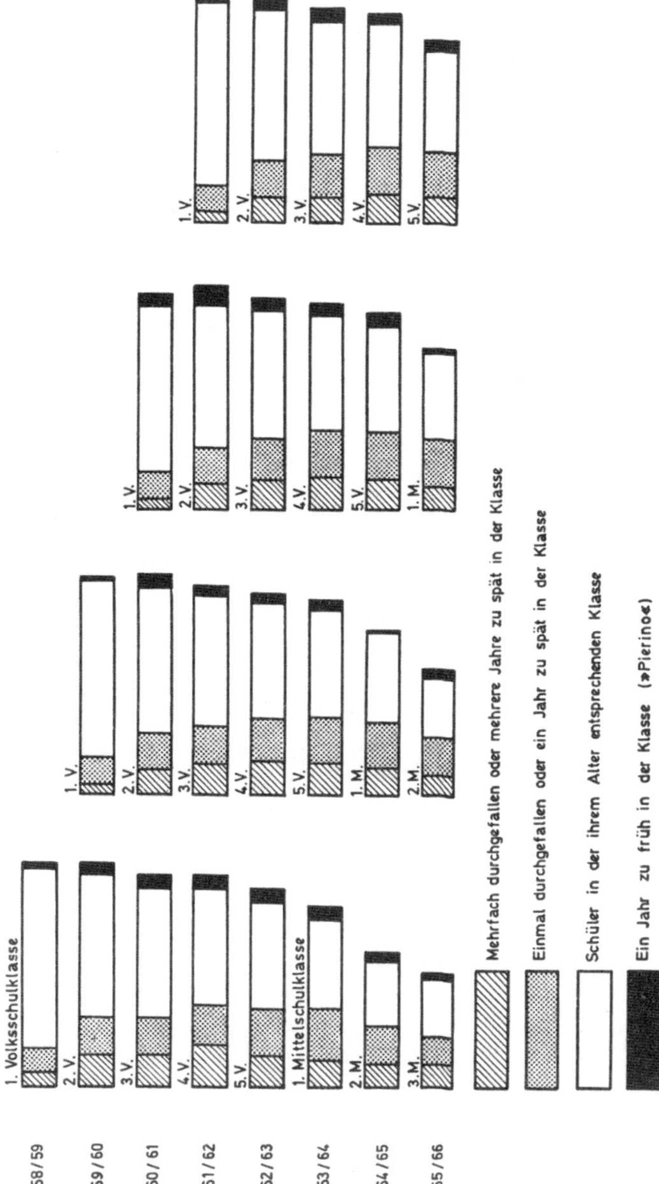

Mittelschule)

Insgesamt hat sie in den fünf Jahren 48 Kinder in den Händen gehabt und liefert davon 23 ab.* Die 29 Gianni sind ihr quer durch die Klasse gerutscht, ohne Spuren zu hinterlassen. Von den 32 Kindern, die ihr in der ersten Klasse anvertraut wurden, sind ihr 19 geblieben.

Altern verboten

In der Mittelschule erst offenbart sich der Schaden, den die achtzehn Verschollenen der nachfolgenden Jahrgänge erlitten haben. Sie sind älter geworden. Und Altern ist verboten. Solange die Schulpflicht fünf Jahre dauerte, war es anders. Sechs und fünf macht elf. Vor dem arbeitsfähigen Alter gab es immer noch Platz für zwei- oder dreimal Durchfallen. Heute hingegen machen sechs und acht vierzehn. Das Arbeitsbuch kann man mit fünfzehn Jahren bekommen.**

kein Platz

Dem Anschein nach ist noch Platz, um einmal durchzufallen. Hier aber muss man nun gut auf den Geburtsmonat achten. Das älteste Kind in der ersten Volksschulklasse ist gewöhnlich im Januar geboren. Es ist also sechs Jahre und neun Monate alt.

---

* 11 die arbeiten		29 für die Klasse verloren
+ 18 die wiederholen	+	19 Überlebende der 1. Klasse
= 29 für die Klasse verloren	=	48 waren in ihren Händen

** Aber Vorsicht! Denn jemand könnte widerrechtlich sogar mit 13–14 Jahren Arbeit finden. Und sogar „rechtens“. Im uns vorliegenden Jahr gab es 129.000 Jugendliche zwischen 10 und 14 Jahren, die mit Sondergenehmigung arbeiteten! (*Rilevazione nazionale delle forze di lavoro 20 ottobre 1962 – Gesamtstaatliche Erhebung der Arbeitskräfte*, 20. Oktober 1962, ISTAT 1963).

Wenn man sie einzeln abzählt, entdeckt man, dass drei Viertel der Kinder mit mehr als sechs Jahren in die erste Klasse eintreten.* Also können sie auch nicht einmal durchfallen.

die Lust, durchfallen zu lassen

Wenn nun die Lehrerin umkommt vor Lust, durchfallen zu lassen, könnte sie sich an den Kindern der Reichen auslassen. Ich würde es mit den Eltern vereinbaren: „Pierino ist noch klein, er wird unreif an die großen Entscheidungen des Lebens herantreten. Was würden Sie dazu sagen, Herr Doktor, wenn wir ihn jetzt für ein Jahr aufhielten?" Ich kann es kaum erwarten, selbst Lehrer zu sein, um mir diese Befriedigung zu erlauben. Vielleicht einem Ihrer Enkel gegenüber.

der Unreife

Aber die Lehrerin denkt nicht wie ich. Pierino kommt immer durch.** Merkwürdig. Er, der doch so jung ist. Wenn man die

---

* Diese Angabe ist vereinfacht, indem wir annehmen, dass in jedem Monat gleich viele Kinder geboren werden und dass alle ihre Kinder zur Schule schicken, sobald sie das vorgeschriebene Alter erreicht haben. Da eine entsprechende gesamtstaatliche Erhebung fehlt, haben wir versucht, sie in zwei naheliegenden Gemeinden anzustellen, und erreichten dabei höhere Zahlen (79 % und 81 %) als drei Viertel.

** *Erster Beweis:* Schon bei der Zulassungsprüfung zur 2. Klasse ist Pierino leichter durchgekommen als die schulinternen Schüler. So kamen z. B. im Jahr 1962/63 87,6 % der Internen und 96,9 % der Privatisten durch. Diese Erscheinung, dass die Privatisten im Vorteil sind, hält sich die gesamte Volksschule durch. Von der Mittelschule ab zeigt sich das Gegenteil. (*Annuario Statistico Italiano* 1965, Tafeln 90 und 97).

Zweiter Beweis: Die Pierini nehmen nicht ab, sondern zu (zusätzlich einige, die eine Klasse überspringen). In der 2. Volksschulklasse (1959/60) gibt es 30.000 Pierini, vier Jahre später, in der 1. Mittelschulklasse, 34.000 (s. Tafel E, S. 188).

Psychologen anhört, möchte man meinen, er müsste Schwierigkeiten haben.[*] Welch unerforschliche Macht der Chromosomen des Doktors!

Pierino befand sich mit neun Jahren in der Fünften.[**] Er hat immer unter reiferen Kameraden gelebt. Er ist nicht gereift, aber er hat sich darin geübt, mit Erwachsenen umzugehen. Er ist einer von jenen, die auch Ihnen unbefangen gegenübertreten. Gianni hingegen war immer mit kleineren Kindern als er selbst in der Schule. Ihnen gegenüber benimmt er sich ein bisschen anmaßend, aber vor Erwachsenen tut er den Mund nicht auf.

Abb. 4. Alter in der fünften Klasse (28 Schüler)

1. Klasse Mittelschule

In der 1. Klasse Mittelschule sind es 22 Jungen.[***] Für die Oberlehrerin sind es lauter neue Gesichter. Von den elf Verlorenen weiß sie nichts. Im Gegenteil, sie ist überzeugt, dass niemand fehlt.

---

[*] *Psychologen:* jene die glauben, den menschlichen Geist auf wissenschaftliche Art untersuchen zu können.

[**] Hier und in der folgenden Darstellung ist das Alter immer auf Oktober bezogen. Die altersmäßige Aufteilung stammt aus *Distribuzione per età degli alunni delle scuole elementari e medie* [*Altersmäßige Verteilung der Volks- und Mittelschüler*], ISTAT 1963 (unsere Tafel E, S. 188).

[***] Damit das Bild der verlorenen Jungen deutlich bleibt, behalten wir auch für die Mittelschulen den Maßstab 1:29.900 bei. In Wirklichkeit ist

Manchmal schimpft sie: „Jetzt, wo alle zur Schule kommen, kann man überhaupt nicht mehr richtig Schule halten. Es kommen Jungen, die Analphabeten sind."
Sie hat viel Latein studiert, aber sie hat nie ein Statistisches Jahrbuch gesehen.

das Schild

Und es würde ihr auch nicht genügen. Sie muss auch die Altersangaben im Klassenbuch gut ansehen. Es gibt da Kindergesichter und noch schwächliche Körper, die aber irreführen können.
Beim Meldeamt sieht man niemandem ins Gesicht. Wer alt genug ist, kann das Arbeitsbuch bekommen. Der kann Ihnen aus der Schule jeden Augenblick davonlaufen.
Das Beste wäre, wenn jeder Junge ein großes Schild umgehängt trüge: „Ich bin dreizehn Jahre alt, lassen Sie mich nicht durchfallen."

es trifft die Alten

Aber niemand trägt dieses Schild. Und die Lehrer schauen im Klassenbuch nicht auf das Geburtsjahr. Sie schauen auf die Zensuren.
Vielleicht ist mancher von Ihnen in gutem Glauben. Vielleicht hat er sich sogar vorgenommen, die Ältesten zu retten. Aber dann, vor einer Aufgabe voller Fehler, hat er all seine Vorsätze vergessen. Tatsache ist, dass unerbittlich die ältesten Kinder

---

in der Mittelschule die Anzahl der Parallelklassen stark zurückgegangen und nimmt im weiteren Lauf noch mehr ab. Deshalb bekommen die Lehrer nie so kleine Klassen zu sehen und vermögen sich kein Bild von der bereits getroffenen Auslese zu machen.

am häufigsten durchfallen.* Jene, die nur wenige Schritte vor der Arbeit stehen.
Dafür kommen jene Bürschlein durch, die im richtigen Alter stehen. Sie hatten keinen Grund, in den vorigen Jahren durchzufallen. Sie haben auch jetzt keinen.
Ihr Haus ist nicht wie das von Pierino, aber offensichtlich fehlt nicht viel dazu. Und so wird die Klasse niedergemäht.**

Abb. 5. Alter in der ersten Klasse Mittelschule (sechste Klasse, 22 Schüler; Kreuz = durchgefallen)

es trifft die Armen

Indem Sie die Ältesten durchfallen lassen, haben die Lehrer auch die Ärmsten getroffen.
Wir haben eine Untersuchung über den Beruf der Väter jener angestellt, die in der Volksschule zu alt geworden sind.

---

* Siehe Tafel F, S. 190/191. Da es sich um eine schwerwiegende Behauptung handelt, wollten wir sie auf eine besonders strenge Untersuchung stützen. Giancarlo hat die Unterlagen in neun Schulen der Toskana, zwei der Lombardei, einer in den Marken, einer in Emilia und einer im Veneto gesammelt, auf eine Gesamtzahl von 1960 Schülern der ersten und 1814 der zweiten Mittelschulklasse (Schuljahre 1964/65, 1965/66).

** In Abbildung 5 ist das Alter auf das Ende des Schuljahres bezogen, weswegen die Pierini nunmehr schon elf Jahre alt sind, und so weiter. Die Zeichnung gründet sich auf der Tafel E, S. 188, bezüglich der Altersverteilung und auf der Tafel F, S. 190/191, bezüglich des Alters der Durchgefallenen.

Die Ergebnisse sind [in Abb. 6] auf Seite 86 zu sehen.*

die Lohntüte

Gianni ist nunmehr schon vierzehn Jahre alt und müsste in der ersten Klasse der Mittelschule beginnen. Hier noch weiterzumachen wird aber sinnlos. Auch wenn er immer versetzt würde, käme er doch erst mit 17 Jahren aus der Mittelschule. Die Langeweile der Schule hat für ihn den Höhepunkt erreicht. Arbeit zu finden ist leicht.** Und in wenigen Monaten auch gesetzlich erlaubt.

Gianni weiß wohl, dass es nicht schön ist, zu arbeiten, aber er will die Lohntüte heimbringen. Es ist ihm nicht recht, wegen jedes Geldstückes, das er ausgibt, gescholten zu werden.

Die Eltern selbst drängen immer weniger auf seinen Schulbesuch. In ihnen und im Jungen hätte es eine Standhaftigkeit gebraucht, die nur wenige aufbringen. Eine Leidenschaft für das Lernen, die von selbst aufgekommen und so stark sein müsste, dass sie sich von keinem Misserfolg entmutigen ließe.

Da hättet Ihr hilfreich zur Hand sein müssen. Aber Ihr habt die Hand ausgestreckt, um ihn zum Ausrutschen zu bringen.

---

* Die Angaben beziehen sich auf die 3., 4. und 5. Klassen von 35 Schulen der Provinzen Florenz, Mailand, Mantua für eine Gesamtzahl von 2252 Schülern (Schuljahr 1965/66, 1966/67). Bezüglich der Kategorie „Super" siehe die dritte Anmerkung auf Seite 73.

** Durch die gegenwärtige Regelung des Lehrlingswesens (Gesetz vom Januar 1955) ist die Beschäftigung von Lehrlingen vorteilhaft geworden. In den höher entwickelten Gebieten sucht man die Jungen sogar zu Hause auf, während der Vater vielleicht nur als Handlanger schwer Arbeit findet. In der Provinz Florenz hat Prato z. B. zwei Spitzenpositionen: auf dem Gebiet der industriellen Entwicklung und der Nichterfüllung der Schulpflicht (siehe *L'adempimento dell'obbligo scolastico* [*Die Erfüllung der Schulpflicht*] Ufficio Studi della Provincia di Firenze 1966).

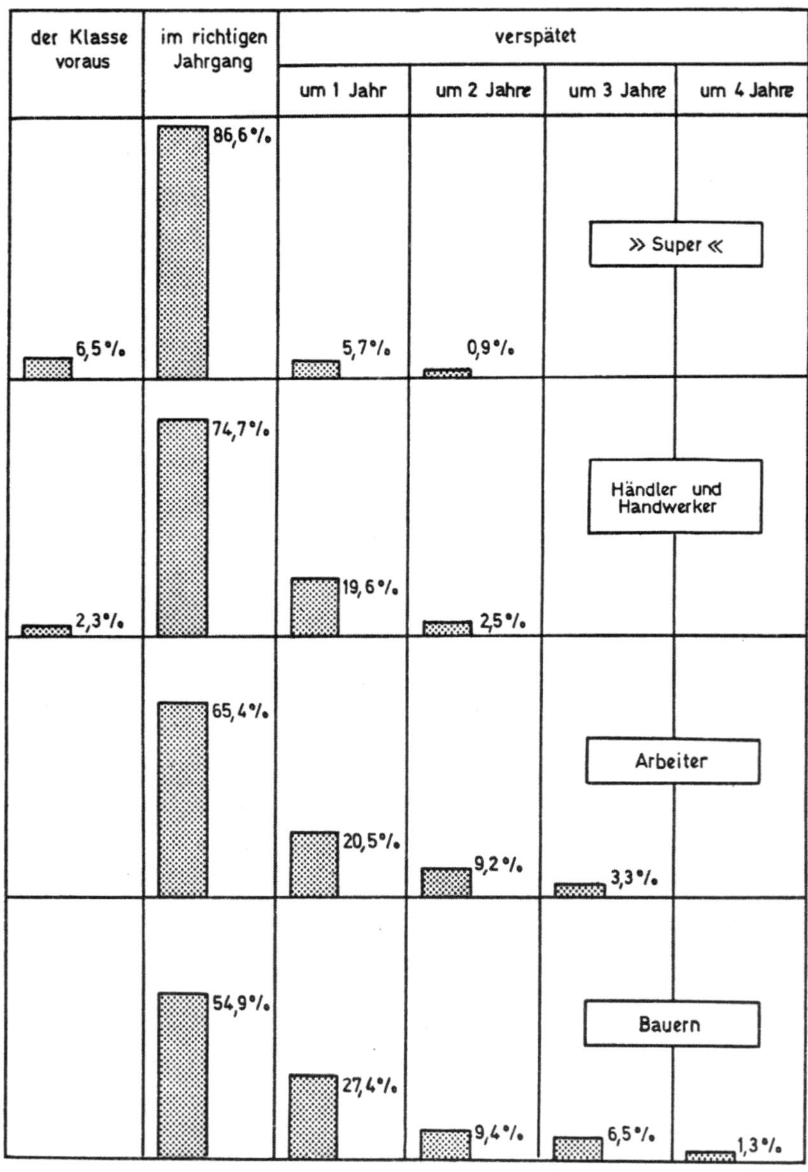

Abb. 6. Es trifft die Armen

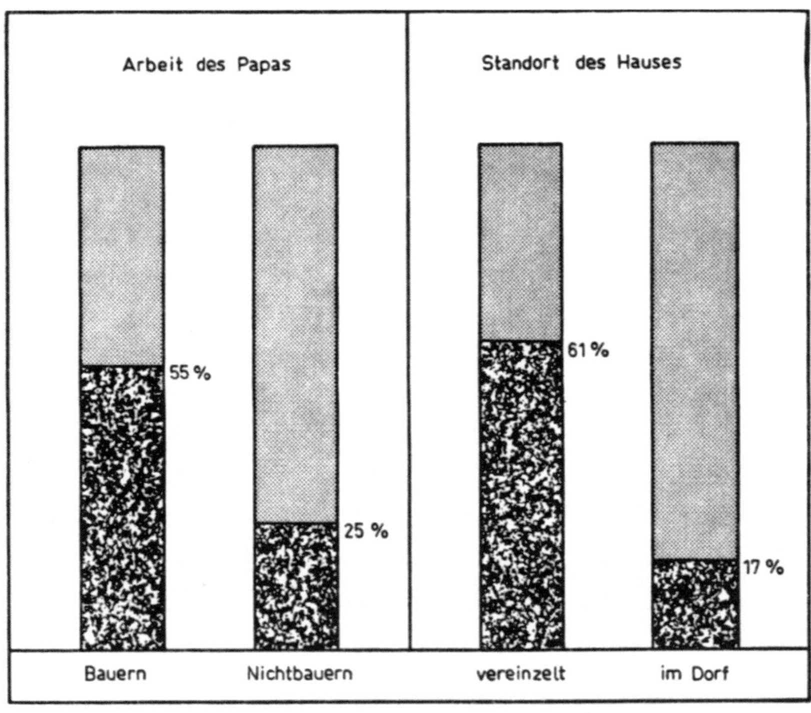

Abb. 7

der Gemüsehändler
Vielleicht hattet Ihr das nicht beabsichtigt. Natürlich hat auch die Lehrerin Schuld, die ihn Euch so alt übergeben hat. Die ganze Welt wird Schuld haben, auch Gianni wird Schuld haben.

Aber wenn eine Oberlehrerin sich beim Gemüsehändler von einem Jungen bedient sieht, den sie durchfallen ließ, möchte ich nicht in ihrer Haut stecken.

Es wäre doch ganz anders, wenn sie ihm sagen könnte: „Warum kommst du nicht in die Schule zurück? Ich habe dich ja deswegen versetzt, damit du wiederkommst. Ohne dich ist in der Schule nichts los."

2. Klasse Mittelschule

In der zweiten Klasse ist das Durchschnittsalter niedriger, weil die ältesten Jungen schon ausgeschieden sind. Der Abstand der Pierini zu den andern verringert sich allmählich.

Man kann sagen, dass es in den Volksschulklassen zur Überalterung führt, wenn man die Schüler durchfallen lässt, weil viele Durchgefallene wiederholen. In der Mittelschule dagegen verjüngt das die Klassen, weil die Ältesten Arbeit finden.

wo man zu Hause ist

Auch vom sozialen Gesichtspunkt her hat sich die Klasse gewandelt.

Wir haben eine Untersuchung, die von Freunden in einer nahen Gemeinde durchgeführt wurde. Sie versuchten, die Durchgefallenen der ersten und zweiten Mittelschulklasse nach sozialen Schichten einzuteilen. Die Ergebnisse kann man in Abbildung 7 ablesen.*

eine Arbeit, die eine Vier verdient

Als die Lehrer dieses Schaubild sahen, sagten sie, es sei eine Verunglimpfung ihrer Ehrenhaftigkeit als unparteiische Richter.

Die erbittertste warf ein, dass sie nie Auskünfte über die Familien der Schüler gesucht oder erhalten habe: „Wenn eine Arbeit eine Vier verdient, dann gebe ich eben eine Vier." Und sie verstand nicht, die Arme, dass ihr gerade das vorgeworfen

* Dabei werden als „Dorf" jene Häuser aus den stärker besiedelten Gegenden gezählt, die mit allem nötigen Komfort ausgestattet sind (Wasser, elektrisches Licht, Straße, Geschäfte). Als „vereinzelt" hingegen werden vorwiegend die Häuser auf den Abhängen des Monte Morello und Calvana [Gebirge bei Florenz] aufgeführt.

wird. Denn es gibt nichts Ungerechteres, als zwischen Ungleichen in gleiche Teile zu teilen.

von wem spricht sie?

Ob es sich nun um das Alter oder die soziale Schicht handelt – Tatsache ist, dass die Lehrerin in der zweiten Mittelschulklasse aufzuatmen beginnt. Nun kann sie leichter mit dem Lehrprogramm zu Ende kommen.

Sie kann es kaum erwarten, dass der Juni kommt. Da wird sie sich noch vier Versager vom Halse schaffen und dann endlich eine Klasse haben, die ihrer wert ist. „Als ich sie in der ersten Klasse übernahm, waren sie richtiggehende Analphabeten. Jetzt aber machen sie mir alle Aufgaben richtig."

Von wem spricht sie? Wo sind die Jungen, die sie in der ersten Klasse übernahm? Geblieben sind nur jene, die auch damals richtig schrieben und vielleicht auch schon in der dritten Volksschulklasse. Jene, die es schon in der Familie gelernt haben.

Die Analphabeten, die sie in der ersten Klasse hatte, sind immer noch Analphabeten. Sie hat sie sich nur aus den Augen geschafft.

die Pflicht

Und sie weiß das gut. Lässt sie doch in der Dritten nur wenige durchfallen. Sieben in der Ersten, vier in der Zweiten, einen in der Dritten.* Genau umgekehrt, wie sie es machen müsste.

---

* Aus dem in der letzten Anmerkung auf S. 82 erklärten Grund stellen wir uns eine Mittelschule mit sehr kleinen Klassen vor. Dadurch entsteht der Eindruck, als ließen die Mittelschullehrerinnen weniger durchfallen als die Volksschullehrerinnen. Betrachtet man die Prozentsätze, verhalten sich die Dinge ganz anders. Durchgefallen: in der 1. Kl. Volksschule 15,4 %,

In der Pflichtschule hätte sie ihre Pflicht erfüllt, wenn sie alle bis in die dritte Mittelschulklasse gebracht hätte. Bei der Mittelschulprüfung könnte sie dann ihre wählerischen Instinkte ausleben und unterscheiden.
Wir hätten nichts mehr dagegen einzuwenden. Im Gegenteil, wenn einer noch immer nicht schreiben kann, wird sie gut daran tun, ihn durchfallen zu lassen.

Zusammenfassung
Die Abbildung 8 auf Seite 91 gibt eine zusammenfassende Übersicht über die acht Pflichtschuljahre.*
Die Klasse hat vierzig Kinder verloren. Sechzehn von ihnen sind zur Arbeit gegangen, noch bevor sie ihrer Schulpflicht genügt hatten. 24 wiederholen. Im Ganzen sind 56 Jungen durch diese Klasse gegangen. In der dritten Mittelschulklasse sind nur elf von den 32 Kindern, die der Lehrerin in der ersten Klasse der Volksschule anvertraut wurden.

der Beruf des Vaters
An dieser Stelle müsste man nun eine Erhebung über den Beruf des Vaters derer anstellen, die erfolgreich die Mittelschule abgeschlossen haben. Aber das Zentralamt für Statistik hat eine solche Erhebung nicht durchgeführt. Wie konnte es auch nur vermuten, dass die PFLICHTSCHULE Klassenunterschiede mache?

---

in der 2. Kl. 18,1 %, in der 3. Kl. 12,9 %, in der 4. Kl. 14,9 %, in der 5. Kl. 17,9%. In der 1. Kl. Mittelschule 33,3 %, in der 2. Kl. 23,2 %, in der 3. Kl. 5,1 % (siehe Tafel A, S. 176/177).

* Zur Erklärung dieser Zeichnung siehe Tafel D, S. 187, und die Anmerkungen dazu.

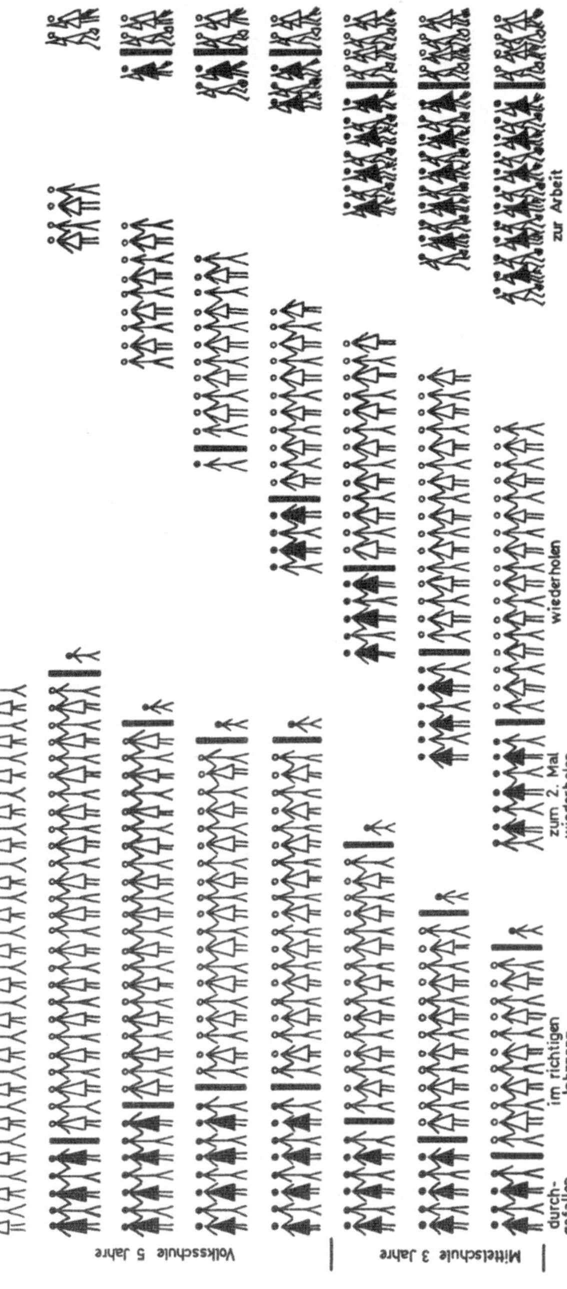

Abb. 8

Volksschule 5 Jahre

Mittelschule 3 Jahre

durchgefallen

im richtigen Jahrgang

zum 2. Mal wiederholen

wiederholen

zur Arbeit

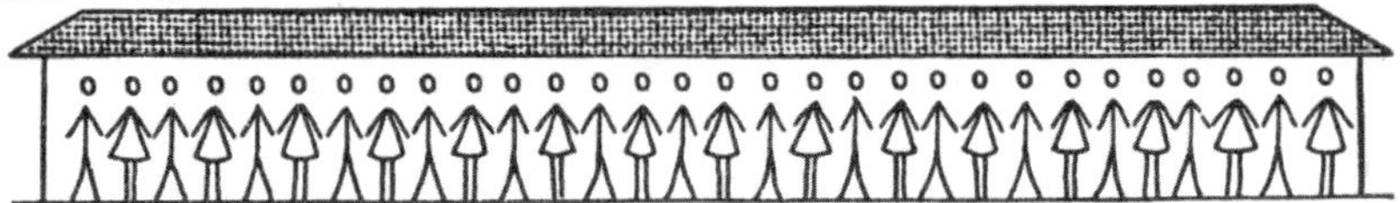

Abb. 9. Der Beruf des Papas von Abiturienten

Dafür hat es den Beruf der Väter der Absolventen der höheren Mittelschulen untersucht. Die Ergebnisse kann man aus Abbildung 9 ersehen.*

Es handelt sich um Jungen, die Eure Schule zwölf oder dreizehn Jahre genossen haben. Acht von diesen Jahren sind Pflichtschule.

* Wir haben als Grundzahl 30 gewählt, weil es uns mühsam schien, 100 Kinder für jede Kategorie zu zeichnen. Die Zeichnung nimmt an, dass alle Kinder von Unternehmern und Freiberuflern die höhere Mittelschule abschließen. Die Angaben stammen aus dem *Annuario Statistico Italiano* [*Ital. statist. Jahrbuch*], 1965, Tafel 13 und 103.

es ist nicht Mangel an Geld
Mancher könnte es auch aus Geldmangel aufgegeben haben, ohne Eure Schuld. Aber es gibt Arbeiter, die ihr Kind zehn oder elf Jahre in der Schule halten, damit es bis zur dritten Mittelschulklasse kommt.*
Sie haben gleich viel ausgegeben wie der Vater von Pierino, aber Pierino hat in jenem Alter schon die Oberschule abgeschlossen.

Durch Geburt verschieden?

Schwachköpfe und Faulenzer
Ihr sagt, Ihr habt die Schwachköpfe und Faulenzer durchfallen lassen.
Ihr behauptet also, Gott lässt die Schwachköpfe und Faulenzer in den Häusern der Armen zur Welt kommen. Gott aber spielt den Armen nicht solche Streiche. Eher spielt Ihr sie ihnen.

Rassenschutz
In der Verfassunggebenden Versammlung war es ein Faschist, der die Ansicht der Unterschiede von Geburt an vertrat: „Der Abgeordnete Mastroianni bemerkt bezüglich des Wortes ‚Pflichtschule', dass es Schüler gibt, die eine organische Unfähigkeit aufweisen, Schulen zu besuchen."**

---

* Von 16 Jungen in der 3. Mittelschulklasse haben einer die Mittelschule mit 17 Jahren und zwei mit 16 Jahren abgeschlossen.

** *Verfassunggebende Versammlung:* die Abgeordnetenkammer von 1946 bis 1948. Neben ihrer normalen Aufgabe arbeitete sie den Text der Verfassung aus. Der erwähnte Satz gehört zur Diskussion über den Art. 34 der Verfassung (Pflichtschule) im ersten Unterausschuss (Sitzung vom 29. Oktober 1946).

Auch ein Mittelschuldirektor hat geschrieben: „Die Verfassung kann leider nicht allen Kindern gleiche verstandesmäßige Entwicklung und gleiche Eignung zum Lernen gewährleisten."*
Von seinem Sohn aber würde er das niemals sagen. Wird er ihn etwa nicht die Mittelschule abschließen lassen? Wird er ihn zur Feldarbeit schicken? Man hat mir gesagt, dass solche Dinge in Maos China vorkommen. Aber ob das wahr ist?
Auch die reichen Leute haben ihre schwierigen Kinder. Aber sie bringen sie vorwärts.

die Kinder der anderen

Nur die Kinder der anderen scheinen manchmal Schwachköpfe zu sein. Die eigenen nicht. Ist man ihnen nahe, dann merkt man, dass sie es nicht sind. Und nicht einmal Faulenzer. Oder wir spüren zumindest, dass es wohl nur ein Augenblick ist, dass er vorübergehen wird, dass es ein Mittel dagegen geben muss. Dann ist es aber ehrlicher zu sagen, dass alle Kinder gleich geboren werden, und wenn sie später nicht mehr gleich sind, ist das unsere Schuld und wir müssen etwas dagegen tun.

Hindernisse beheben

Genau das sagt die Verfassung, wenn sie von Gianni spricht: „Alle Bürger sind gleich vor dem Gesetz, ohne Unterschied der Rasse, der Sprache, der persönlichen und sozialen Lage. Es ist die Aufgabe der Republik, die Hindernisse wirtschaftlicher und sozialer Art zu beheben, die in der Tat die Freiheit und Gleichheit der Bürger beschränken und dadurch die volle

---

* Der Brief, unterschrieben von einem Direktor und 18 Oberlehrern, ist die Antwort auf unsere Untersuchung, von der auf Seite 84 die Rede ist.

Entfaltung der menschlichen Persönlichkeit und die tatsächliche Teilnahme aller Arbeitenden an der politischen, wirtschaftlichen und sozialen Gestaltung des Landes behindern." (Artikel 3)

Es wäre Eure Aufgabe gewesen

auf andere geschoben

Eine Ihrer Kolleginnen von der Mittelschule (eine sanfte Jungvermählte, die in der ersten Klasse zehn von 28 durchfallen ließ: sie und ihr Mann Kommunisten, engagierte Leute) machte uns folgenden Einwand: „Ich habe sie nicht vertrieben, ich ließ sie nur durchfallen. Wenn die Eltern sich dann nicht darum kümmern, sie wieder in die Schule zu schicken, ist das ihre Schuld."

der Vater von Gianni

Aber der Vater von Gianni ging mit zwölf Jahren zu einem Schmied arbeiten und beendete nicht einmal die vierte Volksschulklasse.

Mit 19 Jahren wurde er Partisan. Er verstand nicht genau, was er tat. Aber sicherlich verstand er es besser als Ihr. Er hoffte auf eine gerechtere Welt, die wenigstens Gianni die Gleichheit geben sollte. Gianni, der damals noch gar nicht auf der Welt war.

Für ihn hört sich der Art. 3 so an: „Es ist Aufgabe der Frau Spadolini, die Hindernisse zu beheben ..."

Übrigens bezahlt er Euch auch gut. Er, der nur 300 Lire in der Stunde verdient, gibt Euch 4300.

Er ist sogar bereit, Euch noch mehr zu geben, wenn Ihr nur eine anständigere Arbeitszeit einhaltet. Er arbeitet 2150 Stunden im Jahr, Ihr nur 522 (die Prüfungen rechne ich Euch nicht dazu, sie sind nicht Schule).*

Stellvertretung

Aber Hindernisse kann nicht der beheben, dem sie selbst anhaften. Er weiß ja nicht einmal, welche Disziplin ein Junge haben muss, der die Mittelschule besucht, wie lange er an seinem Tisch lernen soll, ob es gut ist, dass er auch Zerstreuung hat. Ob es stimmt, dass man beim Lernen Kopfweh bekommt und einem „die Augen flimmern“, wie Gianni sagt. Hätte er sich selbst zu helfen gewusst, hätte er Euch Gianni nicht in die Schule geschickt. So aber müsst Ihr ihn in allem vertreten: Unterricht und Erziehung. Das sind zwei Seiten desselben Problems.

Morgen wird Gianni ein fähigerer Vater sein und besser mit Euch zusammenarbeiten, falls Ihr ihn so weit kommen lasst. Vorläufig ist sein Vater eben, wie er ist. Das wenige, was zu sein die Herren ihm gestattet haben.

die Nachhilfestunden

Wüsste der arme Mensch aber die ganze Wahrheit, nähme er wieder das Gewehr zur Hand, wie zur Partisanenzeit. Es gibt

---

* Das Netto-Gehalt eines Mittelschullehrers (Untermittelschule) geht von einem Mindestbetrag von 1.223.000 Lire jährlich (1. Gehaltsstufe ohne jede Erhöhung) bis zu einem Höchstbetrag von 3.311.000 Lire jährlich (4. Gehaltsstufe, 17. Erhöhungsstufe).

Die vorgeschriebene Anzahl der Unterrichtsstunden für die verschiedenen Lehrfächer geht von einer Mindestzahl von 468 Stunden im Jahr (Fremdsprache und Mathematik) bis zu einer Höchstzahl von 540. Niederstes Gehalt mit höchster Stundenzahl = 2264 Lire pro Stunde; niederste Stundenzahl mit höchstem Gehalt = 7074 Lire pro Stunde. – Im Text haben wir Mittelwerte gewählt. – Unsere Angaben sind nach dem Stand von 1966.

nämlich Lehrer, die für Geld Nachhilfestunden erteilen. Statt die Hindernisse zu beheben, arbeiten sie, um die Ungleichheiten noch zu vermehren.
Am Morgen werden sie von uns bezahlt, um gleiche Schule für alle zu halten. Am Nachmittag nehmen sie Geld von den Reichen, um den Herrensöhnchen eine verschiedene Schule zu ermöglichen. Im Juni sitzen sie dann auf unsere Kosten zu Gericht und beurteilen die Unterschiede.

der kleine Angestellte
Nicht dass Giannis Vater nicht wüsste, dass es Nachhilfestunden gibt. Es ist aber so, dass Ihr eine Atmosphäre geschaffen habt, in der niemand etwas sagt. Ihr scheint Ehrenmänner.
Wenn ein kleiner Gemeindeangestellter bei sich zu Hause zu teurem Preis Bescheinigungen schnell und gut ausstellte und sie am Schalter langsam und unbrauchbar verabreichte, würde er eingesperrt.
Stellen Sie sich vor, wenn er dann noch dem Publikum zuflüsterte: „Hier werden Sie die Bescheinigungen nur spät und unbrauchbar erhalten. Ich würde Ihnen empfehlen, zu jemandem zu gehen, der sie zu Hause auf Bezahlung herstellt." Er würde eingesperrt.
Aber ein Oberlehrer, den ich kenne und der folgende Worte zu einer Mutter sagte, wird nicht eingesperrt: „Er schafft es nicht. Lassen Sie ihm Nachhilfeunterricht erteilen." Wörtlich, genau so sagte er. Ich habe Zeugen. Ich könnte ihn vor Gericht bringen. Vor Gericht? Vor einen Richter, dessen Frau Nachhilfestunden gibt? Und dann ist im Strafgesetzbuch, wer weiß warum, ein solches Vergehen gar nicht vorgesehen.

Zwiebeln
Ihr steckt alle unter einer Decke. Ihr wollt uns erdrücken. Tut es nur, aber tut wenigstens nicht so, als wärt Ihr anständig. Kunststück, anständig nach einem Gesetzbuch zu leben, das von Euch und nach Eurem Maß geschrieben wurde.
Ein alter Freund von mir hat in einem Garten vierzig Zwiebeln gestohlen. Er bekam dreizehn Monate Gefängnis ohne Bewährung. Der Richter stiehlt keine Zwiebeln. Zu anstrengend. Er beauftragt das Hausmädchen, sie zu kaufen. Das Geld für die Zwiebeln und für das Hausmädchen verdient seine Frau durch Nachhilfestunden.

besser die Geistlichen
Da sind gewisse Schulen von Geistlichen noch ehrlicher. Sie sind ein Werkzeug des Klassenkampfes und verbergen es niemandem. Bei den Barnabiten in Florenz bezahlt man als Halbexterner monatlich 40.000 Lire. Bei den Piaristen 36.000.
Die sind wenigstens morgens und abends im Dienste des gleichen Herrn. Sie dienen nicht zwei Herren wie Ihr.

die Freiheit
Das andere Hindernis, das Ihr nicht beseitigt, sind die Moden. Eines Tages sagte uns Gianni in Bezug auf den Fernsehapparat: „Solche Dinge gibt man uns. Gäbe man uns die Schule, gingen wir zur Schule.“ Mit diesem unpersönlichen „man“ meinte er die Gesellschaft, die Welt, jemand Unbestimmbaren, der die Entscheidungen der Armen lenkt. Wir haben ihn damals laut gescholten: „Du hattest sogar zwei Schulen und hast sie beide verlassen.“ Aber unter uns gesagt, ist es wirklich wahr, dass er frei gewählt hat?
Im Dorf lasten auf ihm alle „Moden“, außer den guten. Wer sich solchem Zwang nicht unterordnet, sondert sich ab. Dazu

wäre ein derartiger Mut erforderlich, den er – so jung, ungebildet und von niemandem gestützt – nicht haben kann. Auch der Vater kann ihm nicht helfen, denn er fällt ja selbst darauf herein. Auch der Pfarrer nicht, der in der Bar des Pfarrheimes(14) Spiele bietet. Auch die Kommunisten nicht, die in der „Casa del Popolo" Spiele bieten. Um die Wette ziehen sie ihn alle immer weiter nach unten. So als ob die Versuchungen in uns nicht schon von selbst stark genug wären.

die Moden
Die Moden haben ihm gesagt, die Zeit zwischen zwölf und 21 Jahren sei die Zeit der sportlichen und sexuellen Spiele, die Zeit des Hasses auf das Studium.
Sie haben ihm verheimlicht, dass die Zeit zwischen zwölf und fünfzehn Jahren das günstigste Alter ist, um das Wort beherrschen zu lernen. Und zwischen fünfzehn und 21, um es in Gewerkschaften und Parteien zu gebrauchen.
Sie haben ihm verheimlicht, dass keine Zeit zu verlieren ist. Mit fünfzehn kehrt man der Schule den Rücken. Mit 21 naht das Alter der privaten Sorgen: Verlobung, Heirat, Kinder, Wohlstand. Dann wird er keine Zeit mehr für Versammlungen haben, wird Angst haben, sich zu exponieren, wird jedenfalls nicht sich ganz geben können.

der Schutz der Armen
Der einzige Schutz der Armen vor der Mode könntet Ihr sein. Der Staat gibt Euch zu diesem Zweck jährlich 800 Milliarden Lire.*

---

* *Relazione generale sulla situazione economica del paese* [*Gesamtbericht über die wirtschaftliche Lage des Landes*], 1965, II. Bd., S. 495. Die Zahl bezieht sich nur auf die Pflichtschule.

Aber was seid Ihr für armselige Erzieher, die Ihr 185 Tage Ferien gegen 180 Tage Schule bietet! Vier Stunden Schule gegen zwölf ohne Schule. Ein Idiot von Direktor, der in die Klasse kommt und sagt: „Der Schulamtsleiter hat auch den 3. November[(15)] schulfrei gegeben", erntet einen Freudenschrei und lächelt selbstgefällig.
Ihr habt die Schule als Übel vorgestellt – und dann soll es den Jungen gelingen, sie zu lieben?

allgemeine Umarmung
In Borgo hat ein Direktor den Jungen der dritten Mittelschulklasse das Klassenzimmer für einen Ball mit ihren Mitschülerinnen zur Verfügung gestellt. Die Salesianer[(16)] wollen nicht zurückstehen und veranstalten einen Maskenumzug. Ein Lehrer, den ich kenne, lässt sich mit der Sportzeitung in der Tasche blicken.
Das sind Männer voll Verständnis für die „Anliegen" der Jugend. Im Übrigen ist es bequem, die Welt so hinzunehmen, wie sie ist. Ein Lehrer mit der Sportzeitung in der Tasche versteht sich gut mit einem Arbeitervater mit der Sportzeitung in der Tasche, wenn sie über einen Sohn mit dem Fußball unterm Arm sprechen oder über eine Tochter, die eine Stunde lang beim Friseur sitzt.
Nachher macht der Lehrer ein kleines Zeichen ins Klassenbuch und die Kinder des Arbeiters gehen zur Arbeit, wenn sie noch nicht lesen können. Die Kinder des Lehrers studieren unentwegt weiter, auch wenn sie „keine Lust haben" oder „nichts verstehen".

Die Auslese kommt jemandem zugute

Schicksal oder Absicht?

Hier könnte nun jemand auf das Schicksal fluchen. Ist es doch herrlich erholend, wenn man Geschichte unter dem Gesichtspunkt der „Schicksalhaftigkeit" liest.

Sie unter politischem Gesichtspunkt zu lesen ist beunruhigender: Die Moden werden damit zum Teil eines wohlberechneten Plans, der dafür sorgt, dass Gianni draußen bleibt. Der unpolitische Lehrer wird zu einem der 411.000 nützlichen Idioten, die die Herrschenden mit Klassenbuch und Zeugnis bewaffnet haben. Hilfstruppen mit dem Auftrag, 1.031.000 Giannis pro Jahr aufzuhalten, für den Fall, dass das Spiel der Moden nicht ausreichen sollte, sie abzulenken.

Eine Million und 31.000 Zurückgewiesene jedes Jahr. Das ist ein Fachausdruck dessen, was Ihr als Schule bezeichnet. Aber es ist auch ein Fachausdruck aus der Militärsprache(17). Man muss sie zurückweisen, bevor sie an die Schalthebel der Macht kommen.

Nicht umsonst sind die Prüfungen preußischen Ursprungs.*

das Steuersystem

Das Merkwürdige daran ist, dass wir, die Ausgeschlossenen, Euch das Gehalt zahlen, um uns hinauszuwerfen.

Arm ist, wer all seine Einnahmen verbraucht. Reich ist, wer nur einen Teil davon verbraucht. In Italien sind – aufgrund

---

* Siehe *Enciclopedia Treccani* [ital. Enzyklopädie] unter dem Stichwort „Esami" [Prüfungen].

Preußen: Teil Deutschlands. Man pflegt zu sagen, der militaristische Wahn der Deutschen komme von Preußen.

eines unerklärlichen Zufalls – die Verbrauchsgüter bis zur letzten Lira besteuert. Die Einnahmen nur lächerlich.
Man hat mir erzählt, dass die finanzwissenschaftlichen Abhandlungen ein solches System „schmerzlos“ nennen. Schmerzlos heißt, dass es den Reichen gelingt, nur die Armen Steuern zahlen zu lassen, ohne dass sie es merken.
An der Universität kann man über gewisse Dinge reden. Dort gibt es nur Herrensöhnchen. In den niederen Schulen aber ist es verboten, über solche Dinge zu sprechen. Es ziemt sich nicht, in der Schule Politik zu treiben. Die Herrschenden wollen das nicht.

wem nützt es?
Untersuchen wir einmal, wem zugute kommt, dass wenig Schule ist.
740 Stunden im Jahr bedeuten zwei Stunden am Tag. Und der junge Mensch hält die Augen weitere vierzehn Stunden offen. In den bevorzugten Familien werden daraus vierzehn Stunden kultureller Förderung jeder Art.
Für die Bauern sind es vierzehn Stunden Einsamkeit und Schweigen, die sie noch schüchterner machen. Für die Kinder der Arbeiter sind es vierzehn Stunden, die man in der Schule der „geheimen Verführer“ verbringt.*
Besonders die Sommerferien fallen allem Anschein nach mit ganz bestimmten Interessen zusammen. Die Kinder der Reichen reisen ins Ausland und lernen mehr als im Winter. Die Armen hingegen haben am 1. Oktober bei Schulbeginn auch das wenige vergessen, was sie im Juni noch wussten. Wenn sie Nachprüfungen im September haben, können sie sich keine

---

* *geheime Verführer:* Die Werbung heißt geheime Verführung, wenn sie die Armen dazu überredet, Dinge, die nicht notwendig sind, seien notwendig.

Nachhilfestunden bezahlen. Im Allgemeinen verzichten sie, überhaupt anzutreten.* Wenn sie Bauern sind, helfen sie bei den schweren Sommerarbeiten mit, ohne dass daraus für die Hofverwaltung(18) Mehrauslagen entstünden.

klar sagen

Zu Giolittis Zeiten sagte man diese Dinge ganz öffentlich: „... versammelte sich in Caltagirone ein Kongress der Großgrundbesitzer, der statt jeder anderen Reform vorschlug, die Volksschulbildung abzuschaffen, damit die Bauern und Bergleute nicht durch das Lesen neue Ideen aufnehmen könnten."** Auch Ferdinando Martini war aufrichtig. Indem er die Erschließung der höheren Schulen auch für die unteren Gesellschaftsschichten beklagte, sagte er: „Dadurch erwuchs den herrschenden Schichten die Notwendigkeit, pausenlose Mühen auf sich zu nehmen, um nicht überhaupt jegliche politische und wirtschaftliche Vormachtstellung ganz zu verlieren."***

die Faschisten

Auch zur Zeit des Faschismus sprachen die Gesetze eine klare Sprache: „Die Schulen der Städte und der größeren Landgemeinden bestehen normalerweise aus Unter- und Oberstufe

---

* Wir kennen viele solche Fälle. Es schien uns jedoch mühevoll, eine genaue statistische Erhebung vorzunehmen.

** *Memorie della mia vita* [*Memoiren Giolittis*], Mailand 1922, I. Bd., S. 90.

Giovanni Giolitti: mehrmals an der Regierung zwischen 1892 und 1921.

*** Rede vor dem Abgeordnetenhaus vom 13.12.1888.

Ferdinando Martini: Staatssekretär und dann Minister für öffentlichen Unterricht von 1884 bis 1893.

(5 Schuljahre). Jene der kleineren Landgemeinden haben, im Regelfall, nur die Unterstufe (3 Schuljahre).“*

In der Verfassunggebenden Versammlung schlugen die Faschisten vor, die Schulpflicht auf das dreizehnte Lebensjahr zu senken.**

armer Pierino

Sie blieben aber allein. Die anderen hatten begriffen, dass man heutzutage verdeckter sprechen muss. Als man im Abgeordnetenhaus über die Mittelschulreform und die Einführung der „neuen Mittelschule“ sprach, konnte man es sich schon nicht mehr leisten, schlecht über die Armen zu sprechen. Blieb also nichts übrig, als Tränen über den armen Pierino und das Latein zu vergießen.

Am gerührtesten drückte sich ein Christdemokrat aus: „Warum, in aller Welt, sollten die an Verstand und Willenskraft höher Begabten gedemütigt werden, indem man sie in eine Schule zwingt, wo sie sich notwendigerweise die Flügel stutzen lassen müssen, um gleich schnell mit jenen zu fliegen, die von Natur aus langsam fliegen müssen?“***

Die Herrschenden(19)

Gibt es ihn?

Wir haben öfters von den Herrschenden oder dem Herrschenden gesprochen, der Euch in der Hand hat. Von jemandem, der die Schule nach Eurem Maß zugeschnitten hat.

---

* Art. 66 des Einheitsgesetzes über den Unterricht vom 05.02.1928.

** Änderungsantrag Tumminelli zum Art. 34 der Verfassung.

*** Der Abgeordnete Limoni. Debatte in der Abgeordnetenkammer über das Gesetz zur Errichtung der „neuen Mittelschule“. Sitzung vom 13.12.1962.

Gibt es ihn? Ist das etwa eine kleine Gruppe von Leuten rund um einen Tisch, bei denen alle Fäden zusammenlaufen: Banken, Industriebetriebe, Parteien, Presse, Mode?
Wir wissen es nicht. Wir merken, dass sich unser Schreiben fast wie ein Roman anhört, wenn man so etwas sagt. Es nicht zu sagen, hieße aber einfältig sein. Das wäre so, wie wenn man die Ansicht verträte, dass viele Rädchen rein zufällig zusammengekommen sind. Dass daraus ein Panzer geworden ist, der ganz von selbst Krieg führt, ohne dass ihn jemand lenkt.

bei Pierino zu Hause
Vielleicht kann uns die Geschichte von Pierino einen Schlüssel zur Lösung liefern. Bemühen wir uns, auch seine Familie mit Zuneigung zu betrachten.
Der Doktor und seine Frau sind tüchtige Leute. Sie lesen, reisen, empfangen Freunde, spielen mit dem Kind, können ihm Zeit widmen und wissen auch, wie. Das Haus ist voller Bücher und Bildung. Mit fünf Jahren wusste ich mit Sachkenntnis eine Schaufel zu handhaben. Pierino den Bleistift.
Eines Abends, fast zum Scherz und mehr durch die Umstände als durch sonst etwas hervorgerufen, kommt die Entscheidung: „Was soll er in der ersten Klasse? Geben wir ihn in die zweite."
Sie schicken ihn zu den Prüfungen, ohne ihnen Bedeutung beizumessen. Wenn er durchfällt, macht es auch nichts aus.
Er fällt nicht durch, er bekommt lauter Neuner. Heiteres Familienglück, wie es bei mir zu Hause sein könnte.

nach Maß
Merkwürdig an dem Ganzen ist nur das Gesetz, das die beiden jungen Eheleute glücklich vorgefunden haben. Es verbietet, ein Kind mit fünf Jahren in die erste Klasse einzuschreiben, er-

laubt aber, eines mit sechs Jahren in die zweite zu schicken. Ist das ein blödsinniges Gesetz oder ist es nicht vielmehr überschlau?
Jene beiden haben es nicht geschrieben. Ihnen ist es nicht einmal aufgefallen. Wer hat es also geschrieben? Vielleicht meine Mutter?

außerordentlich
Wie es in der ersten Klasse geschah, so geschieht es dann Jahr für Jahr. Pierino kommt immer durch, fast ohne zu lernen.
Ich kämpfe mit zusammengebissenen Zähnen und falle durch.
Er hat sogar noch Zeit für Sport, den katholischen Jugendverein oder die „Giovane Italia“ oder die kommunistische Jugendverbindung, für die Pubertätskrise, für das Jahr der Melancholie, für das Jahr der Auflehnung.*
Mit achtzehn Jahren hat er weniger inneres Gleichgewicht, als ich mit zwölf hatte. Aber er kommt immer durch. Er wird mit höchster Punktezahl seinen Doktor machen. Er wird kostenlos als Universitätsassistent arbeiten.

er arbeitet kostenlos
Ja, kostenlos. Niemand würde das für möglich halten: Die Volontärassistenten arbeiten ohne Gehalt.
Hier haben wir ein anderes merkwürdiges Gesetz aufgestöbert. Aber es hat glorreiche Vorgänger. Das Statut des Königs Carlo Alberto** verfügte: „Die Aufgaben des Senators und Ab-

* *Giovane Italia:* heute eine faschistische Schülerorganisation.
** *Carlo Alberto:* König von Piemont, Ligurien und Sardinien bis 1848.
Statut: eine Art Verfassung, nach dem die Gesetze von 1848 bis 1948 erlassen wurden.

geordneten bringen keinerlei Einnahme oder Entschädigung mit sich."*
Das ist nicht romantische Selbstlosigkeit, sondern ein ausgeklügeltes System, das die mindere Rasse ausschließt, ohne es ihr ins Gesicht zu sagen.
Der Klassenkampf ist herrschaftlich, wenn er von den Herren geführt wird. Er erregt kein Ärgernis bei den Geistlichen oder bei den Lehrern, die den »Espresso«[(20)] lesen.

Pierinos Mutter

Pierino wird also Professor werden. Er wird eine Frau finden, die wie er selbst ist. Auch sie werden wieder einen Pierino aufziehen. Mehr Pierino als je zuvor. Und dreißigtausend solche Geschichten jedes Jahr.
Pierinos Mutter ist, für sich genommen, keine Bestie. Sie ist nur nicht sehr weitherzig. Sie hat die Augen vor den Kindern der anderen geschlossen. Sie hat Pierino nicht verboten, mit anderen Pierini zu verkehren, die wie er sind. Auch sie selbst und ihr Mann umgeben sich mit Intellektuellen. Also wollen sie nichts ändern.
Die 31 Mütter der Mitschüler von Pierino haben entweder nicht so viel Zeit wie sie oder sie verstehen es nicht so gut. Sie verrichten Arbeiten, die so wenig abwerfen, dass man – um leben zu können – von klein auf bis ins hohe Alter, von morgens früh bis abends spät arbeiten muss.
Sie hingegen war bis zum 24. Lebensjahr in der Schule. Übrigens hatte sie eine jener 31 Mütter im Haus. Die Mutter eines

---

* Art. 50. Ebenso war es für den Bürgermeister und die Gemeindeausschussmitglieder. Der Art. 50 war offiziell bis 1948 in Kraft. In England werden die Abgeordneten seit 1911 bezahlt.

Gianni, die ihr eigenes Kind vernachlässigt, um ihren Haushalt zu besorgen.
Die gesamte Zeit, die ihr übrig bleibt, ist ein Geschenk der Armen oder vielleicht eher ein Diebstahl der Herren. Warum teilt man sie nicht?

Löwenanteil
Aufs Ganze gesehen ist die Mutter von Pierino also weder eine Bestie, noch ist sie unschuldig. Aber wenn man tausende solch kleiner Egoismen wie den ihren zusammenzählt, kommt der große Egoismus einer Klasse heraus, die für sich den Löwenanteil beansprucht.
Eine Klasse, die nicht gezögert hat, den Faschismus, den Rassenwahn, den Krieg, die Arbeitslosigkeit zu entfesseln. Wenn es nötig wäre, „alles zu ändern, damit sich nichts ändere", wird sie auch nicht zögern, sich dem Kommunismus in die Arme zu werfen.*
Den genauen Mechanismus kennt niemand. Aber wenn jedes Gesetz nach Maß zugeschnitten scheint, um Pierino zu nützen und uns ein Bein zu stellen, dann können wir nicht mehr an Zufall glauben.

Die Auslese hat ihren Zweck erreicht

an der Universität
Unter den Universitätsstudenten machen die Herrensöhne 86,5 % aus. Die Söhne von abhängigen Arbeitern 13,5 %.

* Der Satz in Anführungszeichen findet sich im Roman *Il Gattopardo* [*Der Leopard*]. Es spricht ihn ein sizilianischer Adeliger bei der Ankunft der garibaldinischen Truppen (1860). Dann wird auch er Garibaldiner, und so verliert er weder Geld noch Macht.

Unter den Hochschulabsolventen: Herrensöhne 91,9 %, die Söhne von abhängigen Arbeitern 8,1 %.*

Würden die Armen eine Gruppe für sich bilden, könnte das etwas bedeuten. Aber sie tun es nicht. Im Gegenteil, die Herrensöhnchen nehmen sie wie Brüder auf und schenken ihnen all ihre Fehler. Schlussergebnis: 100 % Herrensöhnchen.

in den Parteien

Die Parteivorstände auf allen Ebenen sind fest in der Hand der Akademiker.

Die Massenparteien unterscheiden sich in diesem Punkt nicht von den anderen. Die Arbeiterparteien rümpfen vor den Herrensöhnchen nicht die Nase. Und die Herrensöhnchen rümpfen nicht die Nase vor den Arbeiterparteien. Wenn es sich um leitende Stellen handelt.

Es ist sogar schick, „mit den Armen zu sein". Natürlich nicht direkt „mit den Armen", ich wollte sagen, „an der Spitze der Armen".**

die Wahlbewerber

Die Parteibüros bereiten die Kandidatenlisten für die Wahlen vor. Sie schmücken sie am Rande auch mit einigen Arbeitern aus, um gerade noch den Anschein zu wahren.

Dann sorgen sie dafür, dass die ersten Plätze an Akademiker gehen: „Lasst die heran, die etwas davon verstehen. Ein Arbei-

---

* *Annuario Statistico Italiano* [ital. statist. Jahrbuch] 1963, Tafel 113–114. Für die folgenden Jahre fehlen die Angaben.

** Der Gipfel der Raffinesse ist, einer kleinen Elite-Partei ohne Masse anzugehören (z. B. linkssozialistisch oder philochinesisch). Eine „philochinesische" Kundgebung in Florenz im September 1966 wurde von Studenten veranstaltet, die Söhne von großmächtigen Universitätsprofessoren sind.

ter würde sich im Abgeordnetenhaus verloren fühlen. Und schließlich ist der Doktor ja einer von uns."

das Abgeordnetenhaus

So gehen also schließlich jene hin, neue Gesetze zu machen, denen schon die alten Gesetze passen. Die Einzigen, die nie in jenen Verhältnissen gelebt haben, die es zu verändern gilt. Die Einzigen, die von Politik nichts verstehen.

In den beiden Häusern des Parlaments stellen die Akademiker 77 %. Sie sollten die Wähler vertreten. Aber die Akademiker stellen von den Wählern nur 1,8 %.

Arbeiter und Gewerkschafter finden sich zu 8,4 % in den Abgeordnetenhäusern. Unter den Wählern zu 51,1 %. Bauern in den Abgeordnetenkammern 0,1 %. Unter den Wählern 28,8 %.*

black power

Stokely Carmichael war siebenundzwanzigmal im Gefängnis.**

Während des letzten Prozesses erklärte er: „Ich traue auch nicht einem einzigen Weißen."

Als ihm ein junger Weißer, der sein ganzes Leben der Sache der Neger gewidmet hatte, zurief: „Wirklich nicht einem, Stokely?", wandte sich Carmichael zum Publikum, sah den Freund an und sagte: „Nein, nicht einem einzigen."

---

* *Elenco alfabetico dei Deputati* [Alphabetisches Verzeichnis der Abgeordneten], Rom 1965. *Elenco dei Senatori* [Verzeichnis der Senatoren, d. h. der 2. Kammer im römischen Parlament], Rom 1966.

** *Stokely Carmichael* (sprich: Stukli Karmáikel): Führer der „black power"-Bewegung (bläck pauer – schwarze Macht) in den Vereinigten Staaten. Die Leute von „black power" fordern die Macht, weil sie es müde sind, die Gleichheit zu fordern und nie zu bekommen.

API
Falls der junge Weiße sich gekränkt fühlte, gab er damit Carmichael recht. Falls er wirklich mit den Negern ist, muss er das hinunterschlucken, sich beiseiteschlagen und fortfahren zu lieben. Carmichael wartete vielleicht auf diesen Augenblick.
Die linksgerichteten Zeitungen und die des Zentrums hatten den Schriften unserer Schule immer Ehre erwiesen. Diesmal werden sie vielleicht in den hasserfüllten Chor der Rechten einstimmen. Dann wird sich zeigen, dass es eine Partei gibt, die größer als die einzelnen Parteien ist: die Akademiker-Partei Italiens.

Für wen macht Ihr es?

der gute Glaube
Der gute Glaube der Lehrer ist ein Problem für sich. Ihr seid vom Staat bezahlt. Ihr habt die Geschöpfe vor Euch. Ihr habt Geschichte studiert. Ihr lehrt sie. Ihr müsstet also klar sehen. Von den Geschöpfen seht Ihr allerdings nur die ausgewählten. Eure Bildung musstet Ihr aus Büchern erwerben. Und die Bücher werden von der Seite der Herrschenden geschrieben. Die einzige Seite, die schreiben kann. Aber Ihr konntet zwischen den Zeilen lesen. Ist es möglich, dass Ihr noch guten Glaubens seid?

der Nazi
Ich versuche, Euch zu verstehen. Ihr seht so wohlanständig aus. Nichts an Euch verrät den Verbrechertyp. Vielleicht etwas den Naziverbrecher. Ein höchst anständiger und gehorsamer Bürger, der die Seifenkisten abhakt. Es würde ihm Sorge bereiten, wenn er sich um eine Ziffer verschriebe (vier, vier

minus), aber er fragt nicht danach, ob die Seife aus Menschenfleisch hergestellt wurde.

ängstlicher als ich

Aber für wen macht Ihr es? Was habt Ihr davon, dass Ihr die Schule verhasst macht und Gianni auf die Straße werft?
Und jetzt stellt sich heraus, dass Ihr ängstlicher seid als ich. Fürchtet Ihr Euch vor Pierinos Eltern? Vor den Kollegen in den höheren Schulen? Vor dem Inspektor?
Wenn Euch Eure Laufbahn so sehr am Herzen liegt, gibt es trotzdem noch eine Lösung: Schwindelt ein bisschen bei den schriftlichen Arbeiten, verbessert einige Fehler, während Ihr bei einer Schularbeit zwischen den Bänken auf und ab geht.

für die EHRE der Schule

Oder Ihr fürchtet gar nichts Äußerliches und Gemeines. Ihr fürchtet nur Euer Gewissen. Aber ein schlecht gebautes Gewissen.
„Ich würde in diesem Fall eine Versetzung als für die Ehre und die Würde der Schule abträglich finden", schrieb ein Direktor in sein Protokoll. Wer ist schon die Schule? Die Schule sind wir. Wie kann er ihr dienen, wenn er uns nicht dient?

für den Jungen selbst

„Ist es doch gerade für das Wohl des Jungen selbst. Vergessen wir nicht, dass es sich um Schüler handelt, die an der Schwelle zur höheren Schule stehen", sagte ein Direktor einer kleinen Schule am Land.
Von 30 Kindern war es schon klar, dass nur drei in die höhere Schule gehen würden: Maria, die Tochter des Kurzwarenhändlers, Anna, die Tochter der Lehrerin, und natürlich Pierino.

Aber auch wenn es mehr gewesen wären, was hätte das geändert?
Der Direktor hatte vergessen, seine Platte auszuwechseln. Er hatte die neue Schülerzahl noch nicht bemerkt. Eine Tatsache, die schon mit 680.000 Schülern in der ersten Mittelschulklasse höchst lebendig ist. Alle arm. Die Reichen in der Minderheit. Nicht eine deklassierte Schule, wie er sagt. Deklassiert ist die seine. Im Dienst derer, die Geld haben, um vorwärts zu kommen.

für die GERECHTIGKEIT
„Wenn man diejenigen versetzt, die es nicht verdienen, so ist es eine Ungerechtigkeit gegenüber den Tüchtigeren", sagte uns eine andere zarte Seele.
Soll sie doch Pierino beiseite rufen und zu ihm sagen, wie jener Herr zu seinen Winzern: „Du wirst versetzt, du weißt ja warum. Du hast doppeltes Glück: aufzusteigen und etwas zu wissen. Gianni hingegen lasse ich aufsteigen, um ihm Mut zu machen, doch hat er das Unglück, nichts zu wissen."*

für die GESELLSCHAFT
Eine andere ist von ihrer Verantwortung der Gesellschaft gegenüber überzeugt: „Heute lasse ich ihn in der dritten Mittelschulklasse durchkommen, und morgen wird womöglich ein Arzt daraus!"

Gleichheit
Laufbahn, Bildung, Familie, Ehre der Schule, Waagschale für die Bewertung der Aufgaben. Das sind Kleinlichkeiten. Zu wenig, um das Leben eines Lehrers zu erfüllen.

---

* Matthäus-Evangelium, 20. Kapitel.

Mancher von Euch hat das gemerkt und kann sich nicht von ihnen lösen. Alles aus Angst vor jenem gefürchteten Wort. Doch es gibt keine Wahl. Was nicht Politik ist, füllt nicht das Leben eines Menschen von heute.
In Afrika, in Asien, in Lateinamerika, in Süditalien, im Gebirge, auf den Feldern, sogar in den Großstädten warten Millionen von Jungen darauf, ihre Gleichheit zu erlangen. Schüchtern wie ich, dumm wie Sandro, faul wie Gianni. Der beste Teil der Menschheit.

Die Reformen, die wir vorschlagen

Damit der Traum der Gleichheit nicht nur Traum bleibe, schlagen wir Euch drei Reformen vor.

1. Nicht durchfallen lassen.
2. Gebt denen, die unbegabt scheinen, eine Ganztagsschule.
3. Für die Faulen genügt es, ihnen ein Ziel zu geben.

1. Nicht durchfallen lassen

der Dreher

Der Dreher darf nicht nur jene Stücke abliefern, die gelungen sind. Sonst würde er sich nicht darum bemühen, dass alle gelingen.
Ihr dagegen wisst, dass Ihr beliebig viele Stücke ausmerzen könnt. Deshalb begnügt Ihr Euch damit, das zu überprüfen, was von selbst und ohne Verdienst der Schule gelingt.

kleinster gemeinsamer Nenner

Dieses System ist gesetzwidrig.
Die Verfassung verspricht in Artikel 34 allen acht Jahre Schule. Nicht vier Klassen, von denen jede einmal wiederholt wird. Das wäre ein böses Wortspiel, unwürdig einer Verfassunggebenden Versammlung.*
Heute bis in die dritte Mittelschulklasse zu kommen ist also kein Luxus. Es handelt sich um ein allgemeines Mindestmaß an Bildung, auf das jeder Anspruch hat.
Wer es nicht voll erhält, ist nicht GLEICH.

---

* Tatsächlich erörterte niemand die Frage, weder im zuständigen Ausschuss der Verfassunggebenden Versammlung noch während der Plenarsitzung (vgl. stenografisches Protokoll der Sitzung vom 29.04.1947).

die Eignung

Ihr könnt Euch nicht hinter der rassistischen Theorie der Eignung verschanzen.

Alle Jungen sind geeignet, bis zur dritten Mittelschulklasse zu kommen, und alle sind für alle Unterrichtsfächer geeignet.

Es ist bequem, einem Jungen zu sagen: „Du bist für dieses Fach nicht geschaffen." Der Junge nimmt das hin, weil er faul ist wie sein Lehrer. Aber er versteht, dass ihn der Lehrer nicht als GLEICH achtet.

Es ist unerzieherisch, zu einem anderen zu sagen: „Gerade für dieses Fach bist du geeignet." Wenn er für irgendein Fach Leidenschaft entwickelt, muss man ihm verbieten, es zu lernen. Man muss ihn als beschränkt oder unausgeglichen schelten. Später bleibt noch genug Zeit, um sich auf Spezialisierungen zu beschränken.

Akkordarbeit

Wenn jeder von Euch wüsste, dass er um jeden Preis alle Jungen in allen Unterrichtsfächern voranbringen müsste, würde er sein Talent einsetzen, das Beste aus ihnen herauszuholen.

Ich würde Eure Arbeit als Akkordarbeit bezahlen. So und so viel für jeden Jungen, der alle Fächer lernt. Oder noch besser eine Strafgebühr für jeden Jungen, der eins nicht lernt.

Dann würde Euer Auge immer auf Gianni fallen. Ihr würdet in seinem zerstreuten Blick die Intelligenz suchen, die Gott bestimmt auch ihm, genauso wie den anderen, gegeben hat. Ihr würdet für das Kind kämpfen, das es am notwendigsten braucht, und die glücklichsten vernachlässigen, wie man das in allen Familien tut. Ihr würdet in der Nacht im beständigen Gedanken an ihn aufwachen und nach einer neuen Unterrichtsmethode, nach einer für ihn bestimmten Schule su-

chen. Ihr würdet ihn zu Hause suchen, falls er nicht zurückkommt.
Ihr würdet Euch keine Ruhe mehr gönnen, denn eine Schule, die Gianni verliert, verdient nicht mehr den Namen Schule.

mittelalterlich seid Ihr
Wir verwenden in äußersten Fällen auch die Peitsche.
Jetzt tun Sie nicht so entrüstet und lassen Sie die Theorien der Pädagogen beiseite! Wenn Sie auch die Peitsche verwenden wollen, bringe ich sie Ihnen, aber werfen Sie die Feder für das Klassenbuch weg. Ihre Feder lässt Spuren für ein Jahr zurück. Die Peitsche spürt man schon am nächsten Tag nicht mehr.
Wegen dieser Ihrer „modernen" und anständigen Feder wird Gianni sein Leben lang kein Buch mehr lesen. Er wird nie einen annehmbaren Brief schreiben können. Eine unverhältnismäßige und grausame Strafe.

Mathematik
Der Einzige, der sich mit Grund über eine Schule ohne Durchgefallene beschweren könnte, ist der Mathematiklehrer. Denn was in der zweiten und dritten Klasse gelehrt wird, ist tatsächlich unbrauchbar für denjenigen, der den Stoff der ersten nicht weiß. Aber die Mathematik ist nur ein Fach. Sie werden nicht verlangen, dass wegen drei Wochenstunden, die der Junge nicht mit Gewinn mitmachen kann, er die anderen 23 verliert, die ihm angemessen sind.

es genügt weniger
Gegenüber der Mathematik kann man übrigens ähnliche Gründe ins Feld führen wie bei der Diskussion im Parlament über den Lateinunterricht.

Welche Rechnungsarten muss jeder für die unmittelbaren Erfordernisse des Haushalts, irgendeiner gewöhnlichen Arbeit oder der Lektüre einer Zeitung beherrschen? In anderen Worten: Welchen Teil der Mathematik behält ein gebildeter, aber nicht spezialisierter Mensch im Gedächtnis?
Alles was das Programm für acht Jahre vorsieht, ausgenommen Klammerrechnungen und Algebra.*
Bleibt noch das Problem übrig, die Sprache um den Ausdruck „Algebra" anzureichern. Aber dazu genügt eine einzige Algebra-Stunde im ganzen Jahr.

2. Ganztagsschule

wiederholen
Ihr wisst genau, dass zwei Stunden täglich der gegenwärtigen Schule nicht für alle genügen, um das ganze Lehrprogramm durchzunehmen.
Bisher habt Ihr das Problem nach alter Klassenmanier erledigt. Die Armen habt Ihr das Jahr wiederholen lassen. Den Kleinbürgern gebt Ihr Nachhilfestunden, Wiederholungsstunden. Für die höhere Klasse ist das gar nicht nötig, für sie ist alles Wiederholung. Pierino hat schon zu Hause das gehört, was Ihr lehrt.
Die Ergänzungsschule ist eine gerechtere Lösung. Der Junge wiederholt, ohne dabei aber das Jahr zu verlieren und Geld auszugeben, und Ihr seid mit ihm in Schuld und Strafe vereint.**

---

* *Klammerrechnungen:* komplizierte Rechenoperationen, mit denen man in der Mittelschule keinerlei praktisches Problem lösen kann.

Algebra: dieselben Rechenoperationen, mit Buchstaben an der Stelle von Zahlen.

** Wir haben absichtlich das Problem der Sonder- und Aufbauklassen beiseitegelassen. Wenn sie funktionieren, sind sie das Schönste, was Ihr

gegen Klassendiskriminierung

Lassen wir die Maske fallen. Solange Eure Schule eine Klassenschule bleibt und die Armen hinauswirft, ist die einzig ernstzunehmende Form von Widerstand gegen die Klassendiskriminierung eine Ergänzungsschule, die die Reichen hinauswirft.

Wer am Durchfallenlassen und an den Nachhilfestunden keinen Anstoß nimmt und hier etwas auszusetzen hätte, ist nicht ehrlich.

Pierino ist nicht durch Geburt von anderer Rasse. Er ist so geworden durch die Umwelt, in der er außerhalb der Schule lebt. Die Ergänzungsschule muss eine solche Umwelt auch für die anderen schaffen (aber mit anderer Bildung).

Umwelt

Das Wort von der Ganztagsschule macht Euch Angst. Es scheint Euch schon schwer, die Jungen für jene wenigen Stunden im Zaum zu halten. Aber Ihr habt es ja nie versucht.

Bisher habt Ihr Schule gehalten unter der Quälerei der Schulglocke, unter dem Alpdruck von Lehrprogrammen, die bis zum Juni beendet sein mussten. Ihr konntet Euern Horizont nicht erweitern, nicht auf die Interessen der Jungen eingehen oder die Probleme bis zum Kern behandeln.

So kam es, dass Ihr alles schlecht gemacht habt und unzufrieden seid, Ihr selbst und die Jungen. Diese Unzufriedenheit hat Euch ermüdet, nicht die Schulstunden.

man muss daran glauben

Bietet Eure Ergänzungsschule auch in der Volksschule und auch für den Sonntag und in den Weihnachts- und Oster- und

---

habt. Aber wenn Ihr die Ganztagsschule verwirklicht, werdet ihr solche Klassen nicht mehr brauchen.

Sommerferien an. Wie kann man behaupten, die Jungen und die Familien lehnten etwas ab, wenn es ihnen noch gar nicht angeboten wurde? Aber jener Direktor soll nicht behaupten, er hätte die Ergänzungsschule angeboten, wenn er den Eltern ein farbloses Rundschreiben geschickt hat.
Die Ergänzungsschule muss man anpreisen, wie man ein gutes Erzeugnis anpreist. Bevor man es tut, muss man daran glauben.

Ganztagsschule und Familie

Frau, Auto, Beruf
Die Ganztagsschule setzt eine Familie voraus, die keine Hindernisse in den Weg legt. Zum Beispiel eine Familie von zwei Lehrern, in der Mann und Frau unterrichten und etwa im Schulgebäude eine Wohnung haben, die allen offen steht, ohne „Amtsstunden".
Gandhi hat das getan.* Und er hat seine Kinder unter andere gemischt um den Preis, dass sie sehr anders als er selbst aufwuchsen. Seid Ihr dazu bereit?
Die andere Lösung ist das Zölibat.

Zölibat
Dieses Wort ist ganz aus der Mode. Für die Priester hat es die Kirche ungefähr tausend Jahre nach dem Tod des Herrn verstanden.
Gandhi hat es, gerade im Hinblick auf die Schule, im Alter von 35 Jahren (nach 22 Jahren Ehe) verstanden.**

---

* *Gandhi:* ein Heiliger indischer Religion, der in unserem Jahrhundert gelebt hat. Er wurde 1948 getötet.

** Die Eltern hatten ihn mit 13 Jahren verheiratet, wie es damals in Indien üblich war.

Mao hat einen Arbeiter, der sich entmannte, den Genossen zur Bewunderung vorgestellt (die italienischen „Maoisten“ schämen sich, das zu erzählen).

88.000

Ihr werdet noch weitere tausend Jahre brauchen, bis Ihr die Ehelosigkeit einführt. Aber es gibt etwas, was Ihr sofort tun könnt: Beginnt inzwischen, von den Ehelosen, die Ihr habt, gut zu sprechen und sie aufzuwerten.

Von 411.000 Lehrern in den Pflichtschulen sind 88.000 nicht verheiratet. Von diesen 88.000 werden sich 53.000 auch in Zukunft nicht verheiraten.* Warum sagt man sich selbst und den anderen nicht, dass es kein Unglück, sondern ein Glück ist, wenn man für die Ganztagsschule verfügbar ist?

Man pflegt – ich weiß nicht, mit welcher Berechtigung – zu sagen, dass heute die unverheirateten Lehrkräfte die am wenigsten menschlichen sind. Wenn es aber morgen eine aufopferungsvolle und großherzige Entscheidung wäre, könnten sie sich für die Schule begeistern, die Jungen lieben und von ihnen geliebt werden. Und vor allem die Freude haben, dass ihre Schule Erfolg hat.

---

* Diese Zahl haben wir auf der Grundlage des Familienstandes der Toten errechnet, indem wir annahmen, dass die Lehrer nicht häufiger und nicht seltener ehelos bleiben als andere Bürger. Da wir die Zukunft nicht kennen, gibt es kein anderes Mittel, um den Prozentsatz von Eheschließung oder nicht bei den Lebenden annähernd zu errechnen. Im Einzelnen: männliche ehelose Lehrpersonen: 33.000, weibliche: 55.000. Voraussichtlich ständig ehelos: männlich 14.000, weiblich 39.000.

Ganztagsschule und gewerkschaftliche Rechte

denkwürdige Schlachten

Es ist uns ein gewerkschaftliches Mitteilungsblatt für Lehrer in die Hände geraten: „Gegen die Erhöhung der Lehrstundenzahl! Denkwürdige Schlachten wurden von den Gewerkschaften geschlagen, um die Stundenzahl festzusetzen und zu begrenzen, und es wäre undenkbar, Schritte nach rückwärts zu machen.“*
Das hat uns in Verlegenheit gebracht. Streng genommen können wir dagegen nichts einwenden. Alle Arbeiter kämpfen um Verkürzung der Arbeitszeit und haben recht.

seltsames Privileg

Eure Arbeitszeit aber ist ungebührlich.
Ein Arbeiter arbeitet 2150 Stunden jährlich. Eure Kollegen, die Staatsbeamten, 1630 Stunden. Ihr aber von einer Höchstzahl von 738 (Volksschullehrer) zu einer Mindestzahl von 468 Stunden (Lehrer für Mathematik oder Fremdsprachen).
Die Ausrede, dass Ihr zu Hause die Aufgaben verbessern und lernen müsst, gilt nicht. Auch die Richter müssen die Urteilsbegründungen schreiben. Und Ihr könntet ja darauf verzichten, Hausarbeiten aufzugeben. Und wenn Ihr Aufgaben gebt, könntet Ihr sie ja mit den Jungen zusammen verbessern, während sie sie schreiben.
Was dann das Lernen anbetrifft, so müssen alle lernen. Und die Arbeiter haben es notwendiger als Ihr. Und doch verlangen sie nicht, dafür bezahlt zu werden, wenn sie eine Abendschule besuchen.

---

* *Il Rinnovamento della Scuola* [*Die Erneuerung der Schule*], 8. Oktober 1966.

Zusammenfassend behaupten wir, dass Eure Arbeitszeit ein seltsames Privileg darstellt. Die Oberschichten haben es Euch in ihrem höchsteigenen Interesse von Anfang an geschenkt. Es war keine gewerkschaftliche Errungenschaft Eurerseits.

nervliche Erschöpfung

In dem gleichen Gewerkschaftsblatt lesen wir, dass Eure Wochenstunden „… ausreichen, um die psychophysischen Verausgabungsmöglichkeiten eines normalen Menschen zu erschöpfen".

Ein Arbeiter an einer Pressmaschine steht acht Stunden täglich dort, noch dazu in der Angst, seine Arme darin zu lassen. Ihm gegenüber würdet Ihr nicht den Mut haben, von Eurer nervlichen Erschöpfung zu sprechen.

Es gibt tausende von Lehrern, die nicht zu müde sind, Nachhilfestunden gegen Bezahlung zu erteilen. Solange Ihr Euch nicht von jenen getrennt habt, seid Ihr auf der Gegenseite. Es ist schwer, in Euch Arbeiter mit gewerkschaftlichen Rechten zu sehen.

Streik

Zum Beispiel der Streik. Er ist ein heiliges Recht des Arbeiters. Aber bei Eurer Arbeitszeit ist der Streik widerlich.

Wenn Ihr Gandhi studiert, werdet Ihr ungezählte andere Kampfmittel finden, von gleicher Wirkung wie der Streik, aber anders in der Form.

Eine Lösung könnte sein, dass Ihr Euch in die Richtergewerkschaft einschreibt und nur in jenen Stunden streikt, in denen Ihr als Richter tätig seid: Schüler ausfragen, Zeugniskonferenzen, Prüfungen, Klassenbücher ausfüllen.

Legt Ihr aber Hand an jene wenigen Unterrichtsstunden, dann werden die Leute begreifen, dass wir Euch eigentlich überhaupt nichts bedeuten.

Wer wird die Ganztagsschule verwirklichen?

Bei Eurer Arbeitszeit ist die Schule ein Krieg gegen die Armen. Wenn der Staat nicht mehr Arbeitszeit von Euch verlangt, kann er keine Schulen führen.
Diese Feststellung ist äußerst schwerwiegend. Bisher sagte man, die staatliche Schule stelle einen Fortschritt gegenüber der Privatschule dar. Nun wird man das überdenken müssen und die Schule in andere Hände legen. In Hände von Leuten, die ideale Motive haben, Schule zu halten und sie für uns zu halten.

Vorsicht mit Bezeichnungen
Bleiben wir mit den Füßen auf der Erde.
Vormittags und im Winter wird weiterhin der Staat die Schule führen. Und er wird sie weiterhin ohne Klassendiskriminierung, „interklassistisch" führen (Vorsicht mit Bezeichnungen: Die Klassendiskriminierung – der „Klassismus" – der Reichen heißt „Interklassismus").
Nachmittags und im Sommer muss sie jemand anderes führen, und zwar gegen die Klassendiskriminierung, „antiklassistisch" (Vorsicht mit Bezeichnungen: Den Kampf gegen die Klassendiskriminierung, den „Antiklassismus", nennen die Reichen Klassenkampf oder „Klassismus").

die Gemeinde
Die erste Lösung besteht darin, sich an die Gemeindeverwaltungen(21) zu wenden. Sie sollen mit ihrer Schulpolitik zu erken-

nen geben, ob sie auf unserer Seite stehen. Asphalt, Beleuchtungskörper und Sportplätze können auch die Monarchisten bieten.

Wenn dann die Gemeindeaufsichtsbehörden derartige Ausgaben beschneiden wollen, „weil sie nicht in die Befugnisse der Gemeinden fallen“, sollen sie erwidern, dass es sich um ein faschistisches Gesetz (von 1931) handelt, sollen Widerstand leisten und deutlicher werden. Es ist bequem, dem Provinzpräfekten die Schuld zu geben und selbst nichts zu unternehmen.

die Kommunisten

Aber es kann vorkommen, dass die Gemeinde nichts davon wissen will. Sogar die Kommunisten sind zaghaft, wenn es um Klassenkampf geht. Werden sie den Mut haben, bei Beamten und Ladenbesitzern anzuecken?

Ein hohes Tier der Partei sagte uns, die Schule sei Sache des Staates: „Wenn wir erst einmal an der Macht sein werden …“

Seit der Befreiung vom Faschismus sind zwanzig Jahre verstrichen. An die Macht sind die Kommunisten nicht gekommen. Halt still, Bauer, und lass das Gras wachsen …

die Priester

Die Priester könnten vielleicht die Ergänzungsschule führen. Aber viele wissen nicht mit der Härte des Herrn zu lieben. Sie glauben, der beste Weg, die Reichen zu erziehen, sei jener, sie zu ertragen.

die Gewerkschafter

Die einzigen Klassenorganisationen sind die Gewerkschaften. Also fällt ihnen die Aufgabe der Ergänzungsschule zu. Vorderhand wollen die Gewerkschafter nichts davon wissen. Sie sagen, in einer modernen Demokratie habe jede Körperschaft ihre Funktion und dürfe sie nicht überschreiten. Auch sie leiden ein bisschen an Schüchternheit. Und dennoch beschweren sie sich, dass die Jugend heutzutage allem gegenüber gleichgültig sei. Sie sagen, es sei immer schwerer, die Arbeiter zum Streik zu bewegen, Mitglieder zu werben, Aktivisten und voll tätige Mitarbeiter zu finden. Und dabei sehen sie aber zu, wie die Jugend in der Schule der Herren heranwächst.

versucht es zumindest
Sobald die Gewerkschaften sich die Finger verbrannt haben, werden sie die Sache noch einmal überdenken. Aber unterdessen könnten sie zumindest örtlich begrenzte Versuche machen. Die Gewerkschaften CGIL und CISL(22) gemeinsam, in Zusammenarbeit oder auch im Wettbewerb miteinander.
Die Schule kostet wenig: etwas Kreide, eine Tafel, einige geschenkte Bücher, ein paar größere Jungen zum Unterrichten, und dann und wann ein Vortragender, der kostenlos Neues zu erzählen weiß.

Ganztagsschule und ihr Inhalt

Don Borghi
Während wir diesen Brief schrieben, kam uns Don Borghi(23) besuchen. Er machte folgenden Einwand: „Euch scheint es so wichtig, dass alle Jungen zur Schule gehen und den ganzen Tag dort verbringen. Sie werden als Individualisten und unpolitische Menschen herauskommen, wie die Studenten, die herumlaufen. Genau der Boden, der den Faschismus hervorbringt. Solange die Lehrer und die Lehrfächer dieselben bleiben wie bisher, ist es desto besser, je weniger Zeit die Jungen dort zu-

bringen. Da ist sogar die Werkstatt eine bessere Schule. Um die Lehrer und den Inhalt dessen, was gelehrt wird, zu ändern, braucht es ganz andere Dinge als euren Brief. Diese Probleme muss man auf politischer Ebene lösen."

solange es nichts Besseres gibt

Das stimmt. Ein Parlament, das wirklich die Bedürfnisse des ganzen Volkes widerspiegelte und nicht nur jene der Bürgerschicht, würde Euch mit ein paar Strafgesetzen zurechtweisen. Euch und die Lehrprogramme. Aber ins Parlament müssen wir gelangen. Die Weißen werden nie die Gesetze erlassen, die die Neger brauchen. Um ins Parlament zu kommen, muss man sich die Sprache zu eigen machen. Vorläufig, solange es nichts Besseres gibt, ist es gut, dass die Jungen auch bei Euch zur Schule gehen.

Berufskrankheit

Außerdem seid Ihr sicherlich nicht alle so, wie der Borghi denkt.

Vielleicht habt Ihr Euch gerade dadurch verbildet, dass Ihr in einer solchen Schule unterrichtet. Ihr habt die Herrensöhnchen nicht aus Böswilligkeit vorgezogen, Ihr habt sie nur immer allzu sehr unter den Augen gehabt. Zu sehr in der Zahl und zu sehr in der Zeit.

Zum Schluss habt Ihr sie liebgewonnen, und ihre Familien und die Zeitung, die man bei ihnen zu Hause liest.

Wer die Geschöpfe liebt, denen es gut geht, bleibt unpolitisch. Er will nichts ändern.

der Druck der Armen

Jetzt aber beginnen die Dinge, sich zu wandeln. Die Schülerzahl steigt, obwohl Ihr durchfallen lasst.

Bei einer Masse von Armen, die Druck ausübt, die die nötigsten Sachen braucht, werdet Ihr nicht weiterhin das Programm für Pierino durchsetzen können.
Umso mehr, wenn Ihr den ganzen Tag Schule haltet. Die Kinder der Armen werden Euch und Eure Lehrprogramme neu machen.
Die Kinder der Armen kennen und die Politik lieben ist ein und dasselbe. Man kann nicht Geschöpfe, die von ungerechten Gesetzen gebrandmarkt sind, lieben und nicht bessere Gesetze wollen.

3. Ein Ziel

die Schule der Priester
Früher einmal gab es die konfessionelle Schule.* Die hatte ein Ziel, das auch wert war, angestrebt zu werden. Aber sie war nicht für die Ungläubigen.
Alle erwarteten, dass Ihr etwas Großartiges an ihre Stelle setzen würdet. Dann habt Ihr aber etwas Armseliges geboren: die Schule des Eigennutzes.
Nun gibt es die konfessionelle Schule nicht mehr. Die Geistlichen haben die staatliche Gleichstellung verlangt und erteilen nun Zensuren und Zeugnisse wie Ihr. Auch sie stellen den Jungen den Gott Mammon vor.

die kommunistische Schule
Die kommunistische Schule würde etwas bieten, das ein wenig besser ist. Aber ich möchte nicht Lehrer sein und jedes Wort

---

* *Konfessionelle Schule:* Schule, die offen erklärt, die Schüler einer bestimmten Religion oder politischen Idee zuführen zu wollen.

abwägen müssen. In den Augen der Jungen den Zweifel sehen: Sagt er, was wahr ist oder was er sagen muss? Ist es wirklich notwendig, für die Gerechtigkeit diesen Preis zu bezahlen?

gesucht: ein ehrliches Ziel

Gesucht: ein Ziel.
Es muss ehrlich sein. Groß. Und darf im Jungen nichts anderes voraussetzen, als dass er Mensch ist. Das heißt, es muss für Gläubige und Nichtgläubige passen.
Ich kenne es. Der Pfarrer hat es mir gesetzt, seit ich elf Jahre alt bin, und ich danke Gott dafür. Ich habe viel Zeit gespart. Ich wusste Minute um Minute, warum ich lernte.

letztes Ziel

Das richtige Ziel ist, sich dem andern zu widmen.
Und wie will man in unserem Jahrhundert anders lieben als durch die Politik oder durch die Gewerkschaft oder durch die Schule? Wir sind souverän. Es ist nicht mehr die Zeit für Almosen, sondern für Entscheidungen. Gegen die Klassisten, die Ihr seid, gegen den Hunger, gegen das Analphabetentum, gegen den Rassismus, gegen die Kolonialkriege.

unmittelbares Ziel

Aber das ist nur das letzte Ziel, an das man hin und wieder denken soll. Das unmittelbare Ziel, das man Minute um Minute vor Augen haben muss, ist, andere zu verstehen und sich verständlich zu machen.
Und dazu genügt jedenfalls nicht das Italienische, das in der Welt nichts zählt. Die Menschen müssen einander auch jenseits der Grenzen lieben. Also muss man viele Sprachen lernen, und lauter lebende.

Ferner ist die Sprache aus Wörtern gebildet, die aus allen Lehrfächern stammen. Also muss man schlecht und recht alle Gegenstände streifen, um den Wortschatz zu erweitern und sich des Wortes zu bemächtigen. In allem Amateur sein und Fachmann in der Kunst des Redens.

humanistisches und Realgymnasium

Als man im Parlament über die Mittelschulreform debattierte, blieben wir, die Stummen, still, weil wir nicht dabei waren. Das bäuerliche Italien fehlte dort, wo von seiner Schule gesprochen wurde. Endlose Diskussionen zwischen Lagern, die entgegengesetzt schienen und gleich waren.*

Sie alle waren aus dem Gymnasium gekommen. Unfähig, eine Handbreit über die Schule hinaus zu sehen, die sie geboren hatte. Wie hätte so ein feiner Herr gegen sich selbst sprechen können? Auf sich selbst spucken und auf die verbildete Bildung, die er selbst war, die die Worte selbst waren, die er sprach.

Die Abgeordneten teilten sich in zwei Lager. Die Rechtsparteien schlugen sich für das Latein. Die Linken für die Naturwissenschaften. Nicht einer dachte an uns, nicht einer hatte am eigenen Leib verspürt, wie schwer es ist, Eurer Schule zu folgen.**

Museumsratten die Rechten. Laborratten die Linken. Die einen und die anderen fern von uns, die wir nicht zu sprechen wissen und die wir die Sprache von heute notwendig brauchen, nicht die von gestern; die Sprache, nicht Spezialisierungen.

---

* Das sagen wir nicht bloß so. Zwei von uns haben geduldig 156 Seiten Parlamentsprotokolle gelesen.

** Der kommunistische Abgeordnete De Grada hat in der Sitzung vom 14. Dezember 1962 erklärt, dass man „lesen und schreiben in der Volksschule lernt".

souverän

Denn es ist nur die Sprache, die gleich macht. Gleich ist, wer sich ausdrücken kann und die Ausdrücke anderer versteht. Ob er reich oder arm ist, ist weniger wichtig. Es genügt, dass er spricht.

Die Herren Abgeordneten der Verfassunggebenden Versammlung meinten, wir litten alle an der Lust, anderer Leute Eingeweide zusammenzuflicken oder „Ingenieur" auf unser Briefpapier zu schreiben: „Wer fähig und würdig ist, hat Anrecht, die höchsten Studiengrade zu erreichen, auch wenn er mittellos ist."*

Versuchen wir lieber, die Jungen zu mehr Ehrgeiz zu erziehen. Souverän zu werden! Was ist da Arzt oder Ingenieur dagegen!

die Karrieremacher

Sobald alle sich das Wort angeeignet haben werden, sollen die Karrieremacher ruhig ihre Studien fortsetzen. Sollen sie nur an die Universität gehen, Diplome erraffen, Geld verdienen, die nötigen Spezialisten stellen.

Es genügt, dass sie für sich keinen größeren Machtanteil beanspruchen, so wie sie es bisher getan haben.

verschwinde

Armer Pierino, fast tust du mir leid. Dein Privileg hast du teuer bezahlt. Du bist von der Spezialisierung, von den Büchern, vom Zusammensein mit immer gleichen Leuten verbildet. Warum verlässt du sie nicht?

Verlass die Universität, die Ämter, die Parteien. Geh sofort hin und unterrichte. Nur die Sprache, sonst nichts.

---

* Art. 34 der Verfassung.

Bahne den Armen den Weg, ohne ihn dir selbst zu bahnen. Hör auf zu lesen, verschwinde. Das ist die letzte Aufgabe deiner Gesellschaftsklasse.

die Seele retten

Bemühe dich nicht, die alten Freunde zu retten. Wenn du mit ihnen auch nur einmal wieder sprichst, bist du wieder wie vorher.

Zerbrich dir auch nicht den Kopf über die Wissenschaft. Die Habgierigen werden ausreichen, um sie zu pflegen. Sie werden auch die Entdeckungen machen, die uns dienen. Sie werden die Wüste bewässern, Koteletts aus dem Meer holen, Krankheiten besiegen.

Was macht dir das aus? Verdirb dir nicht deine Seele und die Liebe für Dinge, die auch von selbst vorangehen.

Zweiter Teil

In der Lehrerbildungsanstalt lasst ruhig durchfallen, aber …

England

die eigentliche Prüfung

Nach der Abschlussprüfung für die dritte Mittelschulklasse fuhr ich nach England. Ich war fünfzehn Jahre alt. Zuerst arbeitete ich bei einem Bauern in Canterbury. Dann bei einem Weinhändler in London.

In unserer Schule zählt der Aufenthalt im Ausland so viel wie bei Euch die Prüfungen. Aber er ist Schule und Prüfung zugleich.

Man probt die Bildung am Sieb des Lebens.

Im Ganzen ist es eine strengere Prüfung als Eure, aber man verliert wenigstens keine Zeit mit toten Sachen.

Suez

Bei unserer Prüfung bin ich gut durchgekommen. Ich bin lebendig nach Hause zurückgekehrt und habe auch Geld mitgebracht. Vor allem aber bin ich voll mit Sachen zurückgekehrt, die ich verstanden hatte und zu erzählen wusste. Vor mir war aus meiner Familie nur Onkel Renato im Ausland gewesen. In Äthiopien im Krieg. Als Kind bat ich ihn, kaum dass ich etwas von Geografie wusste, mir vom Suezkanal zu erzählen. Er hatte nicht einmal gemerkt, dass er durchgefahren war.

Pazifist

Mich werdet Ihr nicht ins Ausland bringen, um Bauern umzubringen. Ich war bei ihnen zu Hause. Dort war ein Junge, so alt wie ich. Und ein etwas kleineres Mädchen. Sie haben einen Stall wie wir, sie ernten Kartoffeln, mühen sich ab. Warum sollte ich sie töten?

Da sind Sie mir viel fremder. Aber beruhigen Sie sich, leider hat man mich als Pazifisten erzogen.

Cockney

Denen in London geht es schlechter als denen auf dem Land. Wir waren in den Räumen unter der Erde der City und luden Lastwagen ab.* Meine Arbeitskollegen waren Engländer und konnten keinen Brief in Englisch schreiben. Oft ließen sie ihn sich von Dick schreiben. Dick fragte manchmal mich um Rat, der ich es nach Schallplatten gelernt hatte. Auch er spricht nur Cockney.

Fünf Meter über unseren Köpfen waren diejenigen, die das „Englisch der Königin" sprachen.

Das „Cockney" ist davon nicht allzu verschieden, aber wer es spricht, ist gebrandmarkt. In ihren Schulen lassen sie nicht durchfallen. Sie leiten auf minderwertige Schulen ab. Die Armen vervollkommnen sich in ihren Schulen in der minderen Sprache. Und die Reichen in der hohen Sprache. An der Aus-

---

* *City* (Aussprache: Siti): Stadtteil Londons, wo die großen Geschäftsleute ihren Sitz haben.

Cockney (Aussprache: Kokni): Dialekt der Armen von London.

sprache erkennt man, wie reich einer ist und welchen Beruf sein Vater ausübt. Im Fall einer Revolution wird es leicht sein, sie alle umzubringen.

gegen eine Mauer

Als ich nach Italien zurückkam, erinnerte ich mich nicht einmal mehr daran, dass ich schüchtern gewesen war.

Sich an den Grenzen verständlich machen, mit dem Chef und den Monarchisten streiten, sich gegenüber Rassisten und vor Schwulen zu verteidigen, sparen, Entscheidungen treffen, merkwürdige Dinge essen, Post erwarten, mit dem Heimweh fertig werden. Mir schien, ich hätte nunmehr alles durchgemacht und hätte gesiegt.

Es fehlte mir nur, Eure Schule aus der Nähe zu kennen. Jetzt habe ich es versucht. Es war, wie wenn man gegen eine Mauer rennt.

entweder Ihr oder wir

Und doch haben sich meine Kameraden überall durchgesetzt. Einige sind schon vollwertige Gewerkschafter und haben Erfolg. Andere arbeiten in Werkhallen in Florenz und lassen sich von niemandem beeindrucken. Sie arbeiten in den Gewerkschaften, in den Parteien, in den Gemeindeverwaltungen.

Sogar die beiden, die an die Gewerbeoberschule gekommen sind, haben Erfolg. Sie kommen durch wie Pierino.

Unsere Bildung bewährt sich überall dort, wo wirkliches Leben ist. In der Lehrerbildungsanstalt nützt sie nichts. Sehen wir uns die Sache so an, wie sie sich zugetragen hat. Entweder Ihr oder wir. Einer ist auf dem Holzweg.

Stundenplan

Um nach Florenz zu kommen, stand ich jeden Tag um fünf Uhr auf. Mit dem Moped nach Vicchio, dann mit dem Zug. Im Zug kann man schwer lernen: Schläfrigkeit, Gedränge, Lärm.
Um acht Uhr war ich vor dem Schultor und wartete auf die, die um sieben Uhr aufstehen. Vier Stunden täglich im Rückstand.

Kalender

Ich war am 1. Oktober(24) dort; Sie nicht. Man sagte uns, wir sollten am sechsten wiederkommen. An der „Leonardo da Vinci"-Schule wurde gesagt, man solle am dreizehnten wiederkommen.
Schuld an dieser Verspätung ist ein Gemisch von Heiligen und Faulenzern. Sogar der heilige Franziskus(25) dient Euch als Vorwand, um den Armen einen weiteren Schultag zu stehlen. Nach vier Monaten ohne Schule.
Ich habe nie genau herausgefunden, ob die Faulenzer in der Schule, beim Schulamt oder beim Ministerium zu suchen sind. Sicher aber handelt es sich um Leute, die 13 Monate(26) im Jahr bezahlt werden.
Wenn ein Arbeiter seine Stechkarte fünf Minuten zu spät abstempeln lässt, wird ihm eine halbe Stunde abgezogen. Macht er es öfter, verliert er den Arbeitsplatz.
Die Eisenbahn ist staatlich wie Ihr und funktioniert. Wenn wir einen Schienenübergang überqueren, sind wir ohne Sorge. Der Schrankenwärter ist an seinem Platz und tut seine Arbeit. Sommer und Winter, Tag und Nacht. Wenn einer auch nur einmal fehlt, gibt es eine Zeitungsnachricht. Er erzählt uns keine Geschichten über Stellenpläne, Hilfslehrer, Bauchweh des Kindes. Er kommt ins Gefängnis.

Warum dürft nur Ihr Ausnahmen machen?
Vielleicht ist es den Herren wichtiger, dass die Eisenbahn funktioniert als die Schule. Die Schule haben ihre Kinder zu Hause, sogar bei Tisch, die Eisenbahn nicht.
Den Herren genügt es, wenn Ihr im Juni bereitsteht und Diplome ausstellt.

Selbstmörderische Auslese

vergesslich
Im ersten Teil dieses Briefes haben wir gesehen, welchen Schaden Ihr den Abgewiesenen zufügt. In Florenz aber habe ich gesehen, wie sehr der Borghi recht hatte. Den größten Schaden habt Ihr den Auserlesenen angetan.
Der Junge, der immer durchkommt, bleibt in der Klasse. Beständiger als die Lehrer. Er müsste sich an seine Kameraden binden können, sich kümmern, was für ein Ende sie genommen haben.
Aber es sind zu viele. Im Lauf von acht Jahren wurden von seiner Seite vierzig Kameraden gerissen und wie dürre Äste verbrannt. Dazu haben nach Abschluss der Mittelschule weitere fünf die Schule verlassen, obwohl sie durchgekommen waren, und so sind es 45. Von ihnen und ihren Problemen weiß er nichts mehr.

überheblich
In der zweiten Volksschulklasse war Pierino mit allen zusammen. In der fünften ist es schon eine engere Gruppe. Von hundert Menschen, denen er auf der Straße begegnet, sind ihm schon vierzig „unterlegen“.

Nach Abschluss der Mittelschule steigt die Anzahl der „Unterlegenen" auf neunzig. Nach Abschluss der Oberschule auf 96. Nach Abschluss der Universität auf 99.*
Jedesmal hat er gesehen, dass sein Zeugnis besser war als jenes der Kameraden, die er verloren hat. Die Lehrer, die jene Zeugnisse ausgestellt haben, haben ihm in die Seele geschrieben, dass die anderen 99 eine mindere Bildung besitzen.
Es wäre in dieser Lage ein Wunder, wenn seine Seele dabei nicht krank herauskäme.

der Lohn der Armen

Und sie ist tatsächlich krank, denn die Lehrer haben ihn belogen. Die Bildung jener 99 ist nicht minderer Art, sie ist anders. Die wahre Bildung, jene, die noch kein Mensch besessen hat, besteht aus zwei Dingen: zur Masse zu gehören und das Wort zu besitzen.
Eine Schule, die Auslese betreibt, zerstört die Bildung. Den Armen nimmt sie die Möglichkeit, sich auszudrücken. Den Reichen nimmt sie die Kenntnis der Tatsachen.
Gianni: unglücklich, weil er sich nicht ausdrücken kann, aber glücklich, weil er zur großen Welt gehört. Bruder ganz Afrikas, Asiens, Lateinamerikas. Er kennt von innen heraus die Nöte der Vielen.
Pierino: glücklich, weil er zu reden versteht. Unglücklich, weil er zu viel redet. Er, der nichts Wichtiges zu sagen hat. Er, der nur Dinge nachsagt, die er in Büchern gelesen hat, von anderen geschrieben, die sind wie er. Eingezwängt in eine kleine, aus-

* Volkszählung 1961, siehe *Compendio Statistico Italiano* [ital. statistisches Handbuch] 1966, Tafel 17. Volksschulabschluss 27.590.000 (60,5 %), Mittelschule 4.375.000 (9,6 %), Oberschule 1.940.000 (4,2 %), Hochschulabschluss 603.000 (1,3 %).

erlesene Gruppe. Ausgeschlossen aus der Geschichte und der Geografie.
Die Auslese-Schule ist eine Sünde gegen Gott und die Menschen. Aber Gott hat seine Armen verteidigt. Ihr wollt sie stumm, aber Gott hat Euch blind gemacht.

blind
Wer das nicht glaubt, soll einmal am Tag der „festa delle matricole“ in die Stadt gehen.*
Die jungen Herren schämen sich ihres Privilegs so wenig, dass sie sich eine Mütze aufsetzen, um sich zu erkennen zu geben. Dann spielen sie einen ganzen Tag lang ihr Theater, allein wie Hunde mitten auf der Straße. Unzüchtigkeiten, Gesetzesübertretungen, Behinderung des Verkehrs und der Arbeit. Einem Schutzmann nehmen sie seine Mütze ab und setzen ihm eine andere mit Klistierröhren auf.
Der Schutzmann erträgt es schweigend. Er hat verstanden, was die Herren wollen. Unordnung heißt nur das, was die Arbeiter hervorrufen, wenn sie streiken: geordnet, ernsthaft, von verzweifelter Notwendigkeit getrieben.
Die jungen Herren, die da ihr Theater spielen, merken nicht, dass die Unterwürfigkeit jenes Polizisten eine Anklage gegen sie ist.

---

* *matricole:* die zum ersten Mal eingeschriebenen Studenten. [„festa delle matricole“, MA-TRI-CO-LE buchstabiert: Jährlich findet in Universitätsstädten ein Fest statt, um die Studenten des ersten Jahres in die Studentenschaft aufzunehmen. Dabei wird vielfach der Verkehr stillgelegt, Restaurants werden „überfallen“ usw. Solche „feste delle matricole“ werden von unpolitischen Studenten, meist aus wohlhabenden Familien, veranstaltet. Die Studenten tragen dabei Studentenmützen, in Italien üblich. (A. d. Ü.)]

So wie sie den Blick eines Arbeiters nicht merken, der vorbeigeht und nicht lacht. Sie sind imstande und halten auch ihn auf, um ihm ein Almosen abzubetteln.

Unterhalt

Das Almosen gibt ihnen der Arbeiter jeden Tag, sogar wenn er seine Suppe salzt.* Die Studenten studieren auf seine Kosten. Aber sie wissen das nicht oder wollen es nicht wissen.
Ein Schüler der Oberschule kostet die Armen 298.000 Lire im Jahr. Sein Vater bezahlt an Schulgebühren jährlich 9.800 Lire.
Ein Universitätsstudent kostet die Armen jährlich 368.000 Lire. Sein Vater legt davon 44.000 aus.
Ein Arzt kostet in seinem Werdegang die Armen insgesamt 4.586.000 Lire. Sein Vater gibt davon 244.000 Lire aus.** Mit diesem Doktorat, das ihm die Armen geschenkt haben, verlangt er dann von den Armen 1500 Lire für eine viertelstündige Visite, streikt gegen ihre Krankenkasse und ist gegen ein verstaatlichtes Gesundheitswesen wie in England.

daraus werden Faschisten

Die Mehrheit der Kameraden, die ich in Florenz getroffen habe, lesen nie Zeitung. Wer liest, liest die Zeitung der Herren(27). Ich habe einen gefragt, ob er wisse, wer diese Zeitung finanziert: „Niemand. Sie ist unabhängig."
Von Politik wollen sie nichts wissen. Einer hörte mich von Gewerkschaft (ital.: „sindacato") sprechen und verwechselte es mit Bürgermeister (ital.: „sindaco").

---

* Die Verbrauchssteuer auf das Salz bringt jedes Jahr 19 Milliarden Lire.

** *Relazione generale sulla situazione economica del paese* [*Allgemeiner Bericht über die wirtschaftliche Lage des Landes*], 1965, II. Bd., S. 495. Die Universitätsgebühr von 44.000 Lire ist die der medizinischen Fakultät und gehört zu den höchsten.

Vom Streik haben sie nur gehört, dass er die Produktion schädigt. Sie fragen sich nicht, ob das stimmt.
Drei sind erklärte Faschisten.
Achtundzwanzig Unpolitische und drei Faschisten macht 31 Faschisten.

noch blinder
Es gibt auch andere Studenten und Intellektuelle: Sie lesen alles und gehören Linksparteien an. Aber vielleicht sind sie noch blinder.
Den am weitesten links stehenden Oberlehrer hörte ich im Rahmen einer Veranstaltung der „Vereinigung Lehrer und Familien" sprechen. Als die Rede auf die Ergänzungsschule kam, entschlüpften ihm folgende Worte: „Aber ihr wisst nicht, dass ich wöchentlich 18 Schulstunden halte!"
Der Saal war voll mit Arbeitern, die um vier Uhr früh aufstehen, um den Zug um 5.39 Uhr zu erreichen. Von Bauern, die im Sommer achtzehn Stunden am Tag arbeiten. Niemand antwortete, niemand lachte. Fünfzig Augenpaare blickten ihn undurchdringlich und schweigend an.

Der Zweck

sauer
Die Frucht der Auslese ist eine saure Frucht, die nie zur Reife gelangt. Ich entdeckte, dass die Mehrzahl meiner Kameraden an der Lehrerbildungsanstalt aus Zufall dort waren oder weil es die Eltern so beschlossen hatten.
Ich bin an die Tür Eurer Schule mit einer neuen Schultasche gekommen. Meine Schüler haben sie mir geschenkt. Mit fünfzehn Jahren hatte ich schon mein erstes Gehalt als Lehrer bekommen.

Das hatte ich Ihnen nicht gesagt, und den Kameraden auch nicht. Ich werde auch meine Fehler gemacht haben, aber in Eurer Schule ist es schwer zu sprechen. Wer weiß, was er will, und Gutes tun will, wird als Idiot hingestellt.

geizig

Keiner meiner Kameraden sprach davon, Lehrer werden zu wollen. Einer sagte mir: „Ich will in eine Bank gehen. In der Handelsoberschule ist mir zu viel Mathematik, im Gymnasium zu viel Latein, da bin ich hierher gekommen."

Die letzte Angabe über Leute wie diesen findet sich in der Volkszählung von 1961. 675.975 Bürger haben das Diplom der Lehrerbildungsanstalt.* Ziehen wir 60.000 Lehrer im Ruhestand ab, 201.000, die in jenem Jahre unterrichteten, und 120.000, die darauf warteten, unterrichten zu können (nämlich die Bewerber zur Ausschreibung). Es verbleiben ungefähr 330.000 Bürger, die unterrichten könnten und es nicht tun (43 %).

unzufrieden

Mehr als einer meiner Kameraden sagte mir, er wolle an die Universität gehen, wisse aber noch nicht, in welchen Zweig.

Im Jahr 1963 bestanden 22.266 die Abschlussprüfung der Lehrerbildungsanstalt. Im darauffolgenden Jahr finden wir 13.370 von ihnen an der Universität eingeschrieben.

Von hundert jungen Menschen, die Ihr zu Lehrern ausbildet, sind sechzig damit nicht zufrieden.**

---

* In der Volkszählung wurde der höchste erreichte Studiengrad angegeben. Es fehlen also in dieser Zahl jene, die nach Abschluss der Lehrerbildungsanstalt noch die Universität besucht haben.

** *Annuario Statistico dell'Istruzione italiana* [*Statistisches Jahrbuch der Schulbildung in Italien*], 1965, Tafel 152 und Tafel 200.

Lehrer ist …

Eine einzige Mitschülerin schien mir einigermaßen entwickelt. Sie lernte aus Liebe zum Studium. Sie las schöne Bücher. Sie schloss sich in ihr Zimmer ein, um Bach zu hören.* Das ist die höchste Frucht, die eine Schule wie die Eure geben kann.

Mir hingegen hat man beigebracht, dass das die schlimmste Versuchung ist. Das Wissen dient nur dazu, es weiterzugeben. „Lehrer ist einer, der keinerlei kulturelle Interessen hat, wenn er allein ist."

geschlossene Schule

Ich verstehe, dass es auch für Euch entmutigend sein muss, zu derartigen Jungen wie jenen über den Beruf des Lehrers zu sprechen. Aber haben die Jungen Euch verdorben oder Ihr die Jungen?

Es besteht die Tendenz, die Zahl der Universitätsfakultäten zu erweitern, deren Besuch nach Abschluss der Lehrerbildungsanstalt möglich ist. So wird die Ausbildung der Lehrer immer unverbindlicher und unwilliger.

Um einen guten Lehrer auszubilden, bedarf es einer geschlossenen Schule, die keinerlei Wege zum Weiterstudium eröffnet. Sodass sich jemand, der dorthin kommt, um nachher in eine Bank zu gehen, unwohl und fremd fühlt. Sodass sich der Junge bäuerlicher Herkunft, der seine Entscheidung schon getroffen hat, zu Hause fühlt.

notwendige Auslese

Das Problem liegt hier ganz anders als bei der Pflichtschule. Dort hat jeder ein ureigenes Recht, zur Gleichheit gebracht

---

* *Bach:* deutscher Komponist um 1700.

zu werden. Hier hingegen handelt es sich nur um Befähigung.
Man baut spezialisierte Bürger im Dienste der anderen. Sie müssen zuverlässig sein.
Bei der Zulassungsprüfung zum Führerschein zum Beispiel sollt Ihr streng sein. Wir wollen nicht auf den Straßen hingemäht werden. Ebenso für den Apotheker, für den Arzt, für den Ingenieur.

Achtung auf den Zweck

Aber lasst nicht den Kraftfahrer durchfallen, weil er nicht Mathematik kann, oder den Arzt, weil er die Dichter nicht kennt.
Sie haben mir wörtlich gesagt: „Siehst du? Latein kannst du nicht. Warum besuchst du nicht eine Fachschule?"
Seid Ihr sicher, dass man Latein braucht, um ein guter Lehrer zu werden? Vielleicht habt Ihr nie darüber nachgedacht. Das Wort Lehrer fällt Euch gar nicht ein. Ihr seht nur die Lehrprogramme, so wie sie sind, und tut nichts dagegen.

das Individuum

Hättet Ihr Euch wenigstens so weit um mich gekümmert, um mich danach zu fragen, woher ich kam, wer ich war, wohin ich ging, so wäre das Latein vor Euren Augen schon ein wenig verschwommen.
Aber vielleicht hättet Ihr etwas dagegen gehabt. Ein Junge, der mit fünfzehn Jahren weiß, was er will, macht Euch Angst. Ihr spürt den Einfluss seines Lehrers heraus.
Wehe dem, der Euch Hand an das INDIVIDUUM legt. Die FREIE ENTWICKLUNG DER PERSÖNLICHKEIT ist Euer oberstes Glaubensbekenntnis. Die Gesellschaft und ihre Nöte kümmern Euch nicht.

Ich bin ein Junge, der unter dem Einfluss seines Lehrers steht, und rühme mich dessen. Auch er rühmt sich dessen. Woraus bestünde denn sonst die Schule?
Die Schule ist der einzige Unterschied zwischen Mensch und Tier. Der Lehrer gibt dem Schüler alles das, was er glaubt, liebt und hofft. Der Junge wächst heran und fügt etwas hinzu, und so macht die Menschheit Schritte voran.
Die Tiere gehen nicht zur Schule. In FREIER ENTWICKLUNG IHRER PERSÖNLICHKEIT machen die Schwalben ihr Nest seit Jahrtausenden in gleicher Weise.

das Seminar
Man hat mir gesagt, dass es sogar im Priesterseminar Jungen gibt, die sich quälen, um ihre Berufung zu finden. Wenn Ihr ihnen von der Volksschule an gesagt hättet, dass wir alle dieselbe Berufung haben, nämlich das Gute dort zu tun, wo wir sind, würden sie nicht die besten Jahre ihres Lebens vergeuden, um an sich selbst zu denken.

Schule für den Dienst an der Gesellschaft
Man könnte höchstens zwei Schulen einrichten, wenn Ihr noch etwas Zeit für genaue Entscheidungen lassen wollt.
Eine Schule könnte man „Schule für den Dienst an der Gesellschaft“ nennen, von vierzehn bis achtzehn Jahren. Es besuchen sie jene, die beschlossen haben, ihr Leben nur für die anderen zu verwenden. Mit derselben Ausbildung könnte man Priester, Lehrer (für die acht Pflichtschuljahre), Gewerkschafter, Politiker werden. Vielleicht noch mit einem Jahr für die spezialisierte Fachausbildung.
Die anderen Schulen würden wir „Schule für den Dienst am Ich“ nennen, und hierfür könnte man die gegenwärtig bestehenden Schulen ohne jede Änderung beibehalten.

hohe Ziele

Die Schule für den Dienst an der Gesellschaft könnte es sich erlauben, hohe Ziele anzustreben. Ohne Zensuren, ohne Klassenbuch, ohne Spiel, ohne Ferien, ohne Nachgiebigkeit gegenüber Ehe oder Laufbahn. Alle Schüler gerichtet auf die vollkommene Hingabe.

Unterwegs könnte dann einer auf ein etwas weniger hohes Ziel treffen. Ein Mädchen finden, sich begnügen, eine engere Familie zu lieben.

Wenn er die besten Jahre seines Lebens damit verbracht hat, sich auf die unbegrenzte Familie vorzubereiten, wird er nichts versäumt haben. Im Gegenteil, er wird ein besserer Vater oder eine bessere Mutter sein, voll von Idealen, fähig, ein Kind aufzuziehen, das wiederum diese Schule besucht.

Eure Schule für den Dienst am Ich aber möchte alle auf die Ehe vorbereiten. Sie hat dabei wenig Erfolg, auch bei denen, die tatsächlich heiraten. Wer sich aber nicht verheiratet, wird ein verknöcherter Junggeselle.

arbeitslose Lehrer

Man hört Klagen, dass es zu viele Lehrer gebe. Das stimmt nicht. Die Wahrheit ist, dass diese Stelle von vielen begehrt wird, denen überhaupt nichts daran liegt, wirklich Lehrer zu sein. Wenn Ihr die Arbeitsstunden erhöht, werden sie alle verschwinden.

Eine verheiratete Lehrerin bezieht ein gleich hohes Gehalt wie ihr Mann. Aber praktisch ist sie so wenig außer Haus wie eine nicht berufstätige Hausfrau. Eine vorbildliche Gattin und Mutter. Bei jeder Erkältung des Kindes bleibt sie zu Hause. Wer würde nicht eine solche Frau heiraten?

Außerdem gibt es Zehntausende von freien Stellen in den Mittelschulen(28). Ihr habt sie jedem Hergelaufenen gegeben, wenn er nur von akademischer Rasse war oder von der, die auf dem Wege dazu ist (Apotheker, Tierärzte, Studentlein). Nicht gegeben habt Ihr sie den Lehrern, die jahrelange Schulerfahrung mitbringen konnten.

Kaste

Die Abgeordneten, die jetzt im Amt sind, werden nie den Lehrern die Mittelschule öffnen.

Im Gegenteil. Einige schlagen vor, auch für Volksschullehrer ein Hochschulstudium zu verlangen. Sie sagen, Pädagogik und Psychologie seien nun einmal Wissenschaften. Man müsse sie an der Universität erlernen.

Wenn die Akademiker die Schule kritisieren und sagen, sie sei krank, vergessen sie, dass sie selbst ihre Erzeugnisse sind. Bis zum Alter von 25 Jahren haben sie ihre Infektion eingesogen. Sie sind nicht mehr imstande zu glauben, jemand könnte etwas wert sein, wenn er ihre Studien nicht gemacht hat.

Dann aber, wenn sie in die Sprechstunde zum Lehrer des Kindes gehen, sprechen sie mit ihm, wie man mit einem aus der Familie reden würde. Sie verheimlichen ihm nichts, sie arbeiten zusammen.

Wenn sie mit dem Lehrer in der Mittelschule sprechen, messen sie ihre Worte, wie wenn man mit einem Gegner spricht.

Sie wollen es nicht sagen, aber auch sie wissen es. Die Volksschullehrer haben ihren Wert, weil sie wenig in der Schule waren. Die Mittelschullehrer sind so, wie sie sind, weil sie alle Akademiker sind.

Die Bildung, die notwendig ist

Auszug
Auf den Bergen können wir nicht bleiben. Auf den Feldern sind wir zu viele. Alle Wirtschaftsfachleute sind sich darüber einig.
Und selbst wenn es nicht so wäre? Versetzen Sie sich in die Lage meiner Eltern. Dass Ihr Sohn ausgeschlossen bliebe, würden Sie nicht zulassen. Also müsst Ihr uns auch aufnehmen. Aber nicht als Bürger zweiter Klasse, gut genug als Handlanger.
Jedes Volk hat seine Kultur und kein Volk hat weniger als ein anderes. Unsere Kultur ist ein Geschenk, das wir Euch mitbringen. Ein bisschen Leben in die Spröde Eurer Bücher, die von Leuten geschrieben sind, die wieder nur Bücher gelesen haben.

Bauernkultur
Wenn man ein Lesebuch durchblättert, ist es voll von Pflanzen, Tieren, Jahreszeiten. Es sieht aus, als ob es nur ein Bauer schreiben könnte.
In Wirklichkeit aber kommen die Verfasser aus Eurer Schule. Man braucht nur die Bilder anzuschauen: linkshänderische Bauern, runde Schaufeln, Hacken wie Häkelnadeln, Schmiede mit den Werkzeugen der Römer, Kirschbäume mit Blättern wie Pflaumenbäume.
Meine Lehrerin in der ersten Volksschulklasse sagte mir: „Steig auf jenen Baum und hole mir zwei Kirschen herunter." Als meine Mutter das hörte, sagte sie: „Wer hat die nur auf die Kinder losgelassen?"
Ihr habt ihr das Lehrbefähigungsdiplom verliehen und mir verweigert. Dabei habe ich nie in meinem Leben einfach „Baum" gesagt. Ich kenne jeden einzelnen Baum beim Namen.

Ich kenne auch das Reisig. Ich habe es geschnitten, gesammelt und zum Brotbacken verwendet. Sie haben mir in einer Schularbeit das Wort „sormenti“ (Dialekt für „Reisig“, ital.) als Fehler angestrichen. Sie behaupten, man sagt „sarmenti“, weil die Römer es so sagten. Und dann gehen Sie heimlich in einem Wörterbuch nachsehen, was das überhaupt ist!

allein wie Hunde

Auch über die Menschen wisst Ihr weniger als wir. Der Aufzug ist eine Maschine, um die Mitbewohner eines Hauses nicht zur Kenntnis zu nehmen. Das Automobil eine Maschine, um die Menschen nicht zur Kenntnis zu nehmen, die mit der Straßenbahn fahren. Das Telefon eine Maschine, um nicht ins Gesicht zu sehen oder das Haus zu betreten.

Für Sie trifft es vielleicht nicht zu, aber für Ihre Jungen, die Cicero kennen: Von wie vielen Lebenden kennen sie die Familie von nahe?* Wie vieler Leute Küche haben Sie betreten? Wie vielen Nachtwache gehalten? Von wie vielen die Verstorbenen auf den Schultern zu Grabe getragen? Auf wie viele können Sie im Notfall zählen? Wenn die Überschwemmung(29) nicht gewesen wäre, wüssten Sie heute noch nicht, aus wie vielen Personen die Familie im Erdgeschoß besteht.

Ich war mit jenen Kameraden ein Jahr lang auf der Schule und weiß nichts von ihrem Haus. Und dennoch sind sie nie still. Oft hört man ihre Stimmen sogar durcheinander, und sie reden weiter, als ob nichts wäre. Es hört ja sowieso jeder nur sich selbst zu.

---

* *Cicero:* lateinischer Schriftsteller.

menschliche Bildung
Unter Ihren Fenstern dröhnen tausend Motoren täglich. Sie wissen nicht, wer sie sind, noch wohin sie gehen.
Ich kann die Geräusche dieses Tales viele Kilometer weit im Umkreis deuten. Dieser ferne Motor ist Nevio, der mit einiger Verspätung zum Bahnhof fährt. Wollen Sie, dass ich Ihnen alles über hunderte von Geschöpfen sage? Über Dutzende von Familien, Verwandtschaften, Bindungen?
Wenn Sie mit einem Arbeiter reden, machen Sie alles falsch: die Worte, den Ton, die Scherze. Ich weiß, was ein Bergbewohner denkt, wenn er still ist, und weiß, was er denkt, während er etwas anderes sagt.
Das ist die Kultur, die jene Dichter gewünscht hätten, die Sie lieben. Neun Zehntel der Erde haben sie, und niemandem ist es gelungen, sie zu schreiben, zu malen, zu filmen.
Seid wenigstens bescheiden. Eure Bildung hat ebenso große Lücken wie die unsere. Vielleicht noch größere. Sicher aber für einen Volksschullehrer schädlichere.

Die Bildung, die Ihr verlangt

Latein
Das wichtigste Fach bei Euch ist das, was wir als Volksschullehrer sowieso niemals lehren werden.
Ihr fordert sogar Übersetzungen vom Italienischen ins Lateinische. Aber wer hat genau bezeichnet, wo Latein aufhört und Italienisch beginnt?
Jemand – weiß Gott, wer – hat Euch sogar eine Grammatik geschrieben. Aber das ist ein gemeiner Betrug. Denn bei jeder Regel müsste man die Zeit und die Gegend angeben, in der man so gesprochen hat.

Die Karrieremacher unter den Jungen lassen sich Sand in die Augen streuen und lernen sie auswendig. Ihnen kommt es nur darauf an, durchzukommen und mit anderen ebenso zu verfahren, sobald sie Oberschullehrer sein werden.
Sie haben mir in einer Aufgabe „portavit“* als Fehler angestrichen. Für Sie ist es ein Verbrechen, die Dinge einfach zu lösen, wenn es auch kompliziert möglich ist. Merkwürdig ist nur, dass Cicero häufig „porto“ verwendete. Er war Römer und war sich dessen nicht einmal bewusst.**

Mathematik
Das zweite verfehlte Fach ist Mathematik. Um sie in der Volksschule zu lehren, genügt es, die Volksschulmathematik zu beherrschen. Wer bis zur dritten Klasse der Mittelschule gekommen ist, hat schon drei Jahre zu viel. Im Programm der Lehrerbildungsanstalt kann man sie also abschaffen. Viel wichtiger wäre zu lernen, wie man sie lehrt, aber das ist nicht Mathematik. Das ist Sache des Praktikums oder der Pädagogik.
Was die höhere Mathematik als Teil der Allgemeinbildung betrifft, so kann man einen anderen Ausweg finden. Zwei oder drei Vorträge eines Fachmanns, der mit Worten sagen kann, worin sie besteht.
Wenn in Zukunft den gegenwärtigen Volksschullehrern die ganze Pflichtschule anvertraut wird, ändert sich das Problem auch nicht.

---

* *portavit:* um „tragen“ zu übersetzen, gibt es im Lateinischen zwei Wörter. Ein leichtes (porto) und ein schweres (fero).

** Dieser Satz ist ein Vers aus dem Gedicht *Scoperta dell'America* (*Entdeckung Amerikas*) von Cesare Pascarella (Dichter im römischen Dialekt).

Es stimmt nicht, dass man die Universität besucht haben muss, um Mathematik an der Mittelschule zu unterrichten. Das ist eine Lüge, von der Kaste der Akademiker erfunden. Damit hat sie ihre Pfote auf 20.478 besondere Arbeitsplätze gelegt. Es ist das Lehrfach, in dem man am wenigsten arbeitet (sechzehn Wochenstunden). Es ist jenes, in dem man sich nicht weiterzubilden braucht. Es genügt, jahrelang denselben Blödsinn zu wiederholen, den jeder brave kleine Junge der dritten Mittelschulklasse weiß. Die Verbesserung der Arbeiten lässt sich in einer Viertelstunde schaffen. Die Aufgaben, die nicht richtig gelöst sind, sind eben falsch.

Philosophie[(30)]

Wenn man die Philosophen aus dem Handbuch studiert, werden sie einem alle verhasst.* Es sind zu viele, und sie haben zu viel Zeug gesagt.

Unser Lehrer hat nie Partei ergriffen. Wir haben nicht verstanden, ob er mit allen einverstanden ist oder ob ihm alle egal sind.

Zwischen einem gleichgültigen und einem besessenen Lehrer ziehe ich den besessenen vor. Einen, der entweder eine eigene Vorstellung hat, oder einen Philosophen, der ihm zusagt. Er soll nur von dem sprechen und schlecht über die andern reden, er soll ihn uns im Urtext drei Jahre lang vorlesen. Wir werden dann, wenn wir die Schule verlassen, überzeugt sein, dass die Philosophie ein Leben erfüllen kann.

---

* *Philosoph:* Denker.

Handbuch der Philosophie: ein Buch, das zusammenfasst, was die Philosophen in ihren Büchern gesagt haben.

Pädagogik
Pädagogik, so wie sie betrieben wird, würde ich abschaffen. Aber ich bin nicht sicher. Würdet Ihr mehr davon bringen, würde man vielleicht entdecken, dass sie uns etwas zu sagen hat. Und dann würde man vielleicht darauf kommen, dass sie uns nur eins zu sagen hat. Dass die Jungen alle verschieden sind, dass die geschichtlichen Lagen verschieden sind und also auch jeder Augenblick desselben Jungen, dass die Länder, die Lebensbereiche, die Familien alle verschieden sind.
Dann würde vom ganzen Buch knapp eine Seite genügen, um das zu sagen, und den Rest könnte man wegwerfen.
In Barbiana verging kein Tag, ohne dass wir auf pädagogische Probleme stießen. Aber nicht unter diesem Namen. Für uns trugen sie immer den genauen Namen eines Jungen. Fall für Fall, Stunde um Stunde.
Ich glaube nicht, dass es eine Abhandlung irgendeines Herrn gibt, in der etwas über Gianni steht, was wir nicht wissen.

Evangelium
Drei Jahre verwendet Ihr auf hässliche Übersetzungen alter Dichtungen (*Ilias*, *Odyssee*, *Aeneis*). Drei Jahre auf Dante[(31)]. Und nicht einmal eine Minute auf das Evangelium.
Sagt nicht, dass für das Evangelium die Priester zuständig sind. Auch wenn man vom religiösen Problem absieht, bleibt es doch das Buch, das man in jeder Schule und in jeder Klasse studieren sollte. In der Literatur hätte das längste Kapitel dem Buch gebührt, das das tiefste Zeichen hinterlassen, das über die Grenzen hinweg gewirkt hat.
In Erdkunde hätte das ausführlichste Kapitel von Palästina handeln müssen. In Geschichte von den Tatsachen, die dem Leben des Herrn vorangegangen sind, es begleitet haben und

ihm gefolgt sind. Darüber hinaus hätte es noch ein eigenes Lehrfach gebraucht: Überblick über das Alte Testament, Lesung der Evangelien nach einer Synopse, Textkritik, sprachliche und archäologische Fragen.*

Wieso habt Ihr nie daran gedacht? Vielleicht war demjenigen, der Euch die Schule eingerichtet hat, Jesus irgendwie verdächtig: zu sehr Freund der Armen und zu wenig Freund des Eigentums.

Religion

Sobald Ihr einmal dem Evangelium den Platz gegeben habt, der ihm gebührt, wird die Religionsstunde eine ernst zu nehmende Angelegenheit sein.

Es wird nur darum gehen, die Jungen in der Auslegung des Textes anzuleiten. Das könnte der Priester tun, womöglich in Auseinandersetzung mit einem nichtgläubigen Lehrer, der aber ernst zu nehmen sein muss. Das heißt, er muss das Evangelium kennen wie der Priester.

Sobald Ihr solche Lehrer sucht, werden die Grenzen Eurer Bildung zutage treten. In Florenz gibt es Dutzende von Priestern, die fähig sind, eine hochstehende Bibel-Lektion zu halten. Leute, die den griechischen Text fließend lesen und bei Bedarf auch den hebräischen heranzuziehen wissen.**

---

* *Synopse:* Buch, in dem die vier Evangelien eines neben dem andern abgedruckt sind statt hintereinander.

Textkritik: Studium der Unterschiede, die sich in den alten Handschriften des Evangeliums finden.

Archäologie: Erforschung altertümlicher Gegenstände, die man unter der Erde gefunden hat.

** Der älteste Teil der Bibel ist in hebräischer Sprache geschrieben. Der neuere Teil (z. B. das Evangelium) ist griechisch geschrieben.

Wüsstet Ihr mir den Namen eines Weltlichen zu nennen, der ernsthaft darauf vorbereitet wäre, ihm die Stange zu halten? Aber einer, der aus Euren Schulen kommt, nicht aus dem Priesterseminar.
Ich habe einen Vortrag eines jungen Intellektuellen gehört – er war einer von denen, die alle Bücher gelesen haben, die es in der Welt gibt (das eine ausgenommen): „Wenn das Weizenkorn nicht zur Erde fällt und stirbt, bringt es keine Frucht, wie Gide sagt.“* Ich weiß zwar nicht, wer dieser Gide ist. Aber das Evangelium studiere ich seit Jahren und werde es mein ganzes Leben lang studieren.

der Graf
Bei Leuten, die das Evangelium vergessen, muss man sich auf allerhand gefasst machen. Es kommt einem der Zweifel an allem, was Ihr lehrt. Es kommt einem die Lust zu wissen, wer die wesentlichen Entscheidungen getroffen hat.
Tatsache ist, dass Eure Schule unter einem schlechten Stern geboren wurde.
Sie wurde 1859 geboren. Ein König wollte die Besitztümer seiner Familie ausweiten. Er begann, einen Krieg vorzubereiten. Zuallererst setzte er einen General an die Spitze der Regierung. Dann schickte er die Abgeordneten in Urlaub. Dann berief er einen Grafen und ließ ihn das Gesetz über den öffentlichen Unterricht schreiben.**

---

* *Gide:* Wir haben im Lexikon gesehen, dass er ein französischer Schriftsteller ist. Wahrscheinlich hat er diesen Satz des Evangeliums in einem seiner Bücher erwähnt und der Professor meinte, er würde von ihm stammen.

** *ein König:* Viktor Emanuel II.
ein General: Alfonso La Marmora.

Dieses Gesetz, das mit Waffengewalt in ganz Italien durchgesetzt wurde, ist noch heute das Gerüst Eurer Schule.*

Geschichte

Geschichte ist das Fach, das am meisten darunter gelitten hat. Es mag ja manches Buch geben, das ein wenig anders ist. Aber ich möchte eine Statistik über die meistverbreiteten Geschichtsbücher haben.

Im Allgemeinen ist das nicht Geschichte. Es ist eine engherzige und eigennützige Kurzerzählung, wie sie der Sieger dem einfachen Bauern liefert. Italien im Mittelpunkt der Welt. Die Unterlegenen alle böse, die Sieger alle gut. Es wird nur von Königen, Generälen, sinnlosen Kriegen zwischen Nationen geredet. Die Leiden und Kämpfe der Arbeiter übersehen oder in ein Winkelchen verbannt.

Wehe dem, der den Generälen oder Waffenfabrikanten missfällt. Im Geschichtsbuch, das als das modernste gilt, wird Gandhi in neun Zeilen erledigt. Ohne auch nur einen Hinweis auf seine Überzeugung und noch weniger auf seine Methode.

Staatsbürgerkunde(32)

Ein weiteres Fach, das Ihr nicht behandelt, von dem ich aber wissen möchte, ist Staatsbürgerkunde.

---

in Urlaub: Anlässlich des Krieges löste Viktor Emanuel das Parlament auf und übernahm allein die Regierungsgewalt.

ein Graf: Gabrio Casati. Das Gesetz Casati stammt vom 13. November 1859. Es wurde weder vom piemontesischen Parlament noch später vom italienischen beschlossen.

* „… trotz der Reform von 1923 und jener von 1930–1940 und trotz der neuen verfassungsrechtlichen Lage der Schule nach der Einführung der Republik bleibt das Gesetz Casati dennoch der große Leitfaden, der unsere Schule in jedem Zweig und jeder Stufe durchwirkt." Luigi Volpicelli.

Mancher Lehrer verteidigt sich, indem er behauptet, er lehre sie gewissermaßen im Unterton mit den anderen Fächern mit. Es wäre zu schön, wenn das wahr wäre. Nun, wenn er diese Kunst kann, warum lehrt er dann nicht alle Fächer so, in einem gut gegliederten Gebäude, in dem alles ineinander übergeht und sich wiederfindet?

Sagt lieber, dass es ein Fach ist, das Ihr nicht kennt. Gewerkschaft: Sie wissen nicht einmal, was das ist. Im Haus eines Arbeiters haben Sie nie zu Abend gegessen. Bei einem Arbeitskampf im öffentlichen Verkehrswesen wissen Sie nicht einmal, worum es geht. Sie wissen nur, dass die Verkehrsstauung Ihr Privatleben gestört hat.

Sie haben diese Dinge nie studiert, weil sie Ihnen Angst machen. So wie es Ihnen Angst macht, der Geografie auf den Grund zu gehen. In unserem Buch stand alles; außer dem Hunger, den Monopolgesellschaften, den politischen Systemen, der Rassendiskriminierung.

die Urteile

Es gibt ein Fach, das in Eurem Programm nicht einmal vorkommt: die Kunst des Schreibens.

Man braucht nur die Urteile anzusehen, die Ihr unter die Aufsätze schreibt. Ich habe hier eine Sammlung. Es sind Feststellungen, nicht Arbeitshilfen.

„Kindlich. Jungenhaft. Unausgereift. Ungenügend. Banal." Was nützt es dem Jungen, das zu wissen? Er wird den Großvater zur Schule schicken, der ist reifer.

Oder: „Wenig Gehalt. Bescheiden im Gedankengang. Farblose Ideen. Es fehlt die echte Anteilnahme an dem, was Du schreibst." Dann war das Aufsatzthema falsch. Ihr durftet dann überhaupt nicht von ihm verlangen, darüber zu schreiben.

Oder: „Suche, die Form zu verbessern. Unkorrekte Form. Holprig. Unklar. Schlecht ausgearbeitet. Verschiedene falsch gewählte Ausdrücke. Suche, einfacher zu sein. Verworrener Satzbau. Im Ausdruck nicht immer glücklich. Du musst Deine Art, die Gedanken auszudrücken, besser beherrschen." Ihr habt ihm das nie beigebracht, glaubt nicht einmal, dass man es beibringen kann, akzeptiert keine objektiven Regeln der Kunst, seid auf den Individualismus des 19. Jahrhunderts festgelegt. Bis man dann auf das Geschöpf stößt, das von den Göttern gesegnet ist: „Spontan. Dir fehlen die Ideen nicht. Arbeit mit eigenen Ideen, die eine gewisse Persönlichkeit verraten." Wenn Ihr schon dabei seid, schreibt auch noch dazu: „Selig die Mutter, die Dich gebar."

das Genie
Als Sie mir einen Aufsatz mit einer Vier zurückgaben, sagten Sie zu mir: „Als Schriftsteller muss man geboren sein, das kann man nicht lernen." Dennoch aber beziehen Sie Ihr Gehalt als Italienischlehrerin.
Die Theorie vom Genie ist eine bourgeoise Erfindung. Sie stammt aus einer Mischung von Rassismus und Faulheit. Auch in der Politik ist es – statt mit komplizierten Meinungen der Parteien fertigzuwerden – leichter, einen de Gaulle zu nehmen und zu sagen, er sei ein Genie, Frankreich sei er. So machen Sie es mit dem Italienischen. Pierino hat die Gabe. Ich nicht.
Dann brauchen wir uns ja nicht weiter anzustrengen:
Pierino braucht nicht zu überdenken, was er schreibt. Er wird Bücher schreiben wie jene, die im Umlauf sind. Fünfhundert Seiten, die man auf fünfzig vermindern könnte, ohne auch nur einen einzigen Gedanken zu verlieren.
Ich kann es aufgeben und in den Wald gehen.

Sie können in Ihrem Müßiggang am Katheder fortfahren und weiterhin kleine Zeichen ins Register schreiben.

Schule der Kunst

Die Kunst des Schreibens lehrt man wie jede andere Kunst.
An dieser Stelle aber haben wir unter uns gestritten. Ein Teil wollte erzählen, wie wir es beim Schreiben anstellen. Ein anderer Teil sagte: „Die Kunst ist etwas Großes, aber sie besteht aus mühevoller Kleinarbeit. Sie werden über uns lachen."
Die Armen werden nicht lachen. Die Reichen sollen ruhig lachen, und wir lachen über sie, die nicht ein einziges Buch oder eine einzige Zeitung in der Sprache der Armen zu schreiben wissen.
Schließlich haben wir beschlossen, alles zu erzählen: für jene Leser, die uns freundlich gesinnt sein werden.

eine bescheidene Technik

Wir also machen es so:
Vor allem hält jeder von uns einen Notizblock in der Tasche. Jedesmal, wenn ihm eine Idee kommt, schreibt er sie auf. Jede Idee auf einem eigenen Zettel, der nur auf einer Seite beschrieben ist.
Eines Tages legt man alle Zettelchen zusammen auf einen großen Tisch. Man geht sie einzeln durch, um die doppelten wegzuwerfen. Dann werden die verwandten Zettelchen zu großen Haufen vereinigt, das sind die Kapitel. Jedes Kapitel wird in Häufchen unterteilt, das sind die Abschnitte.
Nun versucht man, jedem Abschnitt einen Namen zu geben. Wenn das nicht gelingt, bedeutet es, dass er nichts enthält oder dass er zu viel enthält. Mancher Abschnitt verschwindet, mancher verwandelt sich in zwei.

Mit den Namen der Abschnitte wird die logische Anordnung besprochen, bis eine allgemeine Einteilung daraus wird. Anhand dieser allgemeinen Einteilung werden die Abschnitte neu geordnet.
Man nimmt das erste Häufchen, breitet am Tisch seine Zettelchen aus und findet so die Reihenfolge heraus. Nun schreibt man den Text nieder, wie er gerade kommt.
Er wird hektografiert, damit alle das Gleiche vor sich haben. Dann geht es mit Schere, Klebstoff und Farbstiften dran. Alles wird drunter und drüber geworfen. Neue Zettel kommen hinzu. Es wird nochmal hektografiert.
Dann beginnt die Jagd darum, wer Worte entdeckt, die man weglassen kann, überflüssige Eigenschaftswörter, Wiederholungen, falsche Behauptungen, schwierige Wörter, zu lange Sätze, zwei Begriffe in einem einzigen Satz.
Man ruft einen Außenstehenden nach dem andern. Man achtet darauf, ob sie verstanden haben, was wir sagen wollten. Man nimmt ihre Ratschläge an, wenn sie nur der Klarheit dienen. Mahnungen zur Vorsicht werden abgewiesen.
Nach all dieser Mühe, bei der wir Regeln befolgen, die für alle gelten, findet sich immer noch der idiotische Intellektuelle, der von sich gibt: „Dieser Brief hat einen höchst persönlichen Stil."

Faulheit

Gebt lieber zu, dass Ihr nicht wisst, was die Kunst ist. Die Kunst ist das Gegenteil von Faulheit.
Auch Sie, beschweren Sie sich nicht, dass Sie nicht genügend Unterrichtsstunden haben. Es genügt eine schriftliche Arbeit im ganzen Jahr, aber diese mit allen gemeinsam erarbeitet.

Weil wir schon von Faulheit sprechen. Ich schlage Ihnen für Ihre Schüler eine unterhaltsame Übung vor. Verwendet ein Jahr darauf, den Saitta ins Italienische zu übersetzen.*

Strafprozess

Derzeit arbeitet Ihr 210 Tage(33) im Jahr, von denen Ihr 30 durch Prüfungen und etwa 30 durch Schularbeiten verschwendet. Bleiben 150 Schultage. Die Hälfte der Schulstunde verschwendet Ihr jeweils durch Ausfragen(34), und so bleiben 75 Schultage gegen 135 Prozesstage.
Auch ohne Euren Arbeitsvertrag anzurühren, könntet Ihr die Schulstunden verdreifachen.

Schularbeit
Während der Schularbeiten gingen Sie zwischen den Bankreihen auf und ab, Sie sahen mich in Schwierigkeiten oder Fehler begehen und sagten nichts.
Solche Arbeitsbedingungen habe ich auch zu Hause. Kilometerweit im Umkreis niemand, an den ich mich wenden könnte. Kein Buch außer den Schulbüchern. Kein Telefon.
Nun aber sind wir in der „Schule". Ich bin eigens gekommen, von weither. Meine Mutter ist nicht da, die versprochen hat, still zu sein, und mich dann doch hundertmal unterbricht. Das Kind meiner Schwester ist nicht da, das Hilfe für die Schulaufgaben braucht. Es ist Ruhe, gutes Licht, eine Schulbank ganz für mich. Und dort, gerade zwei Schritte von mir, stehen Sie. Sie haben das Wissen. Sind bezahlt, mir zu helfen.

---

* *Saitta:* Geschichtsbuch [in besonders unverständlichem Italienisch geschrieben. A. d. Ü.].

Und stattdessen verlieren Sie Zeit damit, mich zu überwachen wie einen Dieb.

Müßiggang und Schrecken

Dass das Ausfragen nicht Schule ist, haben Sie mir selbst erklärt: „Wenn ich die erste Stunde habe, dann nimm ruhig den anderen Zug, in der ersten halben Stunde frage ich sowieso nur aus."

Während des Ausfragens ist die Klasse in Nichtstun oder in Schrecken versunken. Sogar der Junge, der gerade ausgefragt wird, verliert Zeit. Er bemüht sich, sich keine Blößen zu geben. Er vermeidet die Dinge, die er weniger verstanden hat, und streicht jene heraus, die er gut kann.

Um Sie zufriedenzustellen, genügt es, seine Ware gut zu verkaufen. Nie still zu sein. Die Leeren durch leere Worte aufzufüllen. Die Bemerkungen des Sapegno mit der Frechheit dessen nachzusagen, der die Texte im Original gelesen hat.*

persönliche Meinungen

Oder noch besser „persönliche Meinungen" hinzuwerfen. Die persönlichen Meinungen halten Sie in hoher Achtung: „Meiner Ansicht nach hat Petrarca ..."** Der Junge hat vielleicht zwei Gedichte gelesen, vielleicht auch keines.

Man hat mir gesagt, dass in gewissen amerikanischen Schulen bei jedem Wort des Lehrers die Hälfte der Klasse die Hand erhebt und sagt: „Ich bin einverstanden." Die andere Hälfte sagt:

---

* *Sapegno:* Handbuch der Literaturgeschichte. Sein Verfasser hat viele Bücher gelesen. Er vergleicht sie untereinander und beurteilt sie. Die Oberschullehrer begnügen sich, wenn man das nachsagt, was er behauptet.

** *Petrarca:* italienischer Dichter des 14. Jahrhunderts.

„Ich bin nicht einverstanden." Das nächste Mal tauschen sie die Rollen und kauen weiter eifrig ihren Kaugummi.
Ein Junge, der persönliche Meinungen über Dinge hat, die größer sind als er, ist ein Schwachkopf. Man darf ihm keine Befriedigung gewähren. In die Schule geht man um zu hören, was der Lehrer sagt.
Nur selten kommt es vor, dass die Klasse und der Lehrer etwas von uns brauchen. Aber nicht Meinungen oder gelesene Dinge. Genaue Angaben über Dinge, die wir mit unseren Augen in den Häusern, den Straßen, den Wäldern gesehen haben.

eine intelligente Frage
Sie haben mich nie nach solchen Sachen gefragt. Von selbst sagte ich sie nicht. Von Ihren Herrensöhnchen aber wurden Sie mit Engelsmiene nach Dingen gefragt, die sie schon wussten. Und Sie ermutigten sie: „Das ist eine intelligente Frage!" Unnützes Theater für alle. Schädlich für die Seele jener jungen Kriecher. Grausam für mich, der ich nicht mitzuspielen verstand.

die zweite tote Sprache

„Ma ove dorme il furor d'inclite gesta
e sien ministri al vivere civile
l'opulenza e il tremore, inutil pompa
e inaugurate immagini dell'Orco
sorgon cippi e marmorei monumenti."*

---

* Es ist ein Abschnitt aus den *Sepolcri* von Foscolo. *Ugo Foscolo:* italienischer Dichter aus dem Beginn des 19. Jahrhunderts. Vielleicht sagt dieses Gedicht wichtige Dinge aus. Wenn uns die Lehrerin helfen will, sie nicht zu übersehen, ist es ihre Aufgabe, uns das Lesen zu erleichtern.

[In italienischen Schulen, schon in der Mittelschule, ist es üblich, Dichtungen in Prosa übertragen zu lassen. Dadurch soll wohl der Sprachschatz

„Übertrage in Prosa." Mein Blick irrte über jene seltsamen Worte, ohne zu wissen, wo er Halt machen sollte. Sie lächelten mir zu: „Na los, das ist leicht, das habe ich gestern erklärt. Du hast nicht gelernt."

erfundene Wörter

Das war wahr. Ich hatte das nicht gelernt. Ich werde meinen Schülern niemals solche Wörter beibringen. In der Fußnote ist ihre Bedeutung erklärt. Aber das ist gelogen. Solche Wörter sind erfunden worden, weil man die Armen nicht liebte. Man wollte sich mit uns keine Mühe machen.

Sie befahlen mir, die Fußnoten mit dem Heft zu verdecken, um mich zu zwingen, jene Sprache auswendig zu lernen. Und ich musste also eine weitere Sprache lernen – um mit wem zu reden? Um Dick jenseits des Sprachgrabens eine Hand zu reichen, hatte ich Kunststücke vollbracht. Wenn er mich während der Arbeitsstunden irgendwo sitzen sah, bemühte er sich, „doulce vita" auszusprechen. Ich antwortete ihm eine Schweinerei im ärgsten Cockney. Ich strengte mich an, genauso schlecht zu

---

erweitert und das Denkvermögen geschult werden. Häufig werden aber die Schüler gezwungen, sprachlich völlig unverständliche Abschnitte zu bearbeiten und zu übertragen; die Schwierigkeiten des wörtlichen Verständnisses sind dabei schon so groß, dass es zum inhaltlichen Verständnis gewöhnlich überhaupt nicht kommt. Bei diesen Übertragungen bzw. wenn die Schüler darüber ausgefragt werden, dürfen weder Fußnoten noch Prosaübertragungen oder andere Arbeitshilfen verwendet werden.

Der obige Text von Foscolo ist ein typisches Beispiel dafür. Hier eine freie, aber möglichst sinngemäße deutsche Übersetzung, die das Problem verdeutlichen soll:

„Wo aber schläft der Tatendrang zu hehren Unterfangen / und Bürgerleben sich von Überfluss und Schrecken leiten lässt, / da steh'n marmorne Grabessteine und der Toten Denkmal / nur noch als sinnentleerter Pomp, und schrecklich / erinnern sie an Orkus' Todesschatten." (A. d. Ü.)]

sprechen wie er. Das Cockney, mit dem man in den Ämtern nicht vorankommt. Jenes, mit dem man arm bleibt.

Erpressung
Unterdessen verstrichen die Minuten und mein Mund öffnete sich nicht. Ich war in Zorn und Verzweiflung versunken.
Jene armen Jungen konnten mich nicht begreifen. Ihr habt sie von klein auf an die Sprache eines Monti gewöhnt. Sie haben sich in ihre Langeweile ergeben. Von der Schule erwarten sie nichts anderes.
Sie hielten mit mitleidiger Sympathie zu mir. So wie etwa junge Mitglieder des Vinzenzvereins(35), die den Hass nicht bemerken.
Niemand war mir feindlich gesinnt. Auch Sie nicht: „Ich fresse dich ja nicht." Sie hatten einen ermutigenden Ton. Sie wollten Ihre ganze Pflicht mir gegenüber tun.
Und dabei zerstörten Sie jedes Ideal in mir, durch die Erpressung eines Zeugnisses, das in Ihren Händen liegt.

die Kunst
Hätte ich in jenen unendlichen Minuten des Ausfragens die Zeit gehabt, mich zu beruhigen. Die Zeit, die ich jetzt hier mit meinen Mitschülern habe, um dies alles zu schreiben. Dann hätte ich Sie überzeugt. Ich bin sicher. Schließlich sind auch Sie keine Bestie.
Aber damals kamen mir nur schmutzige und beleidigende Worte in den Mund. Jene Worte, die wir hier beim Schreiben mit Mühe einigermaßen zurückzuhalten vermögen und in Argumente verwandeln.
So haben wir verstanden, was die Kunst ist. Sie bedeutet, jemanden oder etwas zu hassen. Lange darüber nachzudenken. Sich von den Freunden in geduldiger Gruppenarbeit helfen zu lassen.

Langsam, langsam kommt dann heraus, was unter dem Hass an Wahrem steckt. Es entsteht das Kunstwerk: eine Hand, die man dem Feind entgegenstreckt, damit er anders werde.

Die Ansteckung

Nach einem Monat Eurer Schule hatte die Ansteckung auch mich ergriffen.
Während des Ausfragens in der Schule fühlte ich mein Herz stehenbleiben. Ich wünschte den anderen das, was ich für mich nicht wollte.
Während des Unterrichts hörte ich nicht mehr zu. Ich dachte schon an das Ausfragen der nächsten Stunde.
Die schönsten und verschiedensten Fächer alle auf jenen Zweck ausgerichtet. Als ob sie nicht einer größeren Welt angehörten als jenem Quadratmeter zwischen Tafel und Katheder.

ein Wurm
Zu Hause bemerkte ich es nicht, wenn sich die Mutter unwohl fühlte. Ich fragte nicht nach den Nachbarn. Ich las die Zeitung nicht. In der Nacht fand ich keinen Schlaf. Die Mutter weinte. Der Vater brummte zwischen den Zähnen: „Schlimmer geht dir's, wenn du in den Wald kommst." So kam es, dass ich wie ein Wurm lernte.
Bis dahin hatte ich bei jedem Gegenstand nur darauf geachtet, wie ich ihn später meinen Schülern beibringen könnte. Wenn mir etwas wichtig schien, ließ ich das Schulbuch beiseite und suchte es aus anderen Büchern zu vertiefen.
Nach Eurer Kur schien mir auch das Schulbuch zu viel. Ich kam so weit, dass ich die wichtigsten Dinge unterstrich. Später rieten mir meine Mitschüler zu Büchlein, die noch armseliger

als das Schulbuch sind. Eigens dazu ausgearbeitet, um Eure Köpflein zufriedenzustellen.

der Zweifel
Ich kam sogar so weit, dass ich dachte, Ihr hättet recht. Dass Eure Bildung die richtige wäre. Dass wir da oben in unserer Einsamkeit uns hineingesteigert hätten, mit Vereinfachungen, die Ihr seit Jahrhunderten überwunden habt.
Dass unser Traum von einer Sprache, die von allen gelesen werden könnte, aus Alltagswörtern, nur ein unzeitgemäßer Arbeiterfimmel wäre. Um ein Haar wäre ich einer von Euch geworden. Wie die Söhne der Armen, die die Universität besuchen und in die andere Rasse überwechseln.

ausgeschlossen
Aber ich schaffte es nicht, mich rechtzeitig so weit zu verderben, wie es nötig war, um Ihnen zu gefallen. Im Juni haben Sie mir Fünf in Italienisch und Vier in Latein gegeben.
Da nahm ich wieder den Weg durch den Wald und kehrte zurück nach Barbiana. Tag für Tag, von morgens früh bis abends spät, wie als Kind.
Aber ich nahm nicht das ganze Leben der Schule wieder auf. Wegen der Dringlichkeit der beiden Nachprüfungen befreite mich der Pfarrer von der Lektüre der Zeitung und von der Aufgabe, den Kleinen Unterricht zu geben. Ich lernte allein in einem Zimmer, um die Ruhe und die Bücher zu haben, die ich zu Hause nicht habe. Ich kehrte nur zum Lesen der Post unter die Lebenden zurück.

Die Post

das Almosen

Francuccio aus Algerien: „... an einigen Stellen ist die Erde ganz rot und es wächst nicht einmal ein Faden Gras. Plötzlich fährt der Zug langsamer. Ich schaue zum Fenster hinaus, um zu sehen, was los ist. Da tauchen drei kleine Mädchen auf, mit bunten Röcken, die ihnen bis zu den Füßen reichen. Sie beginnen neben dem Zug herzulaufen. Sie bitten nicht, aber die Leute werfen ihnen etwas hinunter. Sie sammeln es schnell auf und stecken es sich in die Brust. Als sie auch vom letzten Waggon etwas erhalten haben, beschleunigt der Maschinist wiederum die Fahrt auf dreißig Stundenkilometer. Man hat mir gesagt, dass Ben Bella den Brauch des Almosens abschaffen wollte, dass Boumedienne hingegen gewähren lässt. Ich vermag nicht zu verstehen, wer recht hat. Du, Pfarrer, was sagst Du?"

die Sprache der Armen

Noch ein Brief von Francuccio: „... ich fand auf der Straße einen Holzreifen, und ohne nachzudenken warf ich ihn in die Luft und fing ihn wieder. Da kommen mir etwa zwanzig Kinder entgegen, die zu lachen beginnen und die Hände ausstrecken, damit ich ihnen den Reifen zuwerfe. Ich werfe ihn ihnen zu, und so machen wir fünf Minuten weiter, ohne etwas zu sagen. Ganz plötzlich gibt der Größte ein Zeichen aufzuhören. Er hatte entdeckt, dass ich eine arabische Zeitung hatte. Da fragt er mich auf Arabisch, was ich hier mache und woher ich käme. Auf den Stufen einer kleinen Moschee kamen wir ins Gespräch.* Der Muezzin

* *Moschee:* mohammedanische Kirche.
Muezzin: Wärter der Moschee, der bestellt ist, die Gebete anzustimmen.
Koran: das heilige Buch der Mohammedaner.

kam herbei und redete in einem Schwall. Da ich seine Fragen nicht verstand, musste ich ihm gestehen, dass ich kein Araber sei, aber ich habe ihm gesagt, dass ich Arabisch lesen könne. Da hat er mich in die Moschee genommen, um den Koran zu lesen. Er war begeistert."

die Religion
Sandro aus Frankreich: „... er hält den Wagen in einer Nebenstraße an und will, dass ich ihm für den Autostopp zahle. Ich sage ihm: Machin, je suis catholique,* da hat er es aufgegeben und mich dort sitzen lassen und ich musste vier Kilometer zu Fuß gehen, um die Hauptstraße wieder zu finden."

gekochte Sonnenblumen
Franco aus Wales**: „... der Priester hat ein eigenes Büchlein, um Fremden die Beichte abzunehmen. Man sagt ihm: Ich habe zweimal Nummer 25 und dreimal Nummer 12 begangen. – Er hat mir eine Predigt über Nummer 25 gehalten!
Ich pflege den Garten einer alten Frau. Heute ließ sie mich den ganzen Tag Sonnenblumen putzen. Sie ist Vegetarierin, aber sie wollte für mich extra Fleisch kaufen. Ich sagte ihr, nein, denn ich wollte auch das probieren. Da nahm sie zwei Sonnenblumenstängel und kochte sie mir."

unpolitisch
Carlo aus Marseille***: „... hier ist eine Gruppe italienischer Oberschüler mit einem Priester. Sie bauen Baracken für Algerier, ohne Bezahlung. Französisch zu lernen ist ihnen unwichtig.

---

* *Machin, je suis catholique:* Freund, ich bin Katholik (Aussprache: Maschän, dsche sui katolik).

** *Wales:* ein Teil Englands.

*** *Marseille:* Stadt in Frankreich.

Von Politik wollen sie nichts wissen. Sie machen viele Worte über das Konzil und wenig Spatenstiche. Eine von ihnen ist ein wenig schwachsinnig. Als ich heute abends in mein Zimmer kam, um Euch zu schreiben, kam sie auch und hat sich aufs Bett geworfen und sagte, die Florentiner gefielen ihr so gut."

Lob der Lüge
Edoardo aus London: „… die Schuld liegt bei den Eltern, die sie zu sehr verwöhnen. Sie bringen ihnen nicht bei, wie man das Geld ausgibt, sie lassen sich befehlen, sie halten sie für zu erwachsen. Die Eltern gewinnen dafür die Aufrichtigkeit ihrer Kinder, aber was ist eine Lüge, wenn sie imstande ist, den Jungen von vielen Sünden fernzuhalten? Ich weiß nicht, ob ich mich klar ausgedrückt habe. Bestimmt, die englischen Jungen sind sehr aufrichtig. Aber was kostet sie das, wenn sie die Mutter sowieso nicht zurechtweist? Und was haben die Eltern davon? Wenn ich lüge, ist es ein Zeichen, dass ich weiß, was schlecht ist, und bevor ich es noch einmal tue, überlege ich es mir zweimal."

eine Empfehlung
Ein alter englischer Gewerkschafter schrieb uns über Paolo: „… er ist ein Segen Gottes über unsere Werkstatt und eine große Empfehlung für Eure Schule. So tief und glücklich mit dem Leben. Ich fühle, dass Gott das so eingerichtet hat, dass ich und Ihr – so weit weg – ähnlich denken und ähnlich sprechen. Hier wählen viele Arbeiter konservativ und lesen die Zeitung der Herren und ich sage: Aus Italien musste einer kommen, der so denkt wie ich. Ihr lasst Euch von einem Jungen, der römisch-katholisch ist, belehren."*

---

* Ein internationales Abkommen verbietet die Arbeit Jugendlicher unter 18 Jahren im Ausland. Aber die Gesetze über die Arbeit werden nicht

Annibal Caro
Nachdem wir die Post zu Ende gelesen haben, beschränke ich mich wieder auf die *Aeneis*.
Ich lese eine Episode, wie sie Ihnen gefällt.
Zwei Gauner erstechen die Leute im Schlaf. Verzeichnis der Erstochenen und der gestohlenen Dinge und wer wem einen Gürtel und das Gewicht eines Gürtels geschenkt hatte. Und all das in einer Sprache, die schon tot zur Welt gekommen ist.*
Es war nicht notwendig, die *Aeneis* ins Programm aufzunehmen. Die haben Sie gewollt. Das kann ich Ihnen nicht verzeihen.
Meine Mitschüler hingegen verzeihen mir. Sie wissen, dass der Zweck der ist, Lehrer zu werden. Aber sie sind mir im Augenblick fast genauso fern wie Sie.

Desinfektion

oberflächlich
Im September(36) haben Sie mir Vier und Vier gegeben. Sie verstehen nicht einmal, Ihren Beruf als Apothekerin auszuüben. Ihre Waage funktioniert nicht. Ich konnte nicht weniger wissen als im Juni.
Sie haben einfach den Schalter gedreht. Einen Jungen ausgelöscht. Dabei haben Sie aber, ohne es zu wollen, mir das Licht

---

nur in Italien übertreten. Jungen von Barbiana zwischen 14 und 16 Jahren haben in den folgenden Ländern gearbeitet: England, Frankreich, Deutschland, Österreich, Algerien, Libyen. Die Verfasser dieser Briefe z. B. hatten folgendes Alter: Francuccio 16 Jahre, Sandro 15, Franco 14, Carlo 16, Edoardo 16, Paolo 16.

* *tot zur Welt gekommen:* in den Schulen pflegt man die Übersetzung der *Aeneis* zu lesen, die Annibal Caro um 1500 anfertigte.

wieder angezündet. Ich habe die Augen über Euch und Eure Bildung wieder aufgemacht.
Als Erstes habe ich das richtige Schimpfwort gefunden, um Euch zu kennzeichnen: Ihr seid nur oberflächlich. Ihr seid eine Gesellschaft, die sich gegenseitig beweihräuchert und die durchhält, weil Ihr wenige seid.

Rache

Mein Vater und mein Bruder gehen für mich in den Wald. Ich kann die Jahre nicht wiederholen und habe nicht die Absicht, Holz zu tragen und die Welt so zu lassen, wie sie ist. Das würde Euch zu gut gefallen.
So bin ich nach Barbiana zurückgekehrt und bin im nächsten Juni als Privatist[37] angetreten.
Ihr habt mich wieder betrogen, wie man auf den Boden spuckt. Aber ich gebe nicht nach. Ich werde Lehrer werden und besser Schule halten als Ihr.

die zweite Rache

Die zweite Rache ist dieser Brief. Wir haben alle zusammen daran gearbeitet.
Sogar Gianni hat mitgearbeitet. Sein Vater ist im Krankenhaus. Wenn er doch im vorigen Jahr den erwachsenen Blick gehabt hätte, den er jetzt hat. Nun ist es für die Schule schon zu spät, zu Hause brauchen sie seine Lohntüte als Lehrling. Aber als er von dem Brief erfuhr, hat er versprochen, manchmal am Sonntag zu kommen und uns zu helfen.
Endlich ist er gekommen. Er hat den Brief gelesen. Er hat uns zu schwierige Wörter und Sätze angegeben. Er hat uns manche saftige Bosheit ins Gedächtnis gerufen. Er hat uns erlaubt, ihn an den Pranger zu stellen. Er ist fast der Hauptverfasser.

Aber seid deswegen nicht gleich beruhigt: Auf dem Gewissen habt Ihr ihn doch. Er kann sich noch immer nicht ausdrücken.

wir erwarten einen Brief

Hier sind wir also und warten auf eine Antwort. Es wird wohl in irgendeiner Lehrerbildungsanstalt jemanden geben, der uns schreibt:

„Liebe Jungen!

Nicht alle Oberschullehrer sind so wie jene Frau. Seid nicht auch Ihr Rassisten!

Auch wenn ich nicht mit allem einverstanden bin, was Ihr sagt, weiß ich doch, dass unsere Schule so nicht geht. Nur eine vollkommene Schule kann es sich erlauben, neue Menschen und verschiedene Kulturen zurückzuweisen. Und die vollkommene Schule gibt es nicht. Vollkommen ist weder unsere noch Eure.

Diejenigen von Euch jedenfalls, die Lehrer werden wollen, mögen zu uns kommen, um ihre Prüfungen abzulegen. Ich habe eine Gruppe von Kollegen, die bereit sind, für Euch die Augen zuzudrücken.

In Pädagogik werden wir Euch nur nach Gianni fragen. In Italienisch, wie Ihr es geschafft habt, diesen schönen Brief zu schreiben. In Latein ein paar altertümliche Wörter, wie sie Euer Großvater sagt. In Geografie das Leben der englischen Bauern. In Geschichte die Gründe, warum die Bergbewohner in die Ebene herunterziehen. In Naturkunde werdet Ihr über Reisig sprechen und uns den Namen des Baumes nennen, auf dem die Kirschen wachsen."

Wir warten auf diesen Brief. Wir haben Vertrauen, dass er ankommen wird.

Unsere Anschrift ist: Schule von Barbiana (Scuola di Barbiana), Vicchio Mugello (Firenze).

Dritter Teil

Statistische Unterlagen (Tafeln)

Wir bringen hier die statistischen Angaben, die zum Verständnis des Textes nicht unbedingt notwendig sind.
Sie dienen den Freunden, die sich in das Problem vertiefen wollen, und den weniger freundlich Gesinnten, die uns nicht trauen.

Anmerkungen zu Tafel A
In den Rechtecken bezeichnet die erste Ziffer die Eingeschriebenen. Die zweite Ziffer mit „R" die Wiederholungsschüler. Unter den Rechtecken bezeichnet die erste Ziffer mit „p" die Versetzten. Die zweite Ziffer mit „b" diejenigen, die durchgefallen sind, und mit „r" jene, welche nicht mehr erschienen sind.
In dieser Tafel (zum Unterschied von Tafel C) ist die Zahl der Wiederholungsschüler die amtliche Angabe.
Die Geburten- und Sterbeziffern stammen aus den italienischen statistischen Jahrbüchern von 1949 bis 57. Die schulischen Angaben bis 1963–64 stammen aus den Jahrbüchern für Schulstatistik 1956–65.
Einige Angaben des Schuljahres 1964–65 stammen aus dem italienischen statistischen Handbuch 1966.

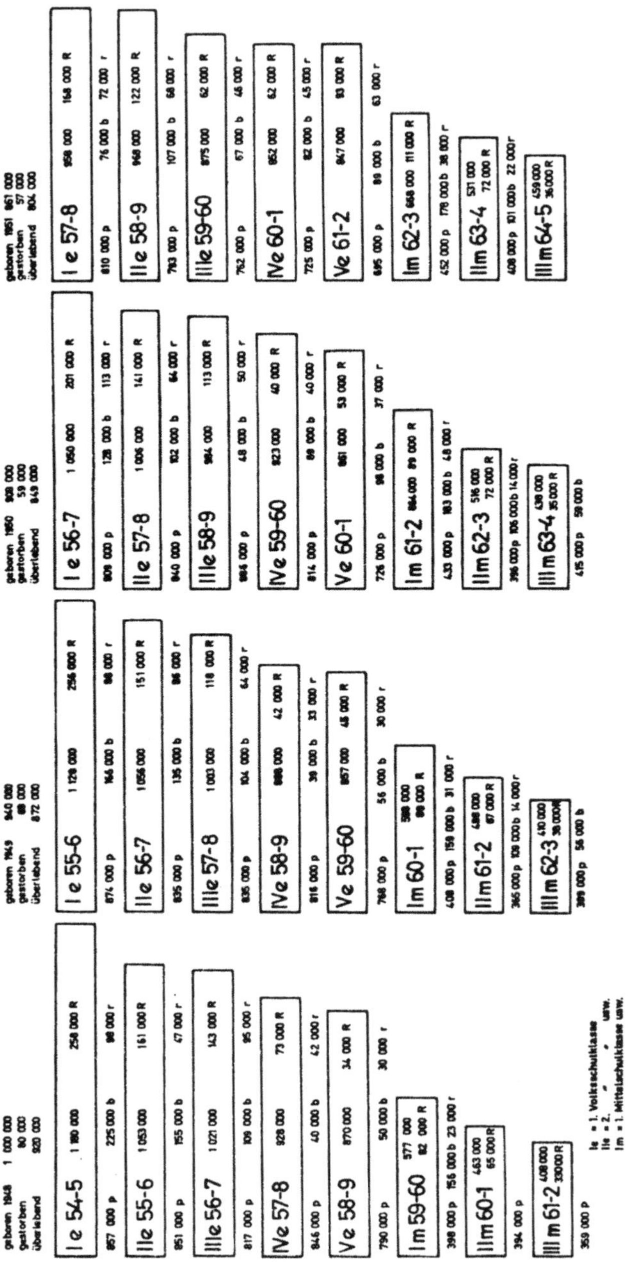

geboren 1948 1 000 000
gestorben 80 000
überlebend 920 000

Ie 54-5	1 180 000	258 000 R
857 000 p	225 000 b	98 000 r
IIe 55-6	1 053 000	161 000 R
851 000 p	155 000 b	47 000 r
IIIe 56-7	1 021 000	143 000 R
817 000 p	109 000 b	95 000 r
IVe 57-8	928 000	73 000 R
846 000 p	40 000 b	42 000 r
Ve 58-9	870 000	34 000 R
790 000 p	50 000 b	30 000 r
Im 59-60	577 000	82 000 R
398 000 p	156 000 b	23 000 r
IIm 60-1	463 000	65 000 R
394 000 p		
IIIm 61-2	408 000	33 000 R
359 000 p		

geboren 1949 940 000
gestorben 68 000
überlebend 872 000

Ie 55-6	1 129 000	256 000 R
874 000 p	166 000 b	88 000 r
IIe 56-7	1 056 000	151 000 R
835 000 p	135 000 b	86 000 r
IIIe 57-8	1 003 000	118 000 R
835 000 p	104 000 b	64 000 r
IVe 58-9	888 000	42 000 R
816 000 p	39 000 b	33 000 r
Ve 59-60	857 000	45 000 R
768 000 p	56 000 b	30 000 r
Im 60-1	598 000	88 000 R
408 000 p	159 000 b	31 000 r
IIm 61-2	488 000	67 000 R
365 000 p	109 000 b	14 000 r
IIIm 62-3	410 000	38 000 R
389 000 p	56 000 b	

geboren 1950 908 000
gestorben 59 000
überlebend 849 000

Ie 56-7	1 050 000	201 000 R
809 000 p	128 000 b	113 000 r
IIe 57-8	1 006 000	141 000 R
840 000 p	102 000 b	64 000 r
IIIe 58-9	984 000	113 000 R
886 000 p	48 000 b	50 000 r
IVe 59-60	923 000	40 000 R
814 000 p	69 000 b	40 000 r
Ve 60-1	861 000	53 000 R
726 000 p	98 000 b	37 000 r
Im 61-2	664 000	89 000 R
433 000 p	183 000 b	48 000 r
IIm 62-3	516 000	72 000 R
396 000 p	106 000 b	14 000 r
IIIm 63-4	438 000	35 000 R
415 000 p	59 000 b	

geboren 1951 861 000
gestorben 57 000
überlebend 804 000

Ie 57-8	958 000	168 000 R
810 000 p	76 000 b	72 000 r
IIe 58-9	968 000	122 000 R
783 000 p	107 000 b	68 000 r
IIIe 59-60	875 000	62 000 R
762 000 p	67 000 b	46 000 r
IVe 60-1	852 000	62 000 R
725 000 p	82 000 b	45 000 r
Ve 61-2	847 000	93 000 R
695 000 p	89 000 b	63 000 r
Im 62-3	668 000	111 000 R
452 000 p	178 000 b	38 000 r
IIm 63-4	531 000	72 000 R
408 000 p	101 000 b	22 000 r
IIIm 64-5	459 000	36 000 R

Ie = 1. Volksschulklasse
IIe = 2. " " usw.
Im = 1. Mittelschulklasse usw.

Tafel A

geboren 1952 860 000
gestorben 56 000
überlebend 804 000

Ie 58-9	897 000	113 000 R
762 000 p	75 000 b	60 000 r
IIe 59-60	895 000	124 000 R
755 000 p	104 000 b	36 000 r
IIIe 60-1	841 000	67 000 R
722 000 p	91 000 b	38 000 r
IVe 61-2	839 000	83 000 R
703 000 p	87 000 b	49 000 r
Ve 62-3	800 000	87 000 R
680 000 p	90 000 b	30 000 r
Im 63-4	716 000	112 000 R
514 000 p	115 000 b	47 000 r
IIm 64-5	590 000	65 000 R
IIIm 65-6	472 000	29 000 R

geboren 1953 864 000
gestorben 49 000
überlebend 815 000

Ie 59-60	874 000	90 000 R
746 000 p	79 000 b	49 000 r
IIe 60-1	895 000	118 000 R
740 000 p	101 000 b	54 000 r
IIIe 61-2	847 000	84 000 R
722 000 p	85 000 b	40 000 r
IVe 62-3	826 000	85 000 R
705 000 p	91 000 b	30 000 r
Ve 63-4	783 000	83 000 R
685 000 p	88 000 b	20 000 r
Im 64-5	683 000	98 000 R

geboren 1954 860 000
gestorben 46 000
überlebend 814 000

Ie 60-1	890 000	99 000 R
758 000 p	91 000 b	41 000 r
IIe 61-2	915 000	121 000 R
756 000 p	110 000 b	49 000 r
IIIe 62-3	862 000	90 000 R
743 000 p	89 000 b	30 000 r
IVe 63-4	844 000	86 000 R
722 000 p	86 000 b	36 000 r
Ve 64-5	809 000	81 000 R

geboren 1955 869 000
gestorben 43 000
überlebend 826 000

Ie 61-2	906 000	115 000 R
762 000 p	101 000 b	43 000 r
IIe 62-3	917 000	123 000 R
770 000 p	102 000 b	45 000 r
IIIe 63-4	879 000	92 000 R
756 000 p	95 000 b	28 000 r
IVe 64-5	858 000	89 000 R

Tafel A

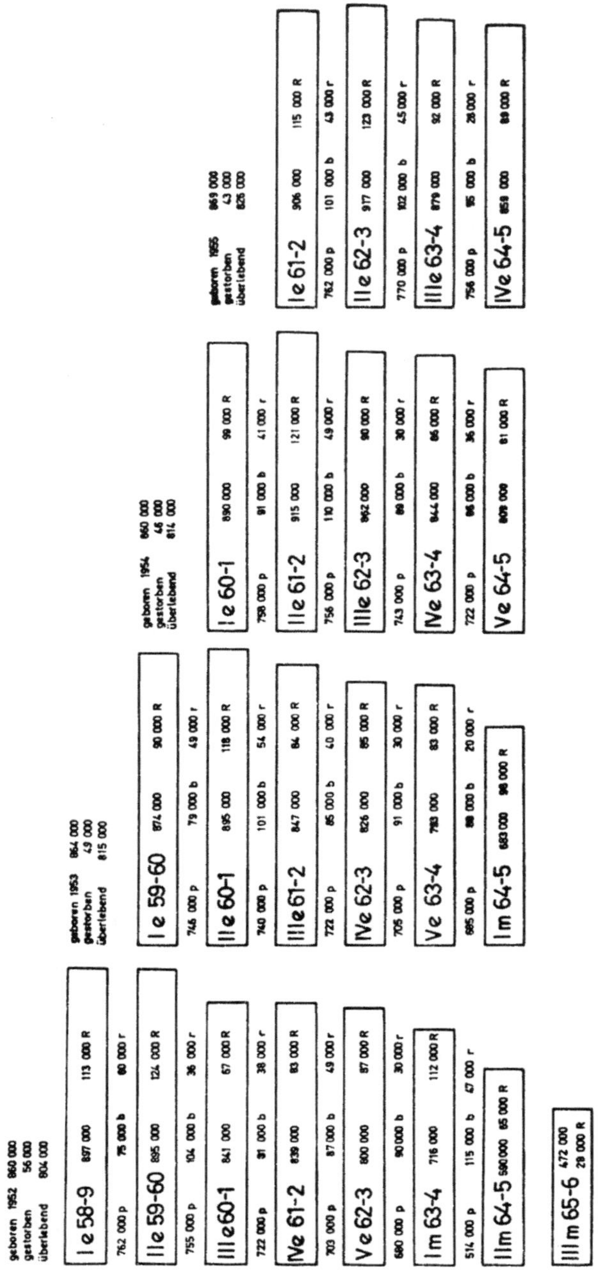

Zum Zeitpunkt der Drucklegung unseres Manuskriptes (März 1967) war das italienische Jahrbuch für Schulstatistik 1966 noch nicht erschienen. Wir konnten aber durch das Entgegenkommen von Freunden die Angaben vorweg heranziehen.
Die Jahrbücher für Schulstatistik erscheinen jährlich. Doch wurde der Band 1963 nie veröffentlicht. Im Jahr darauf erschien ein einziger für 1963–64. In diesem Band fehlen einige wichtige Angaben (1. und 2. Mittelschulklasse 1960–61 und 1961–62).
Durch das Entgegenkommen des Generaldirektors des ISTAT haben wir jedoch die Ehre, auch diese bisher unveröffentlichten Daten zu veröffentlichen.
Die amtlichen Angaben über die Schule werden mit großer Verspätung veröffentlicht. So bringt zum Beispiel das Jahrbuch 1965, das im März 1966 erschienen ist, nur die Angaben von 1963–64 über die Eingeschriebenen und Wiederholungsschüler und jene von 1962–63 über die Jahres- und Prüfungsergebnisse. Dasselbe gilt auch für die früheren Jahrgänge.
Es verwundert die hohe Anzahl der Schüler, die während des Jahres nicht mehr zur Schule kommen (d. h. der Unterschied zwischen der Anzahl derer, die sich eingeschrieben haben, und derer, die ein Abschluss- oder Prüfungszeugnis erlangten).
Man hat uns folgende Erklärung dieser Erscheinung nahegelegt: Einige Schuldirektoren dehnen künstlich die Anzahl der Einschreibungen aus (um zu verhindern, dass einige Abteilungen geschlossen werden, oder um eine höhere Anzahl an Lehrkräften zugeteilt zu erhalten).
Die Absicht dieser Beamten mag gut sein, aber durch ihre Schuld wird die amtliche Zahl der Eingeschriebenen wenig zuverlässig.

Für unsere Berechnung der Verlorenen ist der Schaden nur gering. Denn die Anzahl der Verlorenen bleibt bei der Ziffer, die wir angegeben haben. Höchstens muss das Datum des Verlorengehens vorverschoben werden.
Der Unterrichtsminister ist derjenige, der im Parlament den höchsten Haushaltsbetrag aufweist: 1773 Milliarden im Jahre 1965 (mehr als 20 % der staatlichen Ausgaben). Wir haben aber aus diesen Anmerkungen gesehen, in welcher Weise er über die Lage der Schule unterrichtet wird. Wenn ihn ein Abgeordneter danach fragte, wäre er nicht einmal imstande zu sagen, wie viele Schüler seine Schulen besuchen.
Die Zeitungen pflegen im Oktober die Zahlen der Eingeschriebenen zu veröffentlichen und im Juli die Zahlen jener, die versetzt wurden oder durchgefallen sind. Dann machen sie lange Artikel darüber.
Es wäre unterhaltsam zu wissen, ob sie die Zahlen frei erfinden oder ob sie ihnen ein Beamter des Ministeriums frei erfindet.

Anmerkungen zu Tafel B
Diese Tafel dient zum Verständnis dafür, wie wir unsere theoretische Klasse und die Berechnung der Verlorenen erarbeitet haben. Es wäre günstig, wenn man sie zumindest bis zum Jahrgang 1952 ausdehnen könnte, um die Auslese der alten und der neuen Mittelschule zu vergleichen. Da aber allzu viele Angaben über die letzten Schuljahre fehlen, sind wir gezwungen, nur drei Reihen zu veröffentlichen (die Jahrgänge 1948, 1949, 1950).
Jedes Rechteck stellt eine Klasse dar. Die Pfeile zeigen an, woher die Schüler kommen. Die Summe der Schüler, die über diese Pfeile kommen, ergibt die theoretische Zusammensetzung der Klasse. Wenn man davon die Anzahl der Eingeschriebenen abzieht, ergibt sich die Zahl jener, die der Schule verlorengegangen sind.

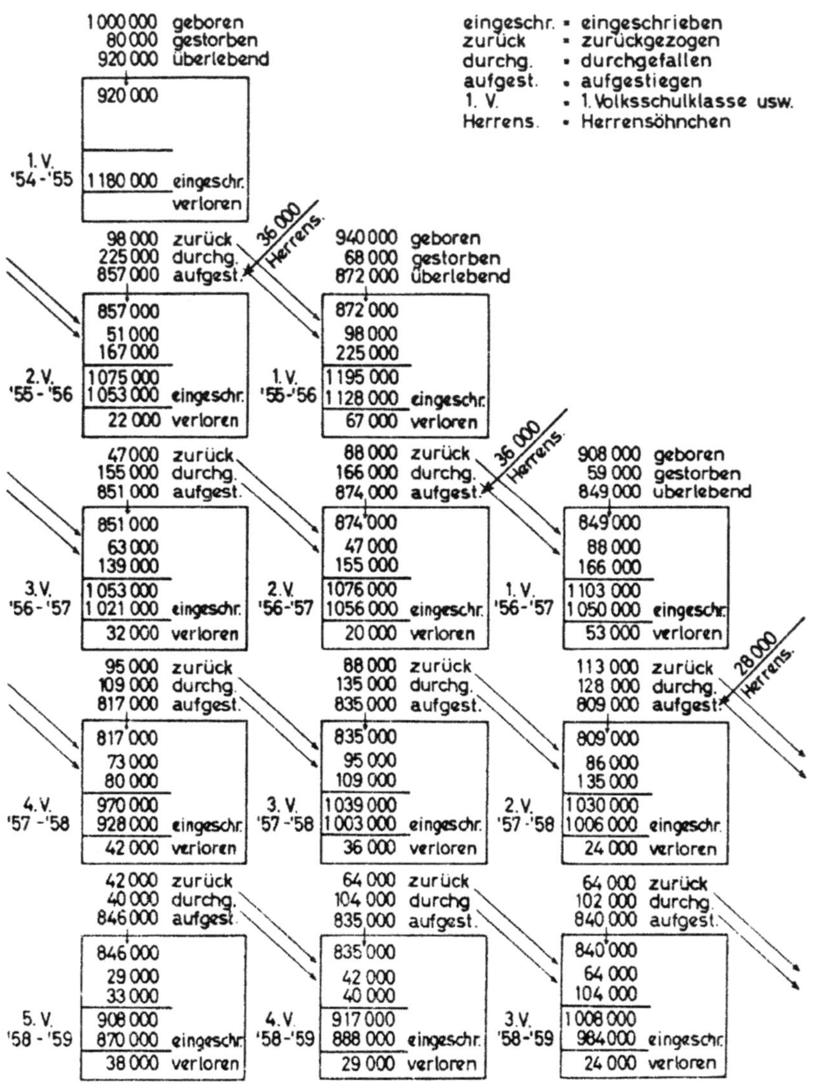

eingeschr. = eingeschrieben
zurück = zurückgezogen
durchg. = durchgefallen
aufgest. = aufgestiegen
1. V. = 1. Volksschulklasse usw.
Herrens. = Herrensöhnchen
1 000 000 geboren
80 000 gestorben
920 000 überlebend
920 000
1. V. '54-'55
1 180 000 eingeschr.
verloren
98 000 zurück
225 000 durchg.
857 000 aufgest.
36 000 Herrens.
940 000 geboren
68 000 gestorben
872 000 überlebend
857 000
51 000
167 000
2. V. '55-'56
1 075 000
1 053 000 eingeschr.
22 000 verloren
872 000
98 000
225 000
1. V. '55-'56
1 195 000
1 128 000 eingeschr.
67 000 verloren
47 000 zurück
155 000 durchg.
851 000 aufgest.
88 000 zurück
166 000 durchg.
874 000 aufgest.
36 000 Herrens.
908 000 geboren
59 000 gestorben
849 000 überlebend
851 000
63 000
139 000
3. V. '56-'57
1 053 000
1 021 000 eingeschr.
32 000 verloren
874 000
47 000
155 000
2. V. '56-'57
1076 000
1056 000 eingeschr.
20 000 verloren
849 000
88 000
166 000
1. V. '56-'57
1 103 000
1 050 000 eingeschr.
53 000 verloren
95 000 zurück
109 000 durchg.
817 000 aufgest.
88 000 zurück
135 000 durchg.
835 000 aufgest.
113 000 zurück
128 000 durchg.
809 000 aufgest.
28 000 Herrens.
817 000
73 000
80 000
4. V. '57-'58
970 000
928 000 eingeschr.
42 000 verloren
835 000
95 000
109 000
3. V. '57-'58
1 039 000
1 003 000 eingeschr.
36 000 verloren
809 000
86 000
135 000
2. V. '57-'58
1 030 000
1 006 000 eingeschr.
24 000 verloren
42 000 zurück
40 000 durchg.
846 000 aufgest.
64 000 zurück
104 000 durchg
835 000 aufgest.
64 000 zurück
102 000 durchg.
840 000 aufgest.
846 000
29 000
33 000
5. V. '58-'59
908 000
870 000 eingeschr.
38 000 verloren
835 000
42 000
40 000
4. V. '58-'59
917 000
888 000 eingeschr.
29 000 verloren
840 000
64 000
104 000
3. V. '58-'59
1 008 000
984 000 eingeschr.
24 000 verloren

Tafel B

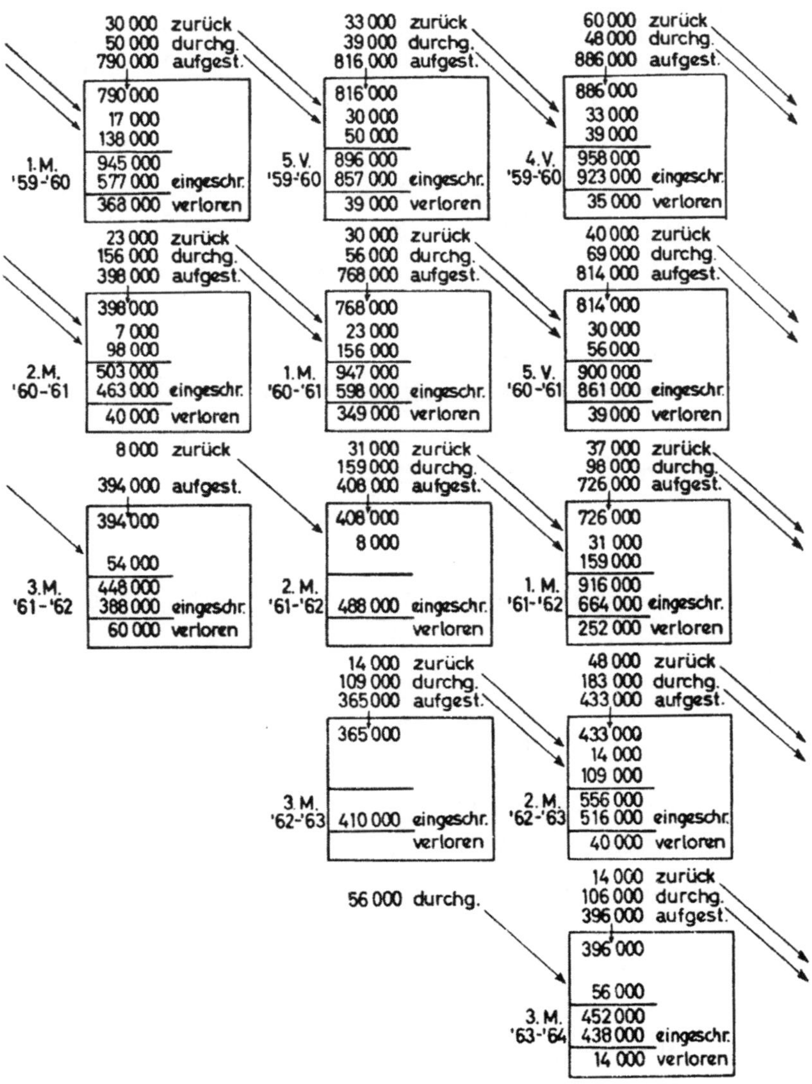
30 000 zurück
50 000 durchg.
790 000 aufgest.
790 000
17 000
138 000
945 000
577 000 eingeschr.
368 000 verloren
1. M. '59-'60
33 000 zurück
39 000 durchg.
816 000 aufgest.
816 000
30 000
50 000
896 000
857 000 eingeschr.
39 000 verloren
5. V. '59-'60
60 000 zurück
48 000 durchg.
886 000 aufgest.
886 000
33 000
39 000
958 000
923 000 eingeschr.
35 000 verloren
4. V. '59-'60
23 000 zurück
156 000 durchg.
398 000 aufgest.
398 000
7 000
98 000
503 000
463 000 eingeschr.
40 000 verloren
2. M. '60-'61
30 000 zurück
56 000 durchg.
768 000 aufgest.
768 000
23 000
156 000
947 000
598 000 eingeschr.
349 000 verloren
1. M. '60-'61
40 000 zurück
69 000 durchg.
814 000 aufgest.
814 000
30 000
56 000
900 000
861 000 eingeschr.
39 000 verloren
5. V. '60-'61
8 000 zurück
394 000 aufgest.
394 000
54 000
448 000
388 000 eingeschr.
60 000 verloren
3. M. '61-'62
31 000 zurück
159 000 durchg.
408 000 aufgest.
408 000
8 000
488 000 eingeschr.
verloren
2. M. '61-'62
37 000 zurück
98 000 durchg.
726 000 aufgest.
726 000
31 000
159 000
916 000
664 000 eingeschr.
252 000 verloren
1. M. '61-'62
14 000 zurück
109 000 durchg.
365 000 aufgest.
365 000
410 000 eingeschr.
verloren
3. M. '62-'63
48 000 zurück
183 000 durchg.
433 000 aufgest.
433 000
14 000
109 000
556 000
516 000 eingeschr.
40 000 verloren
2. M. '62-'63
56 000 durchg.
14 000 zurück
106 000 durchg.
396 000 aufgest.
396 000
56 000
452 000
438 000 eingeschr.
14 000 verloren
3. M. '63-'64

Tafel B

Diese Verlorenen entsprechen (im Verhältnis zum Rechteck, in das sie eingetragen sind) den Jungen, von denen auf Seite 68 im Abschnitt *Verdienstausfall* die Rede ist. Der Lehrer jener Klasse kennt sie nicht und trägt für ihren Verlust keine Verantwortung. Unter dem Gesichtspunkt der Verantwortung ist er hingegen am Verlust jener schuld, die man im Rechteck unmittelbar rechts von seiner Klasse lesen kann.

Anmerkungen zu Tafel C

Unser Text von Seite 66 bis Seite 90 stellt die Verkleinerung im Maßstab 1:29.900 von Tafel C dar (Jahrgang 1951). Die unterstrichenen Ziffern sind Schätzungen.

Die Ziffern der Eingeschriebenen und Versetzten sind die Angaben des ISTAT. Die Zahlen über jene, die sich zurückgezogen haben, durchgefallen und für die Klasse verlorengegangen sind, lassen sich leicht aus den Angaben des ISTAT errechnen. In Bezug auf die Wiederholungsschüler hat sich hingegen die Berechnung des ISTAT als untauglich erwiesen. Das Ministerium sieht nämlich auch jene als Wiederholungsschüler an, die sich nach dem 15. März zurückgezogen haben, sagt aber nicht, wie viele von der Gesamtzahl das sind. Deswegen ziehen wir unsere Angabe vor, die sich auf die (sehr wahrscheinliche) Berechnung stützt, dass alle Versetzten die Schule fortsetzen. Also kann man die Wiederholungsschüler dadurch errechnen, dass man die Versetzten von der Gesamtzahl derer abzieht, die im nächsten Jahr eingeschrieben sind.

Wenn unsere Annahme nicht ganz richtig wäre, wäre die Anzahl der Jungen, die der Schule verlorengehen, noch höher, als wir sie angeben.

Diese Berechnung gilt aber nicht für die fünfte Volksschulklasse. In dieser Klasse ist die Anzahl der Verlorenen für die Schule

		Zusammensetzung der Klasse		Schlußergebnis oder Prüfung			verloren	
Klasse	Datum	eingeschrieben	davon wiederholen	zurückgezogen	durchgefallen	durchgekommen	für die Klasse	für die Schule
1. Volksschulklasse	Okt. '56	1 050 000	201 000					
	Juni '57			147 000	128 000	809 000		
2. Volksschulklasse	Okt. '57	1 006 000	197 000				275 000	121 000
	Juni '58			64 000	102 000	840 000		
3. Volksschulklasse	Okt. '58	984 000	144 000				166 000	8 000
	Juni '59			60 000	48 000	886 000		
4. Volksschulklasse	Okt. '59	923 000	37 000				98 000	16 000
	Juni '60			40 000	69 000	814 000		
5. Volksschulklasse	Okt. '60	861 000	47 000				109 000	19 000
	Juni '61			37 000	98 000	726 000		
1. Mittelschulklasse	Okt. '61	664 000	119 000				316 000	194 000
	Juni '62			48 000	183 000	433 000		
2. Mittelschulklasse	Okt. '62	516 000	83 000				231 000	132 000
	Juni '63			14 000	106 000	396 000		
3. Mittelschulklasse	Okt. '63	438 000	42 000				120 000	41 000
	Juni '64			—	59 000	415 000		
Gesamt	Okt. '56 – Juni '64						1 315 000	531 000

Tafel C: Verfolgung des Jahrganges 1950

höher als die Anzahl der Durchgefallenen. Denn es gibt viele, die die fünfte Klasse mit Erfolg abschließen, aber dann die Schule (Mittelschule) nicht weiter besuchen.

		Zusammensetzung der Klasse		Schlußergebnis oder Prüfung			verloren	
Klasse	Datum	eingeschrieben	davon wiederholen	zurückgezogen	durchgefallen	durchgekommen	für die Klasse	für die Schule
1. Volksschulklasse	Okt. '57	958 000	154 000					
	Juni '58			105 000	76 000	810 000		
2. Volksschulklasse	Okt. '58	968 000	158 000				181 000	88 000
	Juni '59			68 000	107 000	793 000		
3. Volksschulklasse	Okt. '59	875 000	82 000				175 000	42 000
	Juni '60			46 000	67 000	762 000		
4. Volksschulklasse	Okt. '60	852 000	90 000				113 000	27 000
	Juni '61			45 000	82 000	725 000		
5. Volksschulklasse	Okt. '61	847 000	122 000				127 000	10 000
	Juni '62			63 000	89 000	695 000		
1. Mittelschulklasse	Okt. '62	668 000	99 000				278 000	181 000
	Juni '63			38 000	178 000	452 000		
2. Mittelschulklasse	Okt. '63	531 000	79 000				216 000	70 000
	Juni '64			22 000	101 000	408 000		
3. Mittelschulklasse	Okt. '64	459 000	51 000				123 000	47 000
	Juni '65				42 000	436 000		
Gesamt	Okt. '57 – Juni '65						1 213 000	465 000

Tafel C: Verfolgung des Jahrganges 1951

In dieser Tafel sind die Verlorenen diejenigen, die direkt durch Schuld des Lehrers verloren gegangen sind. Einem guten Lehrer aber müssten auch jene Verlorenen am Herzen liegen, von denen in der Tafel B die Rede ist. Nämlich jene, die zum Wie-

		Zusammensetzung der Klasse		Schlußergebnis oder Prüfung			verloren	
Klasse	Datum	ein-geschrieben	davon wiederholen	zurück-gezogen	durch-gefallen	durch-gekommen	für die Klasse	für die Schule
1. Volks-schulklasse	Okt. '58	897 000	93 000					
	Juni '59			91 000	75 000	762 000		
2. Volks-schulklasse	Okt. '59	895 000	133 000				166 000	107 000
	Juni '60			36 000	104 000	755 000		
3. Volks-schulklasse	Okt. '60	841 000	86 000				140 000	
	Juni '61			38 000	81 000	722 000		
4. Volks-schulklasse	Okt. '61	839 000	117 000				119 000	12 000
	Juni '62			49 000	87 000	703 000		
5. Volks-schulklasse	Okt. '62	800 000	97 000				136 000	32 000
	Juni '63			30 000	90 000	680 000		
1. Mittel-schulklasse	Okt. '63	716 000	146 000				230 000	142 000
	Juni '64			47 000	155 000	514 000		
2. Mittel-schulklasse	Okt. '64	590 000	76 000				202 000	90 000
	Juni '65			13 000	111 000	466 000		
3. Mittel-schulklasse	Okt. '65	472 000	18 000				124 000	61 000
	Juni '66				41 000	443 000		
Gesamt	Okt. '58 – Juni '66						1 117 000	444 000

Tafel C: Verfolgung des Jahrganges 1952

derholen in seine Klasse kommen sollten und von denen ihm vielleicht schon der Kollege erzählt hat, der sie durchfallen ließ. Wenn wir also die Verlorenen der Tafel B zu denen der Tafel C dazugezählt und alle ein und demselben Lehrer ins Gewissen gerufen hätten, hätten wir nichts Unsinniges getan. Denn es handelt sich nicht um dieselben Jungen. Wir haben es nur deshalb nicht getan, um die Entsprechung zwischen dem Text und den Tafeln zu erhalten. In den statistischen Tabellen darf nämlich ein Junge nur einmal gezählt werden, auch wenn er von zwei Lehrern verloren wurde.

Anmerkungen zu Tafel D

Auf dieser Tafel wird Abbildung 8 von Seite 91 wiedergegeben. Hier aber kann man die einzelnen Schüler feststellen. Jeder ist nämlich mit einer Ziffer bezeichnet. Nummer 6 unterstrichen bezeichnet z. B. einen Jungen in der Lage des Pierino (siehe Seite 71).

Die geraden Ziffern von 1 bis 31 zeigen die Schüler an, die die Lehrerin in der ersten Volksschulklasse in Empfang genommen hat (ohne zu berücksichtigen, ob sie wiederholen oder nicht).

Die unterstrichenen Ziffern zeigen jene an, die später dazustoßen (Wiederholungsschüler und Pierino).

Die Anzahl der Schüler in jeder der drei Kolonnen entspricht den Angaben der Tafel C von 1951 im Maßstab 1:29.900.

		wiederholen	arbeiten
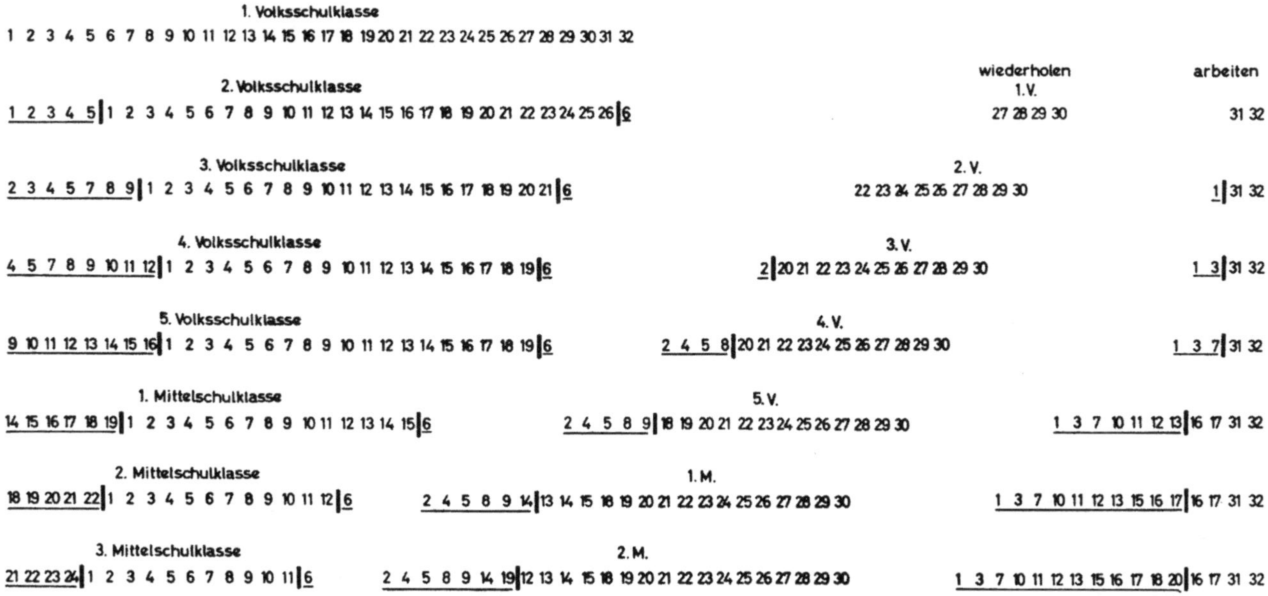 1. Volksschulklasse	1 2 3 4 5 6 7 8 9 10 11 12 13 14 15 16 17 18 19 20 21 22 23 24 25 26 27 28 29 30 31 32		
2. Volksschulklasse	1 2 3 4 5 | 1 2 3 4 5 6 7 8 9 10 11 12 13 14 15 16 17 18 19 20 21 22 23 24 25 26 | 6	1. V. 27 28 29 30	31 32
3. Volksschulklasse	2 3 4 5 7 8 9 | 1 2 3 4 5 6 7 8 9 10 11 12 13 14 15 16 17 18 19 20 21 | 6	2. V. 22 23 24 25 26 27 28 29 30	1 | 31 32
4. Volksschulklasse	4 5 7 8 9 10 11 12 | 1 2 3 4 5 6 7 8 9 10 11 12 13 14 15 16 17 18 19 | 6	3. V. 2 | 20 21 22 23 24 25 26 27 28 29 30	1 3 | 31 32
5. Volksschulklasse	9 10 11 12 13 14 15 16 | 1 2 3 4 5 6 7 8 9 10 11 12 13 14 15 16 17 18 19 | 6	4. V. 2 4 5 8 | 20 21 22 23 24 25 26 27 28 29 30	1 3 7 | 31 32
1. Mittelschulklasse	14 15 16 17 18 19 | 1 2 3 4 5 6 7 8 9 10 11 12 13 14 15 | 6	5. V. 2 4 5 8 9 | 18 19 20 21 22 23 24 25 26 27 28 29 30	1 3 7 10 11 12 13 | 16 17 31 32
2. Mittelschulklasse	18 19 20 21 22 | 1 2 3 4 5 6 7 8 9 10 11 12 | 6	1. M. 2 4 5 8 9 14 | 13 14 15 18 19 20 21 22 23 24 25 26 27 28 29 30	1 3 7 10 11 12 13 15 16 17 | 16 17 31 32
3. Mittelschulklasse	21 22 23 24 | 1 2 3 4 5 6 7 8 9 10 11 | 6	2. M. 2 4 5 8 9 14 19 | 12 13 14 15 18 19 20 21 22 23 24 25 26 27 28 29 30	1 3 7 10 11 12 13 15 16 17 18 20 | 16 17 31 32

Tafel D

Alter und Schuljahr

Alter	Volksschule					Mittelschule			Oberschule					Gesamt
	1	2	3	4	5	1	2	3	1	2	3	4	5	
	absolute Werte													
5	14 191	—	—	—	—	—	—	—	—	—	—	—	—	14 191
6	713 404	45 718	—	—	—	—	—	—	—	—	—	—	—	759 122
7	106 699	613 889	47 282	—	—	—	—	—	—	—	—	—	—	767 870
8	29 909	161 345	538 985	43 209	—	—	—	—	—	—	—	—	—	773 448
9	12 231	65 547	171 881	517 438	43 030	—	—	—	—	—	—	—	—	810 127
10	4 886	26 569	75 355	199 689	454 737	42 791	—	—	—	—	—	—	—	804 027
11	2 532	12 833	35 528	102 577	209 748	325 123	35 860	—	—	—	—	—	—	724 191
12	1 144	5 052	14 675	43 069	97 775	182 580	205 408	30 237	382	—	—	—	—	580 322
13	525	1 871	5 534	15 157	40 162	82 715	130 350	153 945	23 453	382	—	—	—	454 094
14	143	397	1 039	2 432	6 497	18 083	44 784	74 265	69 923	15 499	248	—	—	233 310
15	—	—	—	—	—	4 932	15 266	38 476	49 398	54 307	12 918	242	—	175 539
16	—	—	—	—	—	1 849	4 722	15 444	29 348	43 719	44 261	13 062	162	152 567
17	—	—	—	—	—	986	1 474	5 267	13 398	26 951	31 993	35 730	10 572	126 371
18	—	—	—	—	—	552	562	1 747	5 602	12 978	19 802	27 124	25 666	94 033
19	—	—	—	—	—	547	281	841	2 779	6 500	11 305	19 376	21 556	63 188
20	—	—	—	—	—	380	163	578	1 157	2 511	4 974	10 237	14 137	34 137
21e+	—	—	—	—	—	469	148	476	1 560	2 490	3 987	9 262	15 337	33 729
	%Anteil an der Gesamtheit der Schüler dieses Schuljahres													
5	1,7	—	—	—	—	—	—	—	—	—	—	—	—	0,2
6	79,5	5,1	—	—	—	—	—	—	—	—	—	—	—	11,5
7	12,5	63,7	5,3	—	—	—	—	—	—	—	—	—	—	11,6
8	3,6	17,9	60,5	4,7	—	—	—	—	—	—	—	—	—	11,7
9	1,5	7,6	19,3	56,0	5,0	—	—	—	—	—	—	—	—	12,3
10	0,6	3,2	8,5	21,6	53,4	6,5	—	—	—	—	—	—	—	12,2
11	0,3	1,6	4,0	11,1	24,6	49,2	8,2	—	—	—	—	—	—	11,0
12	0,2	0,6	1,7	4,7	11,5	27,6	46,8	9,4	0,2	—	—	—	—	8,8
13	0,1	0,3	0,6	1,6	4,7	12,5	29,7	47,9	11,9	0,2	—	—	—	6,9
14	—	—	0,1	0,3	0,8	2,7	10,2	23,1	35,5	9,4	0,2	—	—	3,5
15	—	—	—	—	—	0,7	3,5	12,0	25,1	32,9	10,0	0,2	—	2,7
16	—	—	—	—	—	0,3	1,1	4,8	14,9	26.4	34,2	11.4	0,2	2,3
17	—	—	—	—	—	0,1	0,3	1,6	6,8	16.3	24,7	31.1	12,1	1,9
18	—	—	—	—	—	0,1	0,1	0,5	2,8	7,9	15,3	23.6	29,4	1,4
19	—	—	—	—	—	0,1	0,1	0,3	1,4	3,9	8,7	16,8	24,6	1,0
20	—	—	—	—	—	0,1		0,2	0,6	1.5	3,8	8,9	16,2	0,5
21e+	—	—	—	—	—	0,1		0,2	0,8	1.5	3,1	8,0	17,5	0,5

Tafel E

Anmerkungen zu Tafel E

Die Angaben dieser Tafel stammen aus der Tafel 5 A und B des Buches *Distribuzione per etàdeglialunni delle scuoleelementari e medie* (*Altersmäßige Verteilung der Schüler der Volks- und Mittelschulen*), ISTAT 1963.

Das Alter ist jenes am 31. Dezember 1959.

Es ist uns nicht gelungen, festzustellen, wer die 14.191 Schüler sind, die am 31.12. noch nicht sechs Jahre alt waren.

Nach dem Gesetz könnte es sich nur um jene handeln, die am 1. Januar geboren sind (ungefähr 2000).

Die Anzahl der Pierini erhält man, wenn man von den 45.718, die zu jung die zweite Klasse besuchen, die geheimnisvollen 14.191 abzieht.

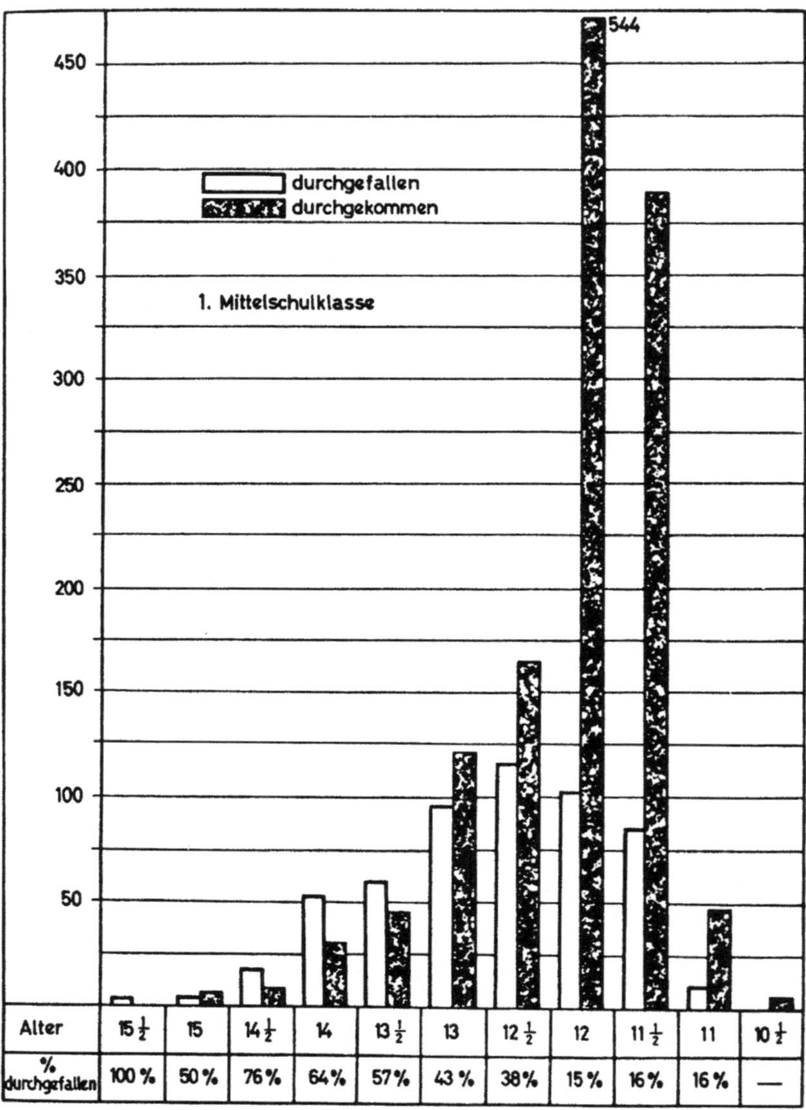

Tafel F: Es trifft die Armen

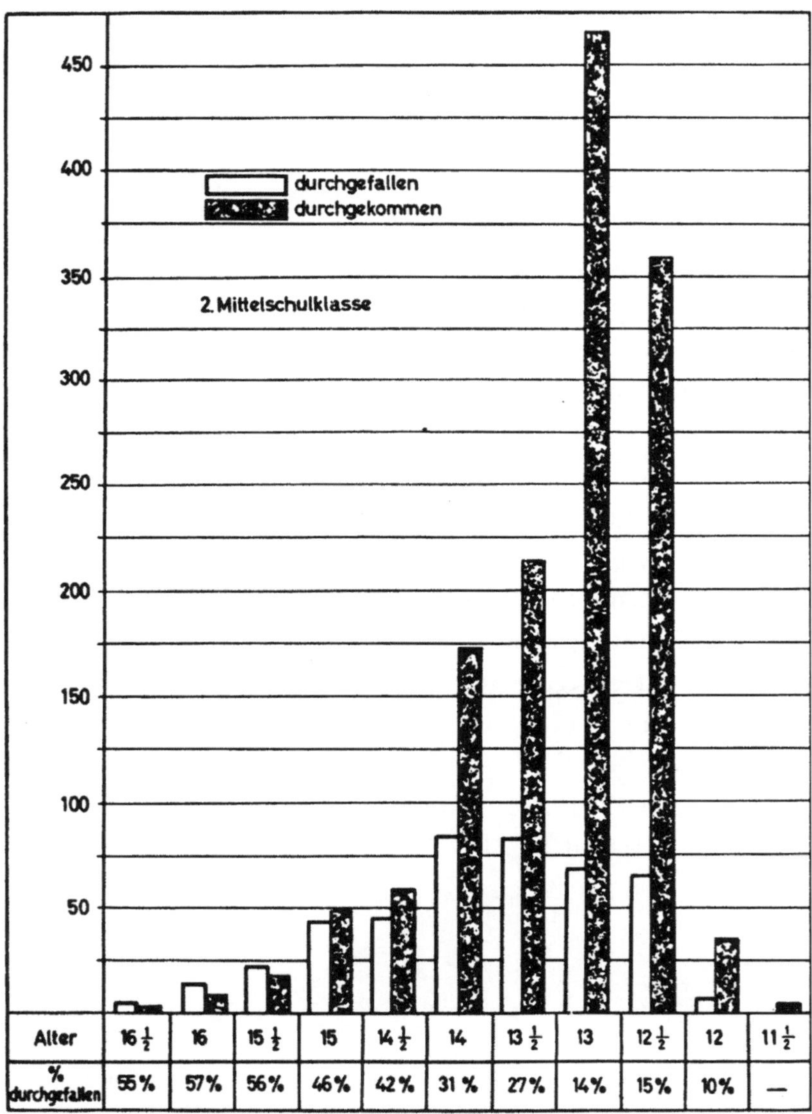

Alter	16 ½	16	15 ½	15	14 ½	14	13 ½	13	12 ½	12	11 ½
% durchgefallen	55%	57%	56%	46%	42%	31 %	27%	14%	15%	10%	—

Anmerkungen zu Tafel F

Diese Tafel ist das Ergebnis einer Untersuchung von uns. Ebenso wie die Abbildungen auf den Seiten 74, 86, 87, die erste Fußnote auf Seite 81 und die Urteile über die Aufsätze auf Seite 157.

Wir hätten hier gerne das Verzeichnis der Schulen angeführt, in denen wir unsere Erhebungen durchgeführt haben. Es sind viele, und sie liegen in verschiedenen Provinzen.

Wir haben aber entschieden, alle ohne Namen zu lassen. Es haben sich nämlich einige Schuldirektoren hinter die Schulordnungen verschanzt, als ob wir nach militärischen Geheimnissen gefragt hätten.

Andere haben uns gestattet, in ihre Bücher zu sehen, unter der Bedingung, dass wir den Namen der Schule nicht nennen. Andere wiederum haben uns auch diese Schwierigkeit nicht gemacht, sondern haben selbst für uns gearbeitet und uns wertvolle Ratschläge gegeben.

Wir konnten nicht in Erfahrung bringen, ob jene Vorschriften über Geheimhaltung bestehen oder nicht. Es scheint uns unmöglich, da es sich ja um Angaben handelt, die öffentlich bekanntgegeben wurden. Im Zweifel aber wollten wir unseren Freunden nicht schaden.

Alexander Langer

Anmerkungen zum *Brief*

[Diese Anmerkungen beziehen sich auf die hochgestellten Zahlen in *Brief an eine Lehrerin*]

(1) *Vicchio:* das Dorf, zu dem Barbiana gehört. Vicchio liegt im Mugello-Tal bei Florenz. *Barbiana*: einige Bauernhäuser. *Borgo:* der Hauptort des Mugello-Tales (Borgo San Lorenzo).

(2) *Pfarrer:* Don Lorenzo Milani war der Pfarrer und Lehrer von Barbiana. Er war kurz nach dem Krieg zum Priester geweiht worden und sah schon in seiner ersten Kaplanstelle in San Donato (bei Calenzano – Prato) seine Hauptaufgabe darin, den Armen die Sprache zu geben, um ihnen zu helfen, Menschen zu sein. Über seine Erfahrungen von San Donato schrieb er das Buch *Esperienze pastorali* (Firenze 1967). Von der kirchlichen Obrigkeit wurde er wegen seines kompromisslosen Einsatzes für die Armen und Unterdrückten (vor allem die Bauern, die in der Toskana fast nie Besitzer des Landes sind, das sie bearbeiten, sondern nur Pächter zu oft menschenunwürdigen Bedingungen) ungern gesehen und in die winzige und entfernte Bergpfarrei Barbiana versetzt. Dort lebte und lehrte er bis zu seinem Tod (26.06.1967).

(3) Wegen der großen materiellen und geistigen Not ziehen in Italien immer mehr Bauern vom Land in die Stadt und suchen Arbeit in der Industrie. Die Bergbauern ziehen zumindest in die Ebene, wo die Landarbeit nicht so karg und mühevoll ist.

(4) *Prüfungen an der öffentlichen Schule:* Es handelt sich um Prüfungen an den staatlichen Schulen, denen sich die Schüler von Barbiana jeweils unterziehen mussten, wenn sie ein staatlich anerkanntes Zeugnis brauchten.

(5) *heilige Grenzen:* die Nationalisten und Militärs sprechen in Italien gern und häufig von den „heiligen Grenzen des Vaterlandes".

(6) Die Prüfungen an den italienischen Schulen unterscheiden sich fast immer in mündliche und schriftliche. Dabei geht die schriftliche voraus.

(7) *Schulrat:* die Gesamtheit der Oberschullehrer an einer Schule.

(8) *Wandaufschriften:* Zur Zeit des Faschismus gab es zahlreiche Wandaufschriften an Hausmauern, in öffentlichen Lokalen, auf Plakaten usw., die für das Regime warben oder seine Grundsätze verbreiteten. „Hier spricht man nicht über Politik": in Schulen und öffentlichen Ämtern.

(9) *Ergänzungsschule* (ital.: doposcuola): Außerhalb der eigentlichen Unterrichtsstunden wird manchmal in Ergänzungsschulen die Möglichkeit geboten, den Unterricht zu ergänzen, bestimmte Dinge nachzuholen, die Aufgaben gemeinsam zu machen usw. Solche Ergänzungsschulen werden von den Gemeinden und – besonders nach dem Erscheinen dieses Buches – sehr oft von Pfarreien, Parteien, Gewerkschaften, Studentengruppen usw. organisiert.

(10) *Geschichten Homers:* Laut Programm ist vorgesehen, in den drei Mittelschulklassen italienische Übersetzungen oder Kurzfassungen dreier antiker epischer Dichtungen (*Ilias*, *Odyssee*, *Aeneis*) zu lesen. – Monti ist der Verfasser der berühmtesten italienischen Übersetzung, in einer schwülstigen Sprache, die schon damals nicht gesprochen wurde.

(11) *Latein:* für die reformierte Mittelschule bereits abgeschafft, aber dennoch Prüfungsstoff für die Klassen, die vor der Reform die Mittelschule begonnen hatten.

(12) *einheitlich:* Vorher hatten die letzten drei Jahre der Schulpflicht nach Abschluss der Grundschule sehr verschieden ausgesehen: Wer aus reichem Haus kam und auf das Abitur zusteuerte, besuchte die Mittelschule (mit Latein); wer das nicht konnte oder wollte, konnte in manchen Fällen sogenannte „Vorbildungsschulen" besuchen, die dann den Weg in den Beruf erleichterten; in den meisten Fällen aber (d. h. überall am Lande) gab es außer der Grundschule überhaupt keine weitere Schule. – Somit trennten sich die Wege der Schüler schon am Ende der Grundschule endgültig. Die reformierte Mittelschule (erstes Schuljahr: 1963/64) führte vor allem dazu, dass eine ganze Reihe neuer Schulen eingerichtet wurden, da nun die Schulpflicht allgemein auf die drei Mittelschulklassen ausgedehnt wurde. Inhaltlich brachte die Reform vor allem die Abschaffung des Lateins als Pflichtfach, die Ausweitung der naturwissenschaftlichen und praktischen Fächer (Werk-, Kunst- und Musikerziehung, Naturkunde), die Fremdsprache und eine größere Ausrichtung auf das praktische Leben. Vor der Reform war die Mittelschule vor allem Zugang und Vorbereitung auf die Oberschule, jetzt ist sie das Bildungsminimum für alle.

(13) *Schulkittel mit Schleife:* Die italienischen Grundschulkinder tragen schwarze Schulkittel mit einer Schleife, deren Farbe für jede Klasse verschieden ist.

(14) *Pfarrheim:* In den meisten italienischen Pfarreien gibt es Gemeinschaftsräume, in denen Erfrischungen geboten, Filme vorgeführt, Tischtennis oder ähnliche Spiele zur Verfügung gestellt werden. Zwar finden dort auch Versammlungen und Vorträge statt, in vielen Fällen steht aber die Unterhaltung

im Vordergrund, und sie dient vorwiegend dazu, eine gewisse „Bindung an die Kirche“ zu halten.

Casa del popolo (wörtl. „Volksheim“): Die Kommunisten haben ähnliche Gemeinschaftseinrichtungen geschaffen; auch sie dienen häufig in erster Linie der Zerstreuung.

(15) *3. November:* Der 1. und 2. November sind als religiöse Feiertage (Allerheiligen und Allerseelen) sowieso schulfrei; der 4. November ist Staatsfeiertag (Tag des italienischen Sieges im Ersten Weltkrieg und Fest der Streitkräfte). Deshalb wird meistens auch der dazwischenliegende 3. November freigegeben, was aber in jedem Jahr verfügt werden muss.

(16) *Salesianer:* Religiöser Orden (ebenso wie Piaristen und Barnabiten), der sich vorwiegend der Erziehung widmet.

(17) *respinti:* Zurückgewiesene. *Respingere:* einen Angriff zurückschlagen.

(18) *Hofverwaltung:* Die Bauern sind in den meisten Fällen nicht selbst Besitzer des Landes, das sie bearbeiten; die Hofverwaltung handelt im Auftrag des Eigentümers.

(19) Mit den Ausdrücken „die Herrschenden“ und „die Herren“ usw. werden die italienischen Begriffe „i padroni“ und „i signori“ wiedergegeben. In Italien ist der Klassenunterschied zwischen Oberschicht („padrone“: vor allem in der Industrie und allgemein als Ausdruck für die Herrschenden; „signori“: überkommene Bezeichnung für „die Herren“) und Abhängigen besonders stark ausgeprägt und auch im täglichen Leben sehr spürbar.

(20) *»Espresso«:* Italienische Wochenzeitung. Linksstehend, oberflächlich, vor allem von fortschrittlichen Intellektuellen gelesen. Die Zeitschrift für das aufgeklärte Bürgertum.

(21) *Gemeindeverwaltungen:* In manchen Orten ist die Gemeindeverwaltung Trägerin von Ergänzungsschulen. Dabei

kommt es natürlich auf die politische Zusammensetzung des Gemeinderats und des Gemeindeausschusses an (deshalb der Hinweis auf die Monarchisten, die in Italien immer noch die Reste einer Rechtspartei darstellen).

Gemeindeaufsichtsbehörde: Die Ausgaben, die vom Gemeinderat beschlossen werden, müssen noch von der Provinzbehörde genehmigt werden, der ein Präfekt vorsteht. Ausgaben, „die nicht in die Befugnisse der Gemeinde fallen" (besonders wenn sie von linksstehenden Gemeindeverwaltungen beschlossen wurden), werden häufig nicht genehmigt.

(22) *Gewerkschaften CGIL und CISL:* In Italien gibt es mehrere Gewerkschaften, die politisch-weltanschaulich verschieden orientiert sind. Die beiden wichtigsten sind die CGIL (größte Gewerkschaft, kommunistisch-sozialistisch) und die CISL (den Christdemokraten nahestehend, aber weiter links als die Partei).

(23) *Don Borghi:* ein Priester in der Toskana (später als Arbeiter tätig), der mit Don Milani und der Schule von Barbiana sehr befreundet war und ähnlich engagiert ist.

(24) *1. Oktober:* Tag des Schulbeginns. Häufig sind aber noch nicht allen Lehrern die entsprechenden Lehrstellen zugeteilt, die Klassenzimmer noch nicht bereitgestellt usw. Deshalb verschiebt sich der tatsächliche Schulbeginn manchmal um einige Tage.

(25) Seit einigen Jahren ist der 4. Oktober, Fest des heiligen Franziskus (zum Schutzpatron Italiens erklärt), schulfrei. Ein weiterer Vorwand, um den tatsächlichen Schulbeginn zu verzögern.

(26) Die Staatsangestellten erhalten ein 13. Monatsgehalt.

(27) Die großen italienischen „Informationsblätter", die sich selbst unabhängig nennen, sind Sprachrohr der bürgerlichen Kreise. Die „Zeitung der Herren" in Florenz zum Beispiel (die

unabhängige »La Nazione«), von der hier die Rede ist, vertritt die Interessen der großbürgerlich-konservativen Kreise und hängt von finanzstarken Gruppen ab.

(28) Durch die plötzliche Mittelschulreform mit ihrer bedeutenden Ausdehnung der Schulpflicht und großen Vermehrung der Mittelschulen herrschte besonders in den ersten Jahren großer Lehrermangel. Da aber ein akademisches Studium Voraussetzung ist, um an Mittelschulen zu unterrichten, wurden diese Stellen Grundschullehrern nicht zugänglich gemacht (unterdessen ist es gesetzlich ermöglicht worden, Grundschullehrer mit längerer Erfahrung unter bestimmten Voraussetzungen an Mittelschulen zu versetzen). Dafür wurden als Hilfslehrer Akademiker praktisch beliebiger Fakultäten und sogar Universitätsstudenten angestellt.

(29) Gemeint ist die große Überschwemmung vom 4. November 1966. Damals flüchteten viele Leute aus den überschwemmten Erdgeschoßen in die oberen Stockwerke. Allgemein war die Hilfsbereitschaft unter den Menschen während der ersten Zeit nach der Überschwemmung sehr groß.

(30) *Philosophie:* In Italien wird im humanistischen Gymnasium, im Realgymnasium und in der Lehrerbildungsanstalt das Fach „Philosophie" gelehrt. Der Unterricht behandelt aber vor allem die Geschichte der Philosophie und das Programm sieht vor, vom Altertum bis zur Neuzeit alle einigermaßen bedeutsamen Philosophen zu behandeln.

(31) In der Mittelschule werden kurz gefasste und meist vereinfachte und ausgewählte Übersetzungen von *Ilias*, *Aeneis* und *Odyssee* gelesen. In den drei letzten Jahren sämtlicher Oberschulen liest man aus Dantes *Divina commedia*.

(32) Erst seit etwa zehn Jahren wurde das Fach „Staatsbürgerkunde" eingeführt, es ist aber mehr oder weniger ein dem

Belieben des Lehrers ausgeliefertes kümmerliches Anhängsel des Geschichtsunterrichtes. Es gibt kaum Lehrer, die überhaupt für den Unterricht dieses Faches irgendeine besondere Vorbildung aufweisen. Zudem werden in diesem Fach keine eigenen Zensuren erteilt (man bewertet das Fach „Geschichte und Staatsbürgerkunde"), sodass insgesamt der staatsbürgerliche Unterricht in den allermeisten Fällen grob vernachlässigt wird.

(33) *110 Tage im Jahr:* Das italienische Schuljahr dauert vom 1. Oktober bis zum 15. Juni (Mittel- und Oberschule) oder bis Ende Juni (Grundschule). Es gibt im Schuljahr Weihnachts- (zehn Tage) und Osterferien (fünf Tage) und dazu mehrere staatliche und kirchliche Feiertage, die unterrichtsfrei sind.

(34) *ausfragen:* in der Schule wird gewöhnlich zu Beginn der Stunde (manchmal kurz, manchmal auch die ganze Stunde) der Stoff der früheren Stunden dadurch wiederholt, dass einzelne Schüler aufgerufen und darüber ausgefragt werden. Die Ergebnisse solcher mündlicher Leistungen dienen neben den schriftlichen Schularbeiten der Bewertung im Zeugnis.

(35) *Vinzenzverein:* katholischer Verein zur karitativen Betreuung der Armen.

(36) *Im September:* bei der Nachprüfung.

(37) *Privatist:* wer zur Prüfung antritt, ohne die staatliche Schule im selben Jahr besucht zu haben.

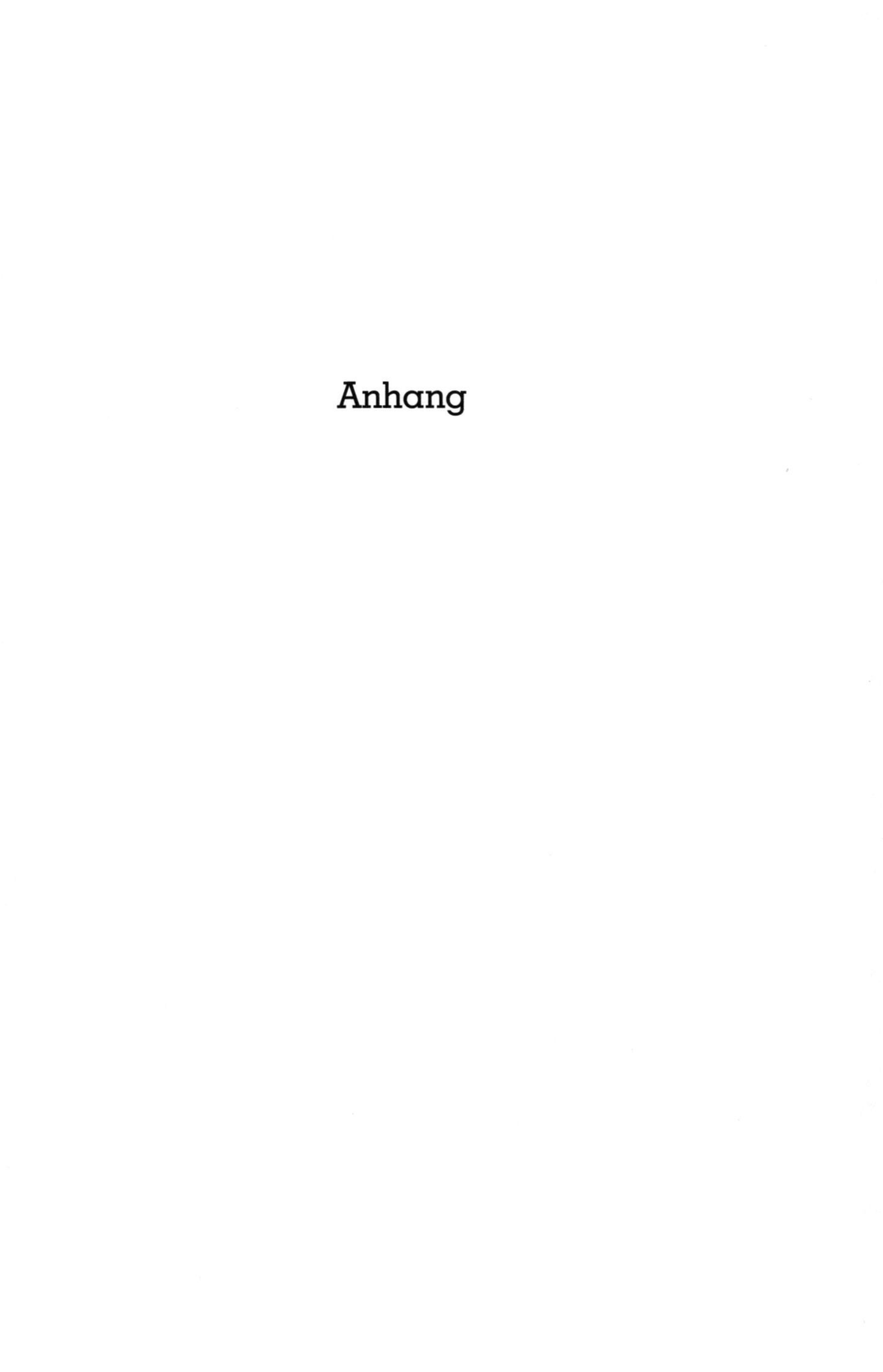

Anhang

Alexander Langer

Der Prozess Milani

Don Lorenzo Milani (1933–1967) war viele Jahre bis zu seinem Tod der Pfarrer von Barbiana. Wie viele Sätze in der *Schülerschule* von ihm stammen, wie viele Meinungen und Überlegungen, wissen wir nicht. Don Milani jedenfalls lehnte es stets ab, als Mitautor angesehen zu werden, er wollte (die *Schülerschule* erschien wenige Tage vor seinem Tod) nicht „als Verfasser von Büchern“ sterben.

Das hatte auch andere Gründe: Fast alle Bücher Milanis wurden vom Hohen Offizium kurz nach dem Erscheinen missbilligt und ein Nachdruck wurde verhindert. Sein Leben lang stand Don Milani im Dissens zur „offiziellen“ Kirche, die ihn in kleine Pfarreien abschob, zuletzt nach Barbiana. Don Milani war Zeit seines Lebens „unerwünscht“; der Dissens ergab sich aus der Haltung zum Priesterberuf, die Milani in einem seiner Briefe so beschrieb: „Was notwendig ist: in der Höhe, also in der Gnade Gottes bleiben, und in die Höhe sehen, und sich nicht grausam über denjenigen lustig machen, der niedrig lebt, sondern über denjenigen, der niedrig denkt.“

Milani, so beschrieb es der italienische Autor und Filmemacher Pasolini, „hat im Handgemenge mit den Menschen und unserer Gesellschaft gelebt, ein stets kritischer Geist in der

Umgebung, in der er etwas bewirken konnte". Bewirken – das hieß für Don Milani mit den einfachen Leuten leben, sie besuchen, ihnen Sprache geben.

Das folgende Dokument gibt einen Einblick in dieses „Handgemenge". Es ist ein „Offener Brief" gegen eine Resolution der „Ehemaligen Feldseelsorger der Region Toskana", die am 12. Februar 1965 in der (konservativen) Florentiner Tageszeitung »Nazione« erschien – hier der Text dieser Resolution:

> Im Geiste des vor Kurzem in Neapel tagenden nationalen Kongresses der Vereinigung sprechen die ehemaligen Feldgeistlichen der Toskana allen Toten des italienischen Vaterlandes ihre respektvolle und brüderliche Huldigung aus, mit dem Wunsch nach einer baldigen Beendigung jeglicher Diskriminierung und versteckter Spaltung gegenüber den Soldaten aller Fronten und aller Uniformen, die ihr Leben dem heiligen Ideal des Vaterlandes geopfert haben.
> Sie betrachten die sogenannte „Kriegsdienstverweigerung" als eine Beleidigung des Vaterlandes und seiner Toten, als dem christlichen Gebot der Liebe fremd, als Ausdruck der Feigheit.

Auf diese Resolution antwortete Don Milani mit seinem „Offenen Brief", den er an alle italienischen Tageszeitungen versandte. Vollständig gedruckt wurde er nur am 6. März 1965 von der (von Togliatti gegründeten) kommunistischen Wochenzeitung »Rinascita«, deren Redakteur Luca Pavolini dann auch gemeinsam mit Don Milani der Prozess gemacht wurde.

Lorenzo Milani

Offener Brief an die Feldseelsorger der Toskana

Seit Langem hätte ich gerne einen von Ihnen eingeladen, um meinen Jungen von Ihrem Leben zu erzählen. Von einem Leben, das die Jungen und ich nicht verstehen.

Wir hätten trotzdem gerne versucht zu verstehen und vor allem Sie zu fragen, wie Sie einige der praktischen Probleme des militärischen Lebens angegangen haben. Ich habe nicht die Zeit gehabt, dieses Treffen zwischen Ihnen und meiner Schule zu organisieren.

Ich hätte es gerne privat gemacht, aber nun, da Sie das Schweigen gebrochen haben, kann ich nicht umhin, Ihnen öffentlich diese Fragen zu stellen:

1. Warum haben Sie Bürger beschimpft, die wir und viele andere bewundern?
   So viel ich weiß, hat niemand Sie infrage gestellt. Falls man nicht meint, dass das bloße Beispiel heroischer christlicher Kohärenz vielleicht einige Ihrer inneren Unsicherheiten wiederbelebt.
2. Warum haben Sie mit einer Leichtigkeit ohnegleichen und ohne ihre Tragweite zu erläutern Worte benutzt, die Sie nicht mehr fassen können? Wenn Sie mir antworten, ver-

gessen Sie nicht, das die öffentliche Meinung heute reifer ist als zu anderen Zeiten und dass sie weder mit Ihrem Schweigen noch mit einer allgemeinen, jeder Frage ausweichenden Antwort zufrieden sein wird. Große sentimentale Worte oder üble Beschimpfungen der Verweigerer oder meiner Person sind keine Argumente. Wenn Sie Argumente haben, wäre ich glücklich, sie zu bestätigen und meine Meinung zu ändern für den Fall, dass mir in der Eile Irrtümer unterlaufen wären.

Ich werde hier nicht die Idee des Vaterlandes als solche diskutieren. Diese Unterscheidungen gefallen mir nicht.

Wenn Sie sich trotzdem das Recht nehmen, die Welt in Italiener und Ausländer zu teilen, so erkläre ich, dass ich in Ihrem Sinne kein Vaterland habe und das Recht beanspruche, die Welt zu teilen in Enteignete und Unterdrückte auf der einen Seite und Privilegierte und Unterdrücker auf der anderen Seite. Die Ersteren sind mein Vaterland, die anderen meine Ausländer. Wenn Sie, ohne von der Kurie gemahnt zu werden, das Recht haben zu lehren, dass sich Italiener und Ausländer gesetzmäßig, ja sogar heroisch gegenseitig angreifen können, so beanspruche ich das Recht, dass die Armen die Reichen bekämpfen können und müssen. Zumindest in der Wahl der Mittel bin ich in der besseren Lage: Die Waffen, die Sie gutheißen, sind schreckliche Maschinen zum Töten, Verstümmeln, Zerstören, um Waisen und Witwen zu machen. Die einzigen Waffen, die ich meinerseits gutheiße, sind edelmütig und unblutig: Streik- und Wahlrecht.

Wir haben also sehr verschiedene Vorstellungen. Ich kann die Ihren respektieren, wenn Sie sie durch das Evangelium oder durch die Verfassung rechtfertigen. Aber respektieren Sie auch die Ideen der anderen. Besonders, wenn es sich um Menschen handelt, die mit ihrer Person für ihre Ideen bezahlen.

Sie stimmen sicher mit mir darin überein, dass das Wort Vaterland häufig schlecht benutzt worden ist. Es ist oft nur eine Entschuldigung, um sich davor zu bewahren, zu denken, die Geschichte zu untersuchen, oder, wenn es notwendig ist, zwischen dem Vaterland und viel höheren Werten zu wählen. Ich möchte mich in diesem Brief nicht auf das Evangelium beziehen. Es ist zu einfach zu beweisen, dass Jesus gegen Gewalt war und dass er die legitime Verteidigung auch nicht für sich selbst akzeptierte.

Ich werde mich also auf die Verfassung beziehen.

Artikel 11: „Italien lehnt den Krieg als Mittel des Angriffs auf die Freiheit anderer Völker ab."

Artikel 52: „Die Verteidigung des Vaterlandes ist die heilige Pflicht des Bürgers."

Nehmen wir dies zum Maßstab für die Kriege, zu denen das italienische Volk in einem Jahrhundert der Geschichte gerufen wurde.

Wenn wir sehen, dass die Geschichte unserer Armee ganz und gar aus Angriffen auf Vaterländer anderer gemacht ist, so müssen Sie uns darüber aufklären, ob in diesen Fällen die Soldaten gehorchen oder verweigern müssen, je nachdem was ihnen ihr Gewissen sagt. Dann müssen Sie uns erklären, welches diejenigen sind, die am besten das Vaterland oder die Ehre des Vaterlandes verteidigt haben: diejenigen, die verweigerten, oder diejenigen, die mit ihrem Gehorsam unser Vaterland in der ganzen zivilisierten Welt verhasst gemacht haben? Aber genug der hochtrabenden und allgemeinen Reden. Steigen wir zu den praktischen Dingen des Lebens hinab. Sagen Sie uns genau, was Sie die Soldaten gelehrt haben. Gehorsam um jeden Preis? Und wenn der Befehl die Bombardierung von Zivilisten bedeutet, Repressalien für ein unschuldiges Dorf, die Massen-Hinrichtung von Partisanen, die Verwendung atomarer, bakteriologischer, chemischer Waffen, die Folter, die Hinrichtung von Geiseln, Massenprozesse aufgrund bloßer Verdachtsmomente, Dezimierungen (die Wahl irgendeines Soldaten des Vaterlandes durch das Los, dessen Erschießung die anderen Soldaten des Vaterlandes einschüchtern soll), ein offensichtlicher Aggressionskrieg, der Befehl eines rebellischen Offiziers an das souveräne Volk, oder die Unterdrückung von Massenkundgebungen?

Dennoch sind diese Dinge und vieles mehr das tägliche Brot eines jeden Kriegs. Als sie sich unter Ihren Augen zutrugen, haben Sie entweder gelogen oder geschwiegen. Oder wollen Sie uns glauben machen, Sie hätten bei jeder Gelegenheit die Wahrheit gesagt im Angesicht Ihrer „Vorgesetzten", Gefängnis oder Tod riskierend? Wenn Sie noch leben und in militärischen Würden sind, so heißt das, dass Sie niemals irgendetwas verweigert haben. Übrigens haben Sie das bereits bewiesen, als Sie in Ihrer Mitteilung zeigten, dass Sie auch nicht die geringste Ahnung haben vom Konzept der Kriegsdienstverweigerung.

Sie können sich nicht auf die Geschichte von gestern berufen, wenn Sie, wie es Ihre Aufgabe ist, die moralischen Führer unserer Soldaten sein wollen. Und eben dafür, abgesehen von allem anderen, hat Sie das Vaterland, das heißt wir, bezahlt oder bezahlt Sie noch. Und wenn wir die Armee mit hohen Kosten unterhalten, so nur deshalb, damit sie mit der Verteidigung des Vaterlands gleichzeitig die hohen Werte verteidigt, die diesen Begriff füllen: die Souveränität des Volkes, die Freiheit, die Gerechtigkeit. Und so wäre es (auf dem Hintergrund der Erfahrung der Geschichte) notwendiger, dass Sie unsere Soldaten die Verweigerung statt den Gehorsam lehrten.

In diesen hundert Jahren Geschichte haben zu wenige die Verweigerung gekannt. Den Gehorsam dagegen, zu ihrem Unglück und zu dem der Welt, haben sie nur zu gut gekannt.

Durchlaufen wir zusammen die Geschichte. Unterwegs werden Sie uns sagen, auf welcher Seite das Vaterland war, auf welcher Seite es zu schießen galt, wann es zu gehorchen und wann es zu verweigern galt.

1860: Eine Armee von Neapolitanern[1] versuchte, durchdrungen von der Idee des Vaterlandes, eine Handvoll Räuber, die ihr Vaterland angriff, ins Meer zurückzudrängen. Unter diesen Räubern waren verschiedene neapolitanische Offiziere, die von ihrem Vaterland desertiert waren. Es waren genau diese Räuber, die siegten. Jetzt hat jeder von ihnen auf irgendeinem Patz in Italien ein Denkmal als Vaterlandsheld.

In hundert Jahren wiederholt sich die Geschichte: Europa ist an unseren Pforten.

Die Verfassung ist bereit, Europa zu empfangen: „Italien willigt ein in notwendige Beschränkungen seiner Souveränität." Unsere Söhne werden über Ihren Begriff von Vaterland lachen, so wie wir über das bourbonische Vaterland lachen. Unsere Enkel werden über Europa lachen. Die Uniformen von Soldaten und Feldseelsorgern werden nur noch in Museen zu sehen sein. Der folgende Krieg im Jahre 1866[2] war wieder ein Angriff.

---

[1] Gemeint ist die „Expedition der Tausend", 1860. Garibaldi war in Marsala gelandet, vertrieb die Bourbonen aus Sizilien und stand am 7. September vor Neapel. Im Oktober vereinigte dann ein Plebiszit Neapel/Sizilien und Sardinien unter der Krone von Vittorio Emanuele II.

[2] 1866: Italienisch-preußische Koalition; Eroberung Venetiens. Nach der österreichischen Niederlage geht Venetien an die italienische Krone.

Noch mehr, eine Allianz war eingegangen worden mit dem streitsüchtigsten und kriegerischsten Volk der Welt, um Österreich anzugreifen.

Gewiss waren die Kriege von 1867 bis 1870[3] Angriffe gegen die Römer, die ihr hundertjähriges Vaterland nicht besonders liebten, falls es wahr ist, dass sie es nicht verteidigten. Aber sie liebten ihr neues Vaterland, das sie angriff, auch nicht besonders, falls es wahr ist, dass sie keinen Aufstand machten, um ihm den Sieg zu erleichtern. Gregovorius erläuterte seinerzeit im Tagebuch: „Der für heute angekündigte Aufstand wurde verschoben wegen Regen."

Im Jahre 1898 zeichnete der „gute" König den General Bava Beccaris mit großen militärischen Ehren aus, für seine Verdienste in einem Krieg, den wir uns wieder in Erinnerung rufen sollten.[4] Gegner war eine Ansammlung von Bettlern, die vor einem Mailänder Kloster auf ihre Suppe warteten. Der General überfiel sie mit Kanonen und Mörsern einzig und allein deshalb, weil die Reichen (damals wie heute) das Privileg verlangten, keine Steuern zu zahlen. Sie wollten die Steuern auf die Polenta ersetzen durch etwas, das für die Armen schlechter und für sie besser wäre. Sie bekamen, was sie wollten. Es gab achtzig Tote und unzählige Verletzte. Unter den Soldaten gab es weder Verwundete noch Verweigerer. Nachdem sie ihren militärischen Pflichten

---

[3] Garibaldi will, in Opposition zur Politik Cavours, Rom (anstelle von Florenz) zur Hauptstadt machen. Napoleon III., Verbündeter des Papstes, schickt ein Expeditionskorps, schlägt Garibaldi und besetzt Rom. Die Truppen bleiben bis zum Sturz Napoleons (September 1870) in Rom, am 20. September 1870 ziehen die italienischen Truppen in Rom ein.

[4] 1898: wegen Steigerung der Mehlpreise Aufstand in Mailand. General Fiorenzo Bava Beccaris, der ihn niederschlägt, wütet dabei besonders gegen die Sozialisten und ersten Christdemokraten. Umberto I., „der Gute" genannt, war von 1878 bis 1900 König von Italien.

nachgekommen waren, kehrten sie nach Hause zurück, um Polenta zu essen. Wenig, denn sie war teurer geworden.

Und dennoch fuhren die Offiziere fort, sie „Savoia“ schreien zu lassen, selbst als sie sie zweimal zum Angriff ausschickten (1896 und 1935)[5] gegen ein friedfertiges und entferntes Volk, das sicherlich nicht die Grenzen unseres Vaterlaues bedrohte. Es war das einzige schwarze Volk, das noch nicht von der Pest des europäischen Kolonialismus infiziert worden war.

Wenn sich Weiße und Schwarze schlagen, sind Sie dann für die Weißen? Genügt es Ihnen nicht, uns das Vaterland Italien vorzuschreiben? Wollen Sie uns auch noch das Vaterland der weißen Rasse vorschreiben? Sind Sie unter den Priestern, die die »Nazione« lesen? Dann passen Sie auf, denn diese Zeitung ist der Meinung, das Leben eines Weißen sei so viel wert wie das von hundert Schwarzen. Haben Sie gesehen, wie sie den Tod von sechzig Weißen im Kongo hervorgehoben hat, wobei sie vergaß, das ungeheure Massaker an den Schwarzen zu beschreiben und deren Urheber hier in Europa zu suchen?

Dasselbe gilt für den Krieg in Libyen.[6]

Nun sind wir im Jahr 1914. Italien greift Österreich an, mit dem es dieses Mal verbündet war. War Battisti[7] ein Patriot oder

---

[5] „Savoia“ riefen die Soldaten beim Angriff, „zu Ehren“ des regierenden Königshauses Savoyen. – „1896–1935“ meint zwei Perioden kolonialer Expansion gegen Äthiopien. Die erste (1894–1896) endet mit der Niederlage der italienischen Truppen, die zweite, 1935, meint den Überfall der faschistischen Truppen und die Besetzung Äthiopiens.

[6] Im Anschluss an den italienisch-türkischen Krieg wird Italien 1912 ein Teil der besetzten Gebiete zugesprochen (Libyen).

[7] Cesare Battisti (1875–1916), italienischer Dichter und Patriot, kämpfte sein ganzes Leben lang für die Wiedervereinigung seiner Heimatstadt Trient mit Italien. Von den Österreichern im Krieg als italienischer Soldat gefangen, wird er als Vaterlandsverräter hingerichtet. – Giovanni Giolitti

ein Deserteur? Das ist ein kleines Detail, das geklärt werden muss, wenn Sie von Vaterland sprechen wollen. Haben Sie Ihren Jungens gesagt, dass dieser Krieg hätte vermieden werden können? Dass Giolitti die Gewissheit hatte, das umsonst zu bekommen, was dann zum Preis von 600.000 Toten erreicht wurde?

Dass die große Mehrheit im Abgeordnetenhaus auf seiner Seite war (450 zu 508)? War das nun das Vaterland, das zu den Waffen rief? Und selbst wenn, rief es dann nicht zu einem zweifellos „unnötigen Massaker“? (Der Ausdruck stammt nicht von einem niederträchtigen Kriegsdienstverweigerer, sondern von einem Papst.)

Dann, im Jahre 1922[8], geschah es nun, dass das angegriffene Vaterland verteidigt werden musste. Aber die Armee verteidigte es nicht. Sie wartete auf Befehle, auf Befehle, die nicht kamen. Hätten ihre Priester sie dazu erzogen, sich mehr von ihrem Gewissen leiten zu lassen als von einem „blinden, schnellen, absoluten“ Gehorsam, wie viel Leid wäre dem Vaterland und der Welt erspart geblieben (50 Millionen Tote). Doch so fiel das Vaterland in die Hände einer Handvoll Krimineller, die jedes

(1842–1928) kämpfte als Präsident der Ratsversammlung um Italiens Neutralität im Ersten Weltkrieg. Wurde – trotz der Unterstützung durch zahlreiche Abgeordnete – von Regierung und Öffentlichkeit erbittert bekämpft.

[8] 1922: Höhepunkt der ökonomischen, sozialen und politischen Krise Italiens nach dem Ersten Weltkrieg. Im Juli hatte Luigi Facta, der Präsident der Ratsversammlung, Mussolini und seiner Partei einige Ministerposten angeboten. Mussolini forderte die wichtigsten Ministerien. Am 1. August rufen die Sozialisten den Generalstreik aus, der binnen drei Tagen von den faschistischen Schwarzhemden zerschlagen wird. Am 24. Oktober verkündet Mussolini in Neapel den „Marsch auf Rom“, dem sich die Italiener nicht widersetzen. Facta tritt zurück, König Vittorio Emanuele III. bietet Mussolini die Macht an. Am 31. Oktober halten die Schwarzhemden triumphalen Einzug in Rom; Italien wird eine faschistische Diktatur.

menschliche und heilige Gesetz vergewaltigten und mit dem Wort Vaterland im Mund das Vaterland ins Verderben führten. Während dieser tragischen Jahre hatten diese Priester in Kopf und Mund nichts anderes als dieses heilige Wort „Vaterland", diejenigen, die niemals die Bedeutung dieses Wortes zu ergründen gewünscht hatten, diejenigen, die so sprechen, wie Sie sprechen. Sie waren wirklich von unendlichem Übel für das Vaterland (und nebenbei gesagt entehrten sie auch die Kirche).

1936 hatten sich 50.000 italienische Soldaten eingeschifft zu einem neuen und ehrlosen Angriff. Sie hatten ihren Marschbefehl erhalten, um als „Freiwillige" das unglückliche spanische Volk anzugreifen.

Sie waren einem General zu Hilfe geeilt, der ein Verräter an seinem Vaterland war, der sich gegen seine rechtmäßige Regierung und gegen ein souveränes Volk auflehnte. Mithilfe der Italiener und zum Preis von anderthalb Millionen Toten gelang es ihm, das zu erreichen, was die Reichen wollten: ein Lohn- und kein Preisstopp, Abschaffung des Streikrechts, der Gewerkschaften, der Parteien, aller bürgerlichen und religiösen Freiheiten.

Heute noch lässt dieser rebellische General, die übrige Welt herausfordernd, jeden, der schuldig ist, damals das Vaterland verteidigt zu haben, oder der es heute zu retten versucht, einsperren, foltern, töten (genauer gesagt garrottieren). Ohne den Gehorsam der italienischen „Freiwilligen" wäre dies alles nicht geschehen.

Wenn es in diesen traurigen Tagen keine Italiener auf der anderen Seite gegeben hätte, könnten wir keinem Spanier ins Gesicht schauen. Das waren, um genau zu sein, italienische Rebellen, die aus ihrem Vaterland verbannt waren. Leute, die sich verweigert haben.

Haben Sie Ihren Soldaten gesagt, was sie machen sollen, wenn ihnen ein General wie Franco zustößt? Haben Sie ihnen gesagt, dass man den Offizieren, die dem Volk, ihrem Vorgesetzten, nicht gehorchen, nicht gehorchen soll?

Dann, ab 1939, gab es eine Lawine: Italienische Soldaten griffen nacheinander sechs Länder an, die sich gewiss nicht an dem ihren vergriffen hatten (Albanien, Frankreich, Griechenland, Ägypten, Jugoslawien, Russland).

Es war ein Krieg, der in Italien zwei Fronten hatte. Die eine gegen das demokratische System. Die andere gegen das sozialistische System. Das waren und sind gegenwärtig die zwei edelsten politischen Systeme, die sich die Menschheit gegeben hat.

Das eine ist der höchste Versuch, dem Armen schon auf dieser Erde Freiheit und menschliche Würde zu geben.

Das andere ist der höchste Versuch, dem Armen schon auf dieser Erde Gerechtigkeit und Gleichheit zu geben.

Ermüden Sie sich nicht mit einer Antwort, die dem einen oder dem anderen System seine manifesten Fehler und Irrtümer aufrechnet. Wir wissen, dass dies menschliche Dinge sind. Sagt lieber, was es von unserer Seite aus an Unerhörtheiten gab. Es war ohne Zweifel das schlimmste politische System, das sich skrupellose Unterdrücker ausgedacht haben konnten. Negation jeglichen moralischen Werts, jeglicher Freiheit, die nicht für die Reichen und die Schlechten war. Negation jeder Gerechtigkeit und jeder Religion. Propaganda des Hasses und der Ausrottung Unschuldiger. Unter anderem der Ausrottung der Juden (das Vaterland des Herrn, in die Welt verstreut und leidend).

Inwiefern war das Vaterland von alledem betroffen? Und welche Bedeutungen können Vaterländer überhaupt noch haben in einem Krieg, der seit dem letzten Krieg eine Konfrontation von Ideologien und nicht von Vaterländern ist?

Aber in diesen hundert Jahren italienischer Geschichte gab es auch einen gerechten Krieg (wenn es das überhaupt gibt, einen „gerechten Krieg“!) Der einzige, der kein Angriff auf ein anderes Vaterland war, sondern die Verteidigung des unseren: der Widerstand.

Auf der einen Seite gab es die Zivilisten, auf der anderen die Militärs. Auf der einen Seite Soldaten, die gehorcht hatten, auf der anderen Soldaten, die verweigert hatten. Wer von diesen beiden Gegnern war ihrer Meinung nach der „Rebell“, wer der „Rechtmäßige“?

Dies muss dringend geklärt werden, wenn man vom Vaterland spricht. Im Kongo zum Beispiel, wer sind da die „Rebellen“?

Dann verlor unser Vaterland durch die Gnade Gottes den ungerechten Krieg, den es entfesselt hatte. Den Vaterländern, die von unserem Vaterland angegriffen worden waren, gelang es, unsere Soldaten davonzujagen.

Sicher müssen wir sie respektieren. Es waren unglückliche Bauern oder Arbeiter, vom militärischen Gehorsam in Angreifer verformt, diesem militärischen Gehorsam, den Sie, die Feldseelsorger, lobpreisen, sogar ohne eine „Unterscheidung“, zu der Sie das Wort des Heiligen Petrus verpflichtet: „Muss man den Befehlen der Menschen oder denen Gottes gehorchen?“ Und währenddessen beleidigen Sie einige seltene Menschen mit Mut, die dafür, dass sie dem Beispiel des Heiligen Petrus gefolgt sind, ins Gefängnis kamen. In zahlreichen zivilisierten Ländern (in dieser Hinsicht zivilisierter als das unsere) ehrt sie das Gesetz, indem es ihnen erlaubt, dem Vaterland auf eine andere Weise zu dienen. Sie verlangen danach, sich dem Vaterland zu opfern, mehr als die anderen, nicht weniger. Es ist nicht ihre Schuld, wenn sie in Italien dazu keine andere Wahl haben als untätig im Gefängnis zu sitzen. Übrigens gibt es auch in Italien ein Gesetz, das eine Kriegsdienstverweigerung anerkennt. Und das ist genau dieses Konkordat, das Sie feiern wollen. Sein dritter Artikel bestätigt die grundsätzliche Kriegsdienstverweigerung der Bischöfe und Priester.

Was die anderen Verweigerer betrifft, so hat sich die Kirche bislang weder für noch gegen sie ausgesprochen. Das weltliche Urteil gegen sie bedeutet nur, dass sie gegen das Gesetz der Menschen verstoßen haben, und nicht, dass sie Feiglinge sind. Woher nehmen Sie das Recht, das hinzuzufügen? Und wenn Sie sie Feiglinge nennen, fällt Ihnen dabei nicht auf, dass man nie davon gehört hat, dass die Feigheit das Erbe einiger weniger, das Heldentum aber das Erbe der Mehrzahl sei?

Warten Sie mit Ihren Beschimpfungen. Morgen werden Sie vielleicht entdecken, dass sie Propheten sind. Wahr ist, dass der Platz der Propheten im Gefängnis ist. Aber es ist nicht schön, auf der Seite derjenigen zu sein, die sie darin festhalten.

Wenn Sie uns sagen, dass Sie das Amt des Feldseelsorgers gewählt haben, um Verwundeten und Sterbenden beizustehen, so können wir Ihre Idee respektieren. Selbst Gandhi hat das in jungen Jahren gemacht. Reifer geworden hat er seinen jugendlichen Irrtum hart verurteilt. Haben Sie sein Leben gelesen? Aber wenn Sie uns sagen, die Weigerung, sich und die Seinigen zu verteidigen, nach dem Beispiel und dem Gebot des Herrn, sei „dem christlichen Gebot der Liebe“ fremd, so wissen Sie nicht, wes Geistes Sie sind. Welche Sprache sprechen Sie denn? Wie können wir uns verstehen, wenn Sie Worte benutzen, ohne sie abzuwägen? Wenn Sie das Leiden der Kriegsdienstverweigerer nicht ehren wollen, so schweigen Sie wenigstens.

Wir wünschen also genau das Gegenteil von dem, was Sie wünschen. Wir wünschen, dass endlich ein Ende gemacht wird mit jeglicher Diskriminierung und jeglicher Spaltung des Vaterlandes gegenüber den Soldaten aller Fronten und aller Uniformen, die sich sterbend den geheiligten Idealen von Gerechtigkeit, Freiheit, Wahrheit geopfert haben.

Wir respektieren das Leiden und den Tod, aber lasst uns vor den Jungen, die auf uns schauen, keine gefährlichen Verwechslungen machen, zwischen Gut und Böse, zwischen Wahrheit und Irrtum, zwischen dem Tod eines Angreifers und dem seines Opfers.

Wenn Sie wollen, möchte ich es so sagen: Lasset uns beten für diese Unglücklichen, die sich unwillentlich, vergiftet von einer Propaganda des Hasses, dem bloß falsch verstandenen Ideal des Vaterlandes geopfert haben, wobei sie, ohne es zu wissen, alle anderen edlen menschlichen Ideale mit den Füßen getreten haben.

(Übersetzung und Fußnoten von Alexander Langer)

So weit der Offene Brief Don Lorenzo Milanis, auch er aus den unmittelbaren Diskussionen in der Pfarrei Barbiana entstanden, denn die abgehenden Schüler standen ja eben vor der Entscheidung, der Einberufung zum Militärdienst Folge zu leisten oder nicht.

Die angegriffenen Militärseelsorger antworteten sofort mit einem offiziellen „denuncio“ beim Generalstaatsanwalt in Florenz, der die Sache des Militärs auch wie üblich zu seiner eigenen, zu der des Vaterlands und der Justiz machte. Es kam zu einem langwierigen Prozess, in dem Don Lorenzo Milani noch einmal in einem umfangreichen Schriftsatz seine Meinung vortrug. Er und der Redakteur Luca Pavolini von »Rinascita« wurden freigesprochen.

Gegen diese Entscheidung legte der Generalstaatsanwalt der Republik in Rom Revision ein. Der Prozess fand am 28. Oktober 1968 statt. Don Lorenzo Milani war bereits gestorben. Luca Pavolini wurde zu vier Monaten Gefängnis verurteilt.

Die folgenden beiden Texte hat Alexander Langer im Dezember 1964 für die »Bi-Zeta 58« geschrieben, eine Zeitschrift der Bozner italienischsprachigen Studentenjugend, in der damit erstmals 1964 auch deutschsprachige Beiträge veröffentlicht wurden. Der Titel der Seite, wo die zwei Texte nebeneinander vorkamen, war *Conoscersi per procedere uniti / Gegenseitiges Kennenlernen, um gemeinsam voranzukommen*. Der erste Artikel *Comprendersi / Sich gegenseitig verstehen* ist ursprünglich in italienischer Sprache verfasst und richtet sich an italienischsprachige Student:innen, der zweite, in deutscher Sprache geschriebene Artikel *Abbauen und aufbauen* an deutschsprachige Student:innen.

Alexander Langer

Sich gegenseitig verstehen

Auf den Seiten dieser Zeitschrift haben wir oft über die Probleme gesprochen, die sich aus der ethnischen Realität unserer Provinz ergeben, die das Zusammenleben mehrerer ethnischer Gruppen mit unterschiedlichem Charakter und unterschiedlicher Kultur mit sich bringt. Dass »Bi-Zeta« auch mit Beiträgen in deutscher Sprache erscheint, soll dazu beitragen, dass wir uns besser kennenlernen und deutschsprachigen Jugendlichen die Möglichkeit bieten, auch Artikel in ihrer Muttersprache zu finden.

Sich gegenseitig verstehen ist in der Situation, in der wir leben, eine wesentliche Voraussetzung. Zwei Sprachgruppen (und eine dritte in den ladinischen Tälern) leben zusammen, aber es gibt kein wirkliches Gemeinschaftsleben; im Gegenteil, sie ignorieren sich gegenseitig oder ergehen sich gar in feindseligen Haltungen. Ich möchte in diesem Artikel einige Prämissen aufzeigen, die meiner Meinung nach notwendig sind, um sich gegenseitig zu verstehen und diese Realität positiv zu nutzen.

Die Sprache

Für mich ist das Sprachenproblem eines der gravierendsten, eines der grundlegendsten, das so schnell wie möglich gelöst werden sollte. Neben der deutschsprachigen Bevölkerung hat sich in den letzten vierzig Jahren eine recht große italienischsprachige Gemeinschaft etabliert, von der das Leben in unserer Provinz nicht mehr absehen kann. Es ist sinnlos, diese

Tatsache zu beklagen oder zu loben, sie wird sich deshalb nicht ändern. Aber unser Engagement – in besonderem Maße das der Jugend – muss vor allem darin bestehen, diese Tatsache mutig zu erkennen und bewusst zu leben. Daraus ergibt sich natürlich die grundlegende Pflicht, die beiden Sprachen zu beherrschen. Es ist kein faires Argument, wenn man behaupten will, dass Italienisch die Staatssprache ist und es ausreicht, diese Sprache zu kennen. Andererseits kann sich die deutschsprachige Bevölkerung realistischerweise nicht in den Gräben der Verfassung verschanzen und die italienische Sprache ignorieren. Die Alten werden wir nicht mehr ändern, sie sprechen größtenteils nur eine Sprache. Aber wir jungen Menschen – das ist ein Gebot des Gewissens! – müssen zweisprachig sein. Ich sage „zweisprachig", und damit meine ich nicht, es reiche aus, ein paar Wörtchen zu kennen, die genügen, um die Prüfungskommission von unserer Zweisprachigkeit zu überzeugen. Wir alle müssen nicht nur unsere eigene, sondern auch die Sprache der anderen ethnischen Gruppe in Wort und Schrift beherrschen.

Und die Schule?

Die italienische Sprachschule hat leider den gravierenden Nachteil, dass sie sich nicht auf dieses Bedürfnis einstellt. Die Schule in deutscher Sprache bereitet die Jugendlichen darauf vor, sich korrekt in der italienischen Sprache auszudrücken, aber dasselbe geschieht nicht in der italienischen Schule. Eine der vielen Absurditäten unserer Situation ist, dass ein junger Italiener die Schule oft mit guten Englischkenntnissen abschließt, aber die deutsche Sprache teilweise ignoriert. Es reicht aber nicht, die Sprache nur in einigen ihrer Teilaspekte zu lernen, es ist auch notwendig, in die Kultur einzutauchen. Deshalb sollte in den italienischen Schulen (vor allem im klassischen Lyzeum) die deutsche Sprache und Literatur umfassend unterrichtet werden – entsprechend dem Italienischunterricht an deutschen Schulen. Italienischsprachige Jugendliche sollten Aufsätze in deutscher Sprache schreiben, so wie es umgekehrt in deutschen Schulen der Fall ist. Eine Übersetzung bereitet sie nicht hinreichend auf den Gebrauch der Sprache vor! Einige werden vielleicht einwenden, dass dies eine größere Belastung für die Studenten bedeutet, was auch stimmen mag, aber die deutschsprachigen Studenten haben diese Last zwanzig Jahre lang mit beträchtlichem Nutzen getragen. Eine logische, aber leider nur selten zutreffende Voraussetzung sollte sein, dass die Sprache von muttersprachlichen Lehrern unterrichtet wird (wie von der 19er-Kommission vorgesehen).

Eine andere Kultur

Der Unterschied ist jedoch nicht nur sprachlicher, sondern auch kultureller Natur. Deshalb sollten wir eine entsprechende Reife erlangen (hier wende ich mich an die Schüler), um die andere Kultur zu verstehen und zu schätzen, ohne sie zu vereinnahmen. Natürlich muss jeder seine eigene und die Kultur seiner Gemeinschaft bewahren (damit verschwindet jede Angst oder jeder Versuch der Entnationalisierung), jedoch ist das Verständnis notwendig, um die Mentalität der jeweils anderen ethnischen Gruppe zu begreifen. Es ist kein Pangermanismus (das alte Schreckgespenst …), wenn ein deutschsprachiger Bürger sich auf die deutsche Kultur beruft (die einzigartig ist, wenn auch mit erheblichen regionalen Unterschieden). Aber solange wir das nicht begreifen, haben wir die Lage nicht richtig eingeschätzt; es ist auch eine Absurdität, den anderen von der Überlegenheit der eigenen Kultur überzeugen und ihn vielleicht dazu bekehren zu wollen. Solche Versuche sind sogar lächerlich, man endet manchmal damit, dass man Dante und Goethe kritisch vergleicht, um festzustellen, wer von beiden der Größte ist!

Versuchen wir es?

Sehen Sie, liebe italienischsprachige Freunde, vielleicht bezichtigen Sie mich jetzt der Voreingenommenheit, aber ich möchte versuchen, Ihnen einige Dinge zu sagen, die Ihnen vielleicht noch nie jemand gesagt hat, die Sie vielleicht selbst noch nicht wussten. Dieser Artikel richtet sich – mutatis mutandis – ein wenig auch an unsere deutschsprachigen Freunde (die oft, vielleicht genährt von überholter Propaganda, tatsächlich an die Überlegenheit einer der beiden Kulturen glauben). Euch betrifft hauptsächlich der Diskurs über eine zweite Sprache. Wenn ihr euch umschaut, werdet ihr feststellen, dass in italienischsprachigen Theatervorstellungen oft Deutsche zu sehen sind, nie aber umgekehrt. Das Gleiche gilt für das Kino (würde es sich wirklich nicht lohnen hinzugehen?), für Vorträge, Debatten usw. Ich möchte euch ernsthaft auffordern, es zu versuchen, zu versuchen, eine euch vielleicht unbekannte Kultur zu verstehen und euch für sie zu interessieren, um diese Sprache besser zu lernen, die ihr in eurer zukünftigen beruflichen Tätigkeit nicht ignorieren könnt und die euch in den zwischenmenschlichen Beziehungen nützlich sein wird. Das wird uns allen letztlich helfen, unsere Gesellschaften menschlicher zu machen.

(Originaltitel: *Comprendersi.* Aus: »Bi-Zeta 58«, Dezember 1964. Übersetzung von Dominikus Andergassen)

Alexander Langer

Abbauen und aufbauen

Ich freue mich sehr, dass »Bi-Zeta« auch Artikel in deutscher Sprache bringen kann. Es ist dies eine Errungenschaft, um die sich manche auf Südtiroler Seite schon seit Jahren bemühen, die aber nie gelungen ist. Umso mehr ist es zu schätzen, dass unsere italienischen Kollegen den Mut gefunden haben, einen solchen Entschluss durchzusetzen.

In diesem Artikel soll ein Phänomen untersucht werden, das uns leider häufig hindert, Kontakt mit der italienischen Sprachgruppe aufzunehmen, oder uns irgendwie Misstrauen einflößt. Wir haben Angst vor der sogenannten „Entnationalisierung". Ich sage „sogenannte", weil mir der Ausdruck nicht gefällt, damit aber will ich keineswegs dieses Bestreben überhaupt leugnen. Wir [leiden] heute noch unter dem, was der Faschismus in unserer Heimat angerichtet hat. Und wohl weil uns diese Angst noch in den Knochen sitzt, weigern wir uns auch heute noch vielfach, mit Italienern näheren Umgang zu pflegen. Ich glaube, das ist eines der schwersten Versagen, das wir uns vorzuwerfen haben und dessen wir uns, wenn wir ehrlich sind, auch schuldig bekennen müssen. Viele Italiener haben sich bemüht, Freunde unter uns zu finden, viele von ihnen aber sind überall auf Ablehnung gestoßen und spüren Feindseligkeit.

Ist das gerechtfertigt?

Natürlich müssen wir uns fragen, ob ein solches Verhalten unsererseits durch irgendwelche Gründe gerechtfertigt ist – außer durch die schon erwähnten historischen. Ich glaube, da sagen zu können, dass [es] tatsächlich ähnliche Versuche immer wieder gegeben hat, doch bestimmt nicht von jenen ausgehend, die heute versuchen, in ein offenes Gespräch mit uns zu kommen. Warum wohl kennen wir uns so wenig, warum weigern wir uns immer, zu gemeinsamen Veranstaltungen zu gehen oder Vertreter zu entsenden, warum ziehen wir uns immer sofort ins Schneckenhaus zurück? Ich glaube, wenn wir eine solche Angst vor Entnationalisierung haben, dann müssen wir uns irgendwie nicht ganz sicher fühlen.

Liegt es an uns?

Wenn wir unsere Kultur zu wenig kennen oder unsere Muttersprache nicht richtig beherrschen, dann liegt tatsächlich die Möglichkeit nahe, beim ersten Kontakt mit etwas Fremdem nachzugeben. Aber in diesem Fall liegt es an uns! Wenn wir dagegen unsere eigene Geisteswelt genügend kennen und zu verstehen wissen, dann wird uns – gerade als Studenten – ein Kontakt mit Italienern, auch da wieder vorwiegend Studenten, nicht nur nicht schaden, sondern wertvoll sein. Wir werden einander besser kennenlernen, auch bereichern (ich habe das selber erlebt), wir werden den Charakter des anderen besser verstehen lernen und ihm helfen, unsere Geistesart richtig zu sehen und zu verstehen, wir werden vor allem auch beitragen, unserer Heimat mehr Verständigung zu schenken.

Verteidigung unserer Rechte

Wir leben heute in einem demokratischen Staat, in dem wir die Möglichkeit haben, unsere Rechte zu verteidigen und wohl früher oder später auch durchzusetzen. Ich möchte bestimmt nicht behaupten, dass der Staat alle seine Pflichten uns [gegenüber] erfüllt hat, es fehlt noch sehr viel. Doch müssten wir unsererseits nicht nur loyale Staatsbürger sein, sondern auch unseren Teil zur Bewältigung der Probleme Südtirols beitragen. Das Problem des Zusammenlebens zweier verschiedener Sprachgruppen können wir nur dann lösen, wenn wir es auch kennen. Und zwar beide Sprachgruppen kennen, nicht nur die eigene! Deswegen vergeben wir uns sicher nichts, wenn wir mehr Verbindung zu unseren italienischen Kollegen halten und unsere Gedanken (mögen sie noch so verschieden sein) austauschen. Ich glaube, wir schaden uns in jeder Hinsicht, wenn wir uns isolieren und den Dialog ablehnen.

Denn wir versäumen dadurch eine menschliche, ich möchte sagen: christliche Pflicht, wir versetzen uns in die Stellung des Ablehnenden und Halsstarrigen, wir qualifizieren uns selbst als unreif zu einem ausgeglichenen Verhältnis mit der italienischen Volksgruppe.

Sofort anfangen!

Ich glaube daher, dass es Zeit ist, sofort anzufangen. Vor allem einmal müssen wir das gegenseitige Misstrauen abbauen, das uns so sehr trennt und jede Begegnung vergiftet. Dann müssen wir aber auch unsere lieben Vorurteile fallen lassen, denn sie hindern uns, ein richtiges, objektives Bild der Lage zu gewinnen. Schließlich müssen wir mit viel gutem Willen und mit sehr viel Mut darangehen, unseren Beitrag zum Aufbau einer neuen Gesellschaft in Südtirol zu leisten; es braucht sogar den Mut, das Wort „Verräter“ hinzunehmen. Wer es ausspricht, hat sich wahrscheinlich um ein echtes Zusammenleben nie bemüht. Und es braucht sehr viel Idealismus, den Idealismus der Jugend.

(aus: »Bi-Zeta 58«, Dezember 1964)

Alexander Langer

Abiturprüfung: Es gibt einen Mitläufer in der Kommission

Zeitweise verwendete Langer das Pseudonym „Agilulfo", d. h. er verwendete den Namen des nicht existierenden Ritters von Italo Calvino. Auch dieser Artikel, der für »Lotta Continua« im Juli 1978 geschrieben wurde, trug diese Signatur. »Lotta Continua« war die Zeitung der gleichnamigen linksextremen Bewegung, in der Langer auch führend tätig war.

„Wenn sie wenigstens so kohärent wie die Roten Brigaden wären, die den Prozess und die Verteidigung ablehnen! Aber diese kommen zu uns, nach allem, was sie getan haben, kommen und bitten, dass wir sie zur Abiturprüfung zulassen!" Dies ist die aufrichtige Aussage eines Direktors einer ländlichen Mittelschule: ein Mensch, der (nicht nur körperlich) Tanassi[1] ähnlich sieht und der sein „Leben" gewissermaßen in Kommissionen, bei Wettbewerben, Inspektionen, Prüfungen, Fortbildungen und anderen Aufgaben verbringt, die seiner edlen Mission als Erzieher entsprechen. Ich teile meine Tage einen Monat lang mit diesem und anderen „Kollegen" bei der

[1] Mario Tanassi (1916–2007) war ein italienischer Politiker und Vertreter der Sozialistischen Demokratischen Partei Italiens.

Abnahme der Abiturprüfung in einem großen wissenschaftlichen Vorstadtgymnasium in einer der „Hauptstädte" Italiens; sie mit über einer halben Million[2] an Aufwandsentschädigung (aber es kostet sie Geld, wenn sie in einem Hotel übernachten), ich mit etwa 85.000 Lire, weil ich als „interner Kommissar" fungiere: Ich „begleite meine Studenten und Privatisten zur Prüfung", in einer Rolle, die beinahe offiziell die eines Stoßdämpfers und Vermittlers zwischen der „externen" Kommission und der Realität des Instituts und der „internen" Studenten ist.

Heuer war ich fest entschlossen, kein „interner Kommissar" mehr zu sein: Ich sah keinen Grund dafür, denn die Beziehung zu den Schülern in der Schule war weitgehend unbefriedigend und oft frustrierend.

Zersetzung, Individualismus, generelle Ablehnung aller politischen oder kulturellen Vorschläge und allgemein des kollektiven Engagements scheinen zunehmend das Schulleben zu prägen. „Aber wer glaubt denn noch daran?", war die immer wiederkehrende Frage, und es spielte keine Rolle, ob sie sich auf „die Schule" oder „die Politik", „die Auseinandersetzungen" oder „das ganze Leben muss sich ändern" bezog. Das weit verbreitete Fernbleiben sowie die Trägheit und Sterilität sämtlicher Debatten brachten mich in Versuchung, die Schule zu verlassen und (zumindest für eine Weile) auszusteigen. Die Unmöglichkeit, wirkliche Fortschritte zu machen, die zunehmende Erpressung der Erhaltung des Bestehenden und gar der Reaktion (selbst bei demokratischen Lehrkräften, die inzwischen an nichts anderes mehr denken können als an die

---

[2] Gemeint ist Lire – die italienische Währung vor der Einführung des Euro.

Rückkehr zu „Strenge und Bestimmtheit"), das offensichtliche Desinteresse eines großen Teils der Schüler, das an den Platz eines langen Kampfes und des Engagements getreten ist (dessen Ergebnis als enttäuschend empfunden wird): All dies führt tendenziell zur Aufgabe („Beurlaubung" im Bürokratenjargon), wenn nicht gar zum Rückschritt. Ich habe in »il manifesto«[3] gelesen, dass Luciano Biancatelli – ein geschätzter und bekannter Genosse und Lehrer der linken Gewerkschaften in Rom mit jahrelanger Kampferfahrung – beschlossen hat, dieses Jahr Prüflinge durchfallen zu lassen.

Ein frustrierendes Jahr

Wenn zumindest die Beziehung zu den Schülern befriedigend wäre! Aber in Wirklichkeit sind die Möglichkeiten des Austauschs und der Konfrontation mit ihnen reduziert, durch ihre immer deutlichere (und grundsätzlich motivierte, auch wenn die Gründe dafür oft unbewusst sind) Weigerung, einander auf jener Ebene der Kultur und des Wissens zu begegnen, die in der Schule angeboten werden kann, sowie durch ihren wachsenden Überdruss bezüglich der „Politik" – von der FGCI[4] (Jungkommunisten) durch einen scheuklappenartigen und zunehmend isolierten Aktivismus „zur Rettung der Schule" kompensiert.

Die Interessen, auch die kulturellen, und die Lebenserfahrungen der Schüler weichen immer mehr voneinander und von meinen und denen anderer Lehrer ab; in den Versammlungen

[3] Italienische Tageszeitung mit kommunistischer Ausrichtung, 1971 gegründet.

[4] Federazione Giovanile Comunista Italiana.

trifft man immer weniger Menschen und es gibt immer weniger konkrete Dinge, die man einander zu sagen hat; ebenso schwindet der Glaube daran, dass sich etwas ändern kann und dass innerhalb der Schule etwas Authentisches erlebt werden kann. Und so kommt es, dass man sich – als „Genosse Lehrer“ – nutzlos und verschwendet fühlt, bedrängt von der Institution und der Reaktion und nicht unterstützt, ja geradezu von den Schülern im Stich gelassen, wenn nicht gar angefochten. Nur in kleinen Gruppen, meist außerhalb der Schule, haben wir einander etwas zu sagen. Aber in mir, wie auch in anderen Genossen meines Alters und meiner Herkunft, gibt es einen sehr hartnäckigen Wunsch, die Schule als „öffentlichen Dienst“ und als Treffpunkt für alle zu verteidigen, und die Sorge darum, sich nicht in private, getrennte Ghettos, auf unmögliche „Inseln der Glückseligen“ zurückzuziehen. (Ich muss hinzufügen, dass ich erst nach dem Ende der Schule zugestimmt habe, mich mit den Schülern außerhalb der Schule zu treffen, um gemeinsam sowohl den kulturellen Inhalt als auch einige Beziehungsprobleme neu zu diskutieren: Es war, auch vom „didaktischen“ Standpunkt aus, eine schöne Erfahrung, aber mit der grundsätzlichen Einschränkung, dass wir nur etwas mehr als zehn Personen waren.)

Warum sollte ich das tun?

Wir haben über die Prüfung gesprochen, und es ist sinnvoll, darauf zurückzukommen, denn sie ist wie ein Knoten, der Probleme verkompliziert – und darauf drängt, sie zu lösen. Ich habe immer gesagt, ich wolle kein „interner Kommissar“ sein. Wenn ich es schließlich trotz der Weigerung aller meiner Kollegen gewesen bin, dann vor allem deshalb, weil ich die

Studenten liebe und mich mit ihnen verbunden fühle, da ich überzeugt bin, dass ich ihre Realität besser verstehe als andere und viel von dieser Wirklichkeit teile, und weil ich, wenn ich zwischen ihnen – die in der Tat nicht studiert, sich nicht engagiert haben usw. – und der Institution wählen muss, keine Zweifel habe, auf welcher Seite ich stehe, auch wenn es noch so schwierig ist. Dass es politisch richtig ist, die Begegnung und den unvermeidlichen Zusammenprall zwischen ihnen und der Institution (der Kommission, der Kultur, der Prüfung) in irgendeiner Weise abzumildern und zu vermitteln, erscheint mir sehr fragwürdig.

Denn es gibt eine Auseinandersetzung, da besteht kein Zweifel – nicht im schönen Sinne eines Kampfes, sondern in dem Sinne, dass die Aufsätze der Studenten bei der Prüfung wirklich „unmöglich" sind, ihre Antworten auf die Fragen, auch ihre Vorbereitung – oft – unter keinem Gesichtspunkt (traditionelle Kultur, alternative Kultur, kritisches Denken usw.) zu verteidigen sind. Man ist fast versucht, den hochnäsigen Kommissaren zuzustimmen, die, wenn es gut läuft, ein „gerade Genügend" verleihen und in den meisten Fällen feststellen, dass „der Kandidat nur knapp am Mittelmaß vorbeischrammt" oder dass „die Vorbereitung insgesamt eher mangelhaft und bescheiden ist".

Ist es sinnvoll, in der Schule zu arbeiten?

Die Peinlichkeit der Prüfung ist für mich der Höhepunkt des Unbehagens, das ich das ganze Schuljahr über erlebe. Das ist der Moment, in dem ich mich plötzlich auch durch jedes „das heißt" und jeden „bestimmten Diskurs", jedes „äußerst wichtig" und „in einem gewissem Sinne" beschimpft fühle; es ist der Moment, in dem ich es beinahe bedauere, nicht „streng" gewesen zu sein, und mich dann schäme, in die Fänge der Prüfungen geraten zu sein. Die Entfremdung der Schüler von der Schule – eine Entfremdung, die heute beinahe häufiger existentiell und sogar eher „gleichgültig" als politisch ist und in jedem Fall bewusst und im Namen eines alternativen Engagements eingefordert wird – ist in vielen Fällen so groß geworden, dass es absurd erscheint, den Mantel der Normalität überzuwerfen und dem schulischen „Genügend" den Anstrich eines quantifizierbaren Wissens geben zu wollen.

Und trotzdem ist man bei der Prüfung gezwungen, gegen den Hauptfeind anzukämpfen, der in diesem Moment die Kommission ist, die jemanden dazu zwingen kann, ein weiteres Jahr in dieser absurden Schule zu verbringen oder sie ohne jenes „Zeugnis" zu verlassen, welches die Eltern zum Schweigen bringt und vielleicht den Zugang zu einem weniger kontrollierten und weniger von der Familie dominierten Lebensabschnitt ermöglichen kann. Angesichts dieses Hauptfeindes ist man nicht mehr in der Lage, sich an den anderen Feinden auszulassen, die ebenfalls anlässlich der Prüfungen in ihrer hässlichsten Form zum Vorschein kommen: die Beiläufigkeit und Oberflächlichkeit vieler Studenten, bei einigen sogar der Wettbewerb und der Wunsch, sich von den anderen abzuheben (es gibt sogar welche, die nicht abschreiben lassen – wenn ich jemanden durchfallen lassen sollte, wären es diese), der Verzicht auf jegliche Kreativität und persönliche Überzeugung angesichts des Zwangs, sich zu entfremden und für eine Prüfung und eine fremde und feindliche Kommission zu produzieren.

Das tägliche Abfragen ist eine Qual, vielleicht mehr noch für mich als für die Schüler. Angesichts einer Perspektive, in der alles auf das Voranschreiten der Restauration, die Rückkehr zur Selektion, die programmierte Ausgrenzung eines großen Teils der Jugendlichen aus der Schule, die Auferlegung von professionalisiertem und „gesellschaftlich nützlichem" Wissen im Rahmen der von einem in rasanter Umstrukturierung befindlichen Kapitalismus geforderten Verwendungszwecke hinzudeuten scheint, ist die „Unfähigkeit, bestimmte Positionen voranzutreiben", wie meine Studenten es ausdrücken, fast tragisch. Welches Wissen, welche Kultur, welche kollektive Erfahrung des Wachstums, der Konfrontation, des Dialogs, der Beziehung zu Praxis und Theorie wird sich entwickeln können? Wird es möglich sein, als unterrichtende Genossinnen und Genossen auch in der Schule zur Reifung jener robusten (sicher nicht nur politischen) Autonomie beizutragen, die die Jugendlichen, die jetzt Heranwachsende sind, in dieser Phase brauchen? Es ergibt keinen Sinn, bei dieser Prüfung als Lückenbüßer oder Rotkreuzschwester zu fungieren. Es wird nicht einfach sein, andere Möglichkeiten ausfindig zu machen.

(Originaltitel: *Esame di maturità: in commissione c'è un fiancheggiatore.*
Aus: »Lotta Continua«, 23. Juli 1978.
Übersetzung von Dominikus Andergassen)

Alexander Langer

Don Lorenzo Milani sagte uns: Ihr müsst die Universität verlassen

Alexander Langer schrieb diesen Artikel in einer Sonderausgabe der Zeitschrift »Azione Nonviolenta« (Gewaltfreie Aktion) vom Juni 1987, die – zwanzig Jahre nach dessen Tod (1967) – komplett Don Milani gewidmet war.

Als ich an der Universität Florenz studierte, kam es in dieser Stadt zu einer Kontroverse zwischen Don Lorenzo Milani (der von Erzbischof Florit nach Barbiana verbannt worden war) und den Militärseelsorgern, die von einem istrischen Flüchtling angeführt wurden, dem eine gewisse Nähe zum MSI (*Movimento sociale italiano*) nachgesagt wurde. Die Priester mit militärischen Dienstgraden bezeichneten die Kriegsdienstverweigerung, die damals mit Gefängnis bestraft wurde, als „Feigheit" und nutzten – wenn ich mich recht erinnere – den Jahrestag des Lateranabkommens zwischen dem Faschismus und dem Vatikan, um ihre staatsbürgerliche, patriotische Berufung und ihre Unterstützung für die Militärhierarchien zu bekräftigen. Don Lorenzo Milani antwortete ihnen in der »Rinascita«[1]

[1] Milani sendete den offenen Brief an alle italienischen Zeitungen. Nur die kommunistische Wochenzeitung »Rinascita« druckte ihn am 06.03.1965 vollständig. Der *Offene Brief* ist ab S. 205 zu finden.

und handelte sich damit ein Gerichtsverfahren[2] ein – gemeinsam mit dem Chefredakteur der kommunistischen Zeitschrift.

Mich persönlich reizte der Gedanke der Kriegsdienstverweigerung sehr, und gleichzeitig erschreckte mich das damit verbundene Gefängnisrisiko. Natürlich haben mich der „Fall Don Milani" und seine Haltung zum Gehorsam, der keine Tugend mehr sei, tief beeindruckt und brachten eine moralische und existenzielle Position zum Ausdruck, in der ich mich auch wiederfand.

Ich wollte mehr über Don Lorenzo Milani wissen und erfuhr von einem Buch aus seiner Feder, das einige Jahre zuvor erschienen war und auf Anordnung der kirchlichen Autorität aus dem Verkehr gezogen worden war (vom selben Florit, dem Nachfolger des toleranten und weitsichtigen Kardinals Dalla Costa, der von Giorgio La Pira[3] sehr verehrt worden war). Ich informierte mich, wie ich mir dieses „Samisdat" besorgen konnte: Ich musste die Libreria Editrice Fiorentina[4] in der Via Ricasoli aufsuchen, nach einem bestimmten Buchhändler fragen und ihm mit einem komplizenhaften Blick sagen: „Ich bin einer der Jungs von Don Lorenzo und sollte sein Buch mitnehmen"; das tat ich dann auch, woraufhin ich mehrmals ein Exemplar der *Pastoralen Erfahrungen*[5] aus dem Giftschrank

---

[2] S. S. 217 dieses Buches.

[3] S. Fußnote 1 der Einleitung, S. 10.

[4] Der 1902 gegründete Verlag druckte in den Sechzigerjahren Bücher von La Pira und Milani. Heute noch sind alle Texte von Milani und viele Texte über ihn und die Schule in Barbiana im Katalog zu finden.

[5] *Esperienze Pastorali* (1957) ist das erste von Milani geschriebene Buch und das einzige, das seinen Namen trägt. Das Buch wurde durch ein Dekret des Heiligen Offiziums aus dem Verkauf genommen, weil es zum Lesen ungeeignet sei.

erhielt. Es war für mich ein schwer zu lesendes Buch, weil es fest in der toskanischen Realität verankert war – auch sprachlich –, wo z. B. die Arbeiter ein soziales Prestige genossen, das dem der Bauern unendlich überlegen war: das genaue Gegenteil von Südtirol und daher für mich fast unverständlich, so wie viele der im Buch verwendeten Begriffe („i pigionali“[6], zum Beispiel). Aber ich hatte etwas Entscheidendes verstanden: dass Don Lorenzo Milani beschlossen hatte, „zu den Armen“ sprechen zu wollen, und dass er ihnen dazu zuerst „das Wort erteilen“ musste: Er hatte also beschlossen, Schule als eine wesentliche Voraussetzung für die Evangelisierung zu machen. Da er in den Geruch des Kommunistenfreundes geraten war, wurde er aus dem Verkehr gezogen, wie auch sein Buch: Ihn nach Barbiana zu schicken, bedeutete, ihm das Wort zu verbieten und ihn zu isolieren.

Mit einem Freund besuchte ich ihn nach dem Ausbruch der Kontroverse über die Kriegsdienstverweigerung. Er empfing uns in seinem Pfarrhaus und stahl den Schülern und der Schule ein wenig Zeit. Zwei der Dinge, die er sagte, blieben mir besonders im Gedächtnis.

„Ihr müsst die Universität verlassen. Ihr macht nichts anderes als die Distanz zu vergrößern, die zwischen euch und der großen Masse der ungebildeten Menschen besteht. Tut lieber etwas, um diese Distanz zu überbrücken. Bringt andere auf das Niveau, auf dem ihr euch heute befindet, und dann werden wir alle zusammen einen Schritt nach vorne machen, und dann noch einen, und so weiter. Aber wenn ihr immer weiter rennt, werden die anderen euch nie einholen. Ich weiß sehr wohl, dass ihr andere finden werdet – auch Priester! –,

---

[6] *pigionale:* Pächter.

die euch das Gegenteil sagen werden und die tausend gute Gründe finden werden, damit ihr euer Studium fortsetzt und gute Ärzte oder Richter oder Wissenschaftler im Dienste des Volkes werdet. Aber in Wirklichkeit werdet ihr nur euren Privilegien zu Diensten sein – um unsere Krankheiten zu heilen und unsere Fälle vor Gericht zu bringen, genügen uns die bezahlten Söldner, dazu braucht es euch nicht." (Wir haben die Universität nicht verlassen. Aber wir haben in Vingone, in der Nähe von Scandicci[7], eine Ergänzungsschule gegründet, die auf der freiwilligen Arbeit einiger Universitätsstudenten beruhte und hauptsächlich von Kindern süditalienischer Einwanderer besucht wurde.)

„Ich weiß, wie es beim Jüngsten Gericht zugehen wird. Gott, der Herr, wird mich und den Rektor des Kollegs ... der Jesuiten von Mailand zu sich rufen. Er wird zum Rektor sagen: ‚Siehst du, du warst immer bei den Reichen. Du hast dieselben Bücher wie sie gelesen, du hast ihre Gesellschaft geteilt, du warst ihr Tischgast, du hast ihre Kinder erzogen – du kannst nicht anders sein, als sie sind. Du hast alles falsch gemacht, obwohl du vielleicht geglaubt hast, das Richtige zu tun. Du hast deine Augen vor denjenigen verschlossen, die mich vertreten haben, und hast dich hingegen mit ihren Unterdrückern identifiziert. Sieh dir stattdessen Don Lorenzo an, der hier neben dir steht: Er hat parteiisch entschieden. Er hat verstanden, dass man nicht mehr als drei-, vierhundert Menschen konkret lieben kann, und er hat sich für die Armen, seine Landsleute, entschieden. Er hat sich auf ihre Seite gestellt, er hat ihr Schicksal geteilt. Das hatte ich euch aufgetragen, und du wolltest nicht hören.' Aber weil der Herr gut ist, wird er

---

[7] Scandicci ist knappe zwanzig Kilometer von Florenz entfernt.

ihm schlussendlich einen Tritt in den Hintern versetzen und ihn ins Paradies eintreten lassen, während ich mit allen Ehren eintreten werde. Versteht ihr? Wenn ihr euch zu den Reichen gesellt, könnt ihr nicht anders, als so wie sie zu werden, wenn ihr es nicht schon seid."

Irgendwann hatte Don Milani jedem, der einen höheren Schulabschluss als den der dritten Klasse Mittelschule besaß, den Zutritt zu Barbiana verboten, es sei denn, sie wurden ausdrücklich von ihm und für eine bestimmte Aufgabe gerufen (das ist mir nur ein- oder zweimal passiert). Zu den seltenen Ausnahmen gehörte eine ältere böhmische Jüdin, die Mathematik studiert hatte und die Nazizeit dank der Hilfe toskanischer Freunde, die sie in den Bergen versteckt hielten, überlebt hatte. Marianne Andre kam zu Fuß mit ihrem Rucksack in Barbiana an und hörte in großer Bescheidenheit zu, wobei sie nur sprach, wenn sie aufgefordert wurde, sich zu äußern. Wir wurden Freunde und ich erfuhr, dass sie meinen Vater gekannt hatte. Nach Don Milanis Tod beschloss ich, den *Brief an eine Lehrerin* ins Deutsche zu übersetzen und einen Verleger zu suchen (den ich in Wagenbach fand), wobei ich Marianne Andre in dieses Unterfangen einbezog – insbesondere für die Überarbeitung des deutschen Textes –, die darüber sehr glücklich war. Der Grund für ihr Privileg in Barbiana hatte eine einfache Erklärung: Sie war eine Verfolgte, die alle Privilegien im Zusammenhang mit ihrer Bildung und ihrem sozialen Status bereits verloren hatte.

Zwei Dinge haben mich an Don Milani immer neugierig gemacht und nicht recht überzeugt, aber ich habe nie den Mut aufgebracht oder die Gelegenheit gefunden, ihn nach seinen Gründen zu fragen. Nach seinem Tod habe ich versucht, seine Mutter zu fragen (die ihn überlebt hat und nie getauft worden war[8]), aber ich bin dann an der Schwelle dieser beiden Fragen stehen geblieben, die daher unbeantwortet bleiben.

Ich hätte gerne verstanden, welches Erbe Don Milani vom Judentum, das er aufgab, um zum strengen Katholizismus zu konvertieren, erhalten und bewahrt hatte.

Und gerne hätte ich ihn auch nach dem Grund für sein (meiner Meinung nach übermäßiges) Vertrauen in die großen Verbände (die Kirche, die Christdemokraten, die Kommunisten, die Gewerkschaft …) sowie nach seinem Misstrauen und vielleicht auch Verachtung für minderheitliche Gruppen (die „Chinafreundlichen", die PSIUP[9] von damals, die „Extremisten", die säkular-radikalen Minderheiten …) gefragt. Ich hatte verstanden, dass er sehr viel von den großen Volkskulturen hielt und gleichfalls von der Notwendigkeit überzeugt war, dass sich starke Ideen auf nicht-elitäre Weise in der breiten Masse durchsetzen würden. Aber ich hatte immer den Verdacht, dass dieser Ansatz irgendwie im Widerspruch zu seiner eigenen Geschichte stand, und zwar der gesamten Geschichte: von seiner Herkunft über seinen Weg in der florentinischen Kirche bis hin zu seinem Exil in Barbiana und seinem letzten verzweifelten Warten auf ein Zeichen der Anerkennung und Wertschätzung durch seinen Bischof und Verfolger, Kardinal Florit.

Vielleicht findet die erste Frage in der zweiten implizit ihre Antwort sowie in dem formalen Gesetz der Kirche, das [Milani] mit jener Hartnäckigkeit des „Gesetzes des Volkes" und

---

[8] Die Mutter Alice Weiss war eine Jüdin aus Triest.

[9] Partito Socialista Italiano di Unità Proletaria, Italienische Sozialistische Partei der proletarischen Einheit.

mit jener Sturheit eines Propheten lebte, welcher die Gerichte und die Hohepriester dazu führen wollte, die eingeschlagenen Wege zu überdenken.

(Originaltitel: *Don Lorenzo Milani ci disse: dovete abbandonare l'università*. Aus: »Azione Nonviolenta«, Juni 1987. Übersetzung von Dominikus Andergassen)

Heidrun Demo (1980) ist in der Schweiz geboren, in verschiedenen Regionen Norditaliens aufgewachsen und arbeitet jetzt in Südtirol als Professorin für Inklusionspädagogik an der Freien Universität Bozen. Sie hat Bildungswissenschaften im Primarbereich studiert und als Lehrperson und Integrationslehrperson an der Grundschule gearbeitet. Seit fünfzehn Jahren forscht sie zum Thema Inklusion im Bildungsbereich. Ihre Forschungsthemen fokussieren auf die Analyse von Inklusion in Bildungssystemen, auch mit einer vergleichenden Perspektive, auf inklusive Schulentwicklung und inklusive Didaktik. Aktuell leitet sie das Führungsgremium des Kompetenzzentrums für Inklusion im Bildungsbereich der Freien Universität Bozen. Zu ihren jüngsten Veröffentlichungen gehören: *Specialità e normalità?* (mit D. Ianes, Erickson, Trento 2022); *L'index per l'inclusione nella pratica* (mit E. Brugger-Paggi *et al.*, Franco Angeli, Milano 2017); *Didattica aperta e inclusione* (Erickson, Trento 2016).

Heidrun Demo

Warum brauchen wir den *Brief an eine Lehrerin* hier und jetzt?

Vor über zehn Jahren begleitete ich zusammen mit einer Kollegin eine Gruppe von Studierenden der Fakultät für Bildungswissenschaften der Freien Universität Bozen nach Barbiana. Die Gespräche, die daraus entstanden, gaben mir schon ein erstes Gefühl dafür, wie bereichernd die tiefe Auseinandersetzung mit dieser Episode der italienischen Schulgeschichte sein kann. Die Student:innen, die sich jetzt für den Lehrerberuf entscheiden, kennen die Geschichte dieses Ortes – wenn überhaupt – nur aus einer Einheit im Buch und in der Vorlesung zur Geschichte der Pädagogik; eine Information unter vielen, deren Bedeutung sich nur allmählich herauskristallisiert. *Brief an eine Lehrerin* ist aber nicht ein Werk unter vielen: Es stellt – vielleicht ungewollt – eine der tiefsten Wurzeln der italienischen demokratischen Bildung dar. Gerade aus diesem Grund ist die jetzige Neu-Veröffentlichung des Werkes in deutscher Sprache besonders wichtig. Die aktive Begegnung mit den Worten der Schüler:innen von Lorenzo Milani und somit indirekt mit der kollektiven Erfahrung der kleinen Schule in Barbiana ermöglicht den Zugang zu einem der wichtigsten Bestandteile des Diskurses um die italienische Pädagogik. Darüber hinaus hat für die Provinz Bozen dieser Text in der Übersetzung von Alexander Langer eine ganz besondere Bedeutung, worauf ich später noch zurückkomme.

Die Aktualität der Vision einer demokratischen Schule

Der *Brief* ist weder eine Abhandlung über Pädagogik noch ein Programmdokument für eine Reform der öffentlichen Schulen. Pädagogik als Disziplin wird im Werk stark in Frage gestellt und Barbiana wäre als Modellschule ungeeignet gewesen: Eine vom Alter her buntgemischte Gruppe von Lernenden, zwölf Unterrichtsstunden pro Tag mit einem zölibatären Priester als (einzigem) Lehrer wäre völlig irreproduzierbar. Vielmehr übt der kollektive Text scharfe Kritik an der öffentlichen Schule der 1960er-Jahre, unmittelbar nach der Einführung der einheitlichen Mittelschule, die strukturell gesehen eine große demokratische Reform war, in der Praxis aber noch sehr viele Einschränkungen aufwies. Und gerade in diesem kritischen Blick, der unter der Oberfläche von egalitären Bildungsstrukturen beharrlich nach Ungleichheiten sucht und sie offenlegt, liegt die Aktualität des Werkes.

Der grundlegende Bezugspunkt für die Schüler:innen / Autor:innen des *Briefes* ist die Verfassung – natürlich waren sie stark durch den Blick von Don Milani beeinflusst. Die Verfassung bezeichnet die öffentliche Schule als offen und frei, kostenlos und für acht Jahre obligatorisch. Darüber hinaus wird hier an eine Schule gedacht, die alle Hindernisse beseitigen soll, die die Entfaltung eines jeden beeinträchtigen. Anhand dieses Maßstabs wurden die Ungerechtigkeiten der damaligen Schule gezeigt und beschrieben. Die damalige öffentliche Schule verlor viele Schülerinnen und Schüler, weil ihre Kulturen und Praktiken, um es mit den Worten von heute zu sagen, elitär waren und die Ungerechtigkeiten der Gesellschaft durch diese Institution reproduziert wurden. Die verwendete Sprache war die der sozialen Schichten der Lehrkräfte, der Lehrplan basierte auf einer Vorstellung von Kultur, die weit von jenem Wissen und jenen Kompetenzen entfernt war, die im täglichen Leben der Bauern und Arbeiter wichtig waren. Dies führte dazu (und die Schülerinnen und Schüler von Barbiana untermauern dies mit einfachen und plakativen Daten), dass die Bauern- und Arbeiterkinder „schüchtern" blieben, ihnen wurde das Wort genommen, sie verließen eine Schule, die bedeutungslos und unerreichbar schien, oder wiederholten mehrere Klassen, sodass sie nach acht Jahren Pflichtschule keinen Abschluss hatten.

Heute sind die Zahlen von Klassenwiederholungen und Schulabbrüchen im Vergleich zu den Sechzigerjahren deutlich reduziert. Auch die Strukturen des Bildungssystems haben sich in Richtung Inklusion weiterentwickelt mit den Gesetzen der Siebziger zur „Integrazione scolastica – schulischer Integration" der Kinder und Jugendlichen mit einer Beeinträchtigung und mit den späteren Maßnahmen zur gezielten Unterstützung der Schülerinnen und Schüler mit sogenannten besonderen Bildungsbedürfnissen. Trotzdem ist der Weg zu einer gerechten Bildung für alle noch lang. Aufgrund gesellschaftlicher Veränderungen sind heute andere Gruppen von Lernenden Exklusionsrisiken ausgesetzt, aber das Thema der Reproduktion von sozialen Ungerechtigkeiten durch die Schule bleibt nach wie vor aktuell.

Ein erster Aspekt hat mit der Zusammensetzung der Lehrkräfte zu tun, die in den meisten europäischen Ländern aus einer homogenen Gruppe von – zugespitzt gesagt – bürgerlichen, weißen, heterosexuellen Frauen bestehen. *Diversity* kennzeichnet also die Erwachsenen, die an Bildungsinstitutionen arbeiten, nicht, ganz im Gegensatz zu den Kindern und Jugendlichen, die hier aufgenommen werde. In der Literatur, die sich mit der Thematik auseinandersetzt, werden zwei Hauptargumente gebracht, die für mehr Diversität sprechen. Erstens würde eine deutlichere Präsenz von Lehrpersonen aus unterrepräsentierten Gruppen die Sensibilität der Bildungsinstitutionen für individuelle Erfahrungen von Exklusion und Marginalisierung erhöhen. Zweitens würde die höhere Heterogenität der Erwachsenengruppe auch zu einer Neudefinition der Kommunikationskultur und der Curricula der Schule beitragen, die potenziell offener für unterschiedliche Lernwege und Formen von Wissen sind.

Ein zweiter Mechanismus der Reproduktion von Ungleichheiten ist der breite Einsatz von lehrerzentriertem Unterricht: Forschungsdaten zeigen, dass italienweit über siebzig Prozent der Schulzeit in Form von lehrerzentriertem Unterricht stattfinden. Diese methodische Entscheidung ist nicht neutral im Sinne einer gerechten Schule für alle. Lehrerzentrierung bedeutet sehr oft gemeinsames Lernen an einem Thema, in einem einheitlichen Lernrhythmus, mit einem Lernweg, der von der Lehrperson definiert wird und der für alle gleich ist. Dies schließt selbstorganisiertes Lernen grundsätzlich aus, und damit wird auch das Potenzial der Schule als Ort reduziert, an dem Kinder und Jugendliche ein Bewusstsein über sich selbst als Lernende mit einem einzigartigen Lernweg und mit eigenen Talenten entwickeln können.

Im *Brief* kommen die Schülerinnen und Schüler selbst zu Wort, der Text ist von ihnen geschrieben. Wie oft wird heute an unseren Schulen die Stimme der Kinder und der Jugendlichen angehört? Welche Möglichkeiten haben sie, ihren eigenen Lernweg mitzugestalten? Die Passivität, die durch einen hierarchischen transmissiven Lehrstil vermittelt wird – mit der klassischen Struktur erstens lehren, zweitens das Gelehrte memorisieren und üben, drittens das Gelehrte wiedergeben –, lässt wenig Raum für die sogenannte *Student Voice* – um ein drittes Element zur Reproduktion von Ungleichheiten zu nennen. Das macht es schwierig für Bildungsinstitutionen, die Bedürfnisse und Wünsche der Kinder und Jugendlichen zu verstehen, die dort lernen. Inhalte und Lernwege bleiben fremdbestimmt, und dies erschwert die Entwicklung von Lernprozessen, die von allen als bedeutungsvoll empfunden werden können.

Auch strukturell bleiben Barrieren. Weiter oben wurden die Maßnahmen zur Unterstützung von Kindern und Jugendlichen mit besonderen Bildungsbedürfnissen als inklusionsfördernd beschrieben, weil sie in der Absicht des Gesetzgebers ein wichtiges Mittel darstellen, um persönliche Nachteile auszugleichen. Es gibt jedoch eine klare Kategorie, und zwar der besonderen Bildungsbedürfnisse. Diese Kategorie führt zu Ungerechtigkeiten, da sie für bestimmte Risiken, die nicht in die vereinbarte Definition passen, nicht empfänglich ist. So sind z. B. für Schülerinnen und Schüler mit Migrationsgeschichte die Formen der Unterstützung nicht klar definiert und werden somit sehr ungleich je nach Schule durchgesetzt. Für andere Gruppen wie Schülerinnen und Schüler aus sozioökonomisch benachteiligten Lebenskontexten sind die Formen der Unterstützung den Entscheidungen der einzelnen Schulen überlassen – die Variabilität in der Begleitung dieser Schüler und Schülerinnen ist sehr groß. Kurz gefasst hierarchisiert die aktuelle Gesetzeslage unterschiedliche Formen von Vulnerabilität.

In den 1960er Jahren vereinheitlichte die „neue" Mittelschule die Schulkarriere für alle bis zum vierzehnten Lebensjahr. Die Oberschule sieht jedoch noch ein Tracking vor, mit unterschiedlichen Schulen mit je unterschiedlichem Status (Gymnasien, technische Institute und Berufsschulen). Der selektierende Charakter des Übergangs zwischen Mittel- und Oberschule wird immer deutlicher; Forschungsarbeiten haben die hohe Konzentration an Schüler:innen mit besonderen Bidlungsbedürfnissen, mit Migrationshintergrund und aus benachteiligten soziokulturellen Verhältnissen in berufsbildenden Einrichtungen dokumentiert und gezeigt, wie stark die Beratung für die weiterführende Schule am Ende der dritten Mittelschulklasse von den Vorurteilen der Lehrkräfte beeinflusst wird.

Abschließend liegt die Aktualität des Textes in der wachen Aufmerksamkeit für Situationen, in denen Bildungseinrichtungen nicht in der Lage sind, Hindernisse für die individuelle persönliche Entwicklung und die volle Teilnahme am gesellschaftlichen Leben zu beseitigen. Die Merkmale der Vulnerabilität und die Formen der Ungleichheiten haben sich im Laufe der Zeit verändert, aber die Vorstellung einer transformativen Bildung bleibt unverändert: die Vision einer demokratischen Schule, die in der Lage ist, mit den Kindern und Jugendlichen die Werkzeuge zu entwickeln, um eine gerechtere Gesellschaft für die Zukunft gemeinsam zu entwickeln und aktiv zu erarbeiten.

Die Aktualität einiger Reformvorschläge

Ausgehend von den Erfahrungen in der Schule in Barbiana formulierten die Schüler und Schülerinnen im *Brief* drei Reformvorschläge für eine gerechtere Schule. Es ist beeindruckend, wie aktuell die Vorschläge heute noch sind.

Der erste lautet „Nicht durchfallen lassen“, und er entspricht, zeitgemäßer ausgedrückt, einer klaren Entgegensetzung zu einem selektiven Gebrauch der Leistungsbewertung.

Im Text wird mehrfach auf die Ungerechtigkeit einer Bewertung hingewiesen, die die Ergebnisse der Schüler:innen rein individuell betrachtet, als hingen sie nur von den Kenntnissen und Fähigkeiten eines Einzelnen ab und lägen somit tatsächlich in der Verantwortung eines Kindes oder eines Jugendlichen. Aber wie mittlerweile durch das Konstrukt der Kompetenz argumentiert wird und damals schon im *Brief* angedeutet wurde, hat das Lernergebnis sehr viel sowohl mit dem Kontext zu tun, in dem es gezeigt werden soll, als auch mit den Ressourcen, die der Kontext zur Verfügung stellt, um es zu entwickeln. Keinesfalls aber kann das Lernergebnis auf eine individuelle Verantwortung reduziert werden. Deshalb ist eine Bewertung, die auf der Grundlage von Lernergebnissen ausgrenzt, demütigt oder ein Gefühl der Unzulänglichkeit vermittelt, in einer demokratischen Schule nicht brauchbar. „Nicht durchfallen lassen“ heißt also, gestern wie heute, eine Bewertung vorzunehmen, die das Lernen unterstützt, und es den Lehrkräften ermöglicht, zu verstehen, was im gestalteten Lernweg funktioniert und was geändert werden muss, weil es doch nicht zu den gewünschten Ergebnissen führt. Eine solche Bewertung ermöglicht auch den Schülerinnen und Schülern, ihre eigenen Stärken und Schwierigkeiten zu erkennen, sodass sie gemeinsam mit den Lehrkräften Strategien zur Verbesserung entwickeln können.

Der zweite Vorschlag „Ganztagsschule“ befasst sich mit der Schulzeit und der Ungerechtigkeit, die mit einer Halbtagsschule verbunden ist. Schülerinnen und Schüler, die in einem kulturellen Kontext aufwachsen, der dem Angebot der Schule sehr ähnlich ist, können in dieser Zeit erfolgreich sein. Damit die Schule aber plural werden und verschiedene Lernformen zulassen kann und die Schülerinnen und Schüler dies erleben können, braucht es mehr Zeit, eine Ganztagsschule. In der Halbtagsschule wird davon ausgegangen, dass das Lernen zum Teil in der Schule und zum Teil zu Hause im Selbststudium erfolgt, somit kommen aber wieder Ungleichheiten zum Tragen. Die materiellen und psychologischen Ressourcen, die in den verschiedenen Häusern zur Unterstützung des Lernens zur Verfügung stehen, sind sehr unterschiedlich und wirken sich in ungerechter Weise auf die Lernprozesse aus. Wird hingegen die gesamte Lernzeit von der Schule organisiert, wenn auch nicht unbedingt nur von den Lehrerpersonen, können diese Ungleichheiten dank der kompetenten Begleitung aller Kinder und Jugendlichen während des gesamten Tages abgebaut werden.

Der dritte Vorschlag betrifft die Definition eines Ziels für den Bildungsweg; es geht im Wesentlichen um die Definition von klaren Zielen für die Bildung. Der *Brief* kritisiert sehr stark eine Schule, die zur Reproduktion von Hierarchien und Unterordnung tendiert. Das Ziel, von dem die Autor:innen des Werkes überzeugt sind, ist transformativ: Die Schule soll nicht das Bestehende reproduzieren, sondern das Werkzeug vermitteln, um ein Morgen zu konzipieren, das gerechter ist als das Heute. Aktuell ist ein nostalgischer Diskurs über elitäre, klassistische und selektive Bildung, der wenig (wenn überhaupt) von pädagogischem und didaktischem Wissen geprägt ist, in den Medien und im öffentlichen Diskurs über Schule sehr präsent. Es wird den Überlegungen von Intellektuellen Raum gegeben, die, ausgehend von ihrer persönlichen Erfahrungen und ohne jegliche Verankerung in zuverlässigen Forschungsdaten, aus einer privilegierten Perspektive unbegründete Kritik an der demokratischen Schule entwickeln. Es ist aber genau die demokratische Schule, die in der Lage ist, den Kindern und Jugendlichen jene Instrumente der persönlichen Entfaltung und der Teilnahme am kollektiven Leben zu bieten, die für die Schule von grundlegender Bedeutung sind, um Emanzipation und eine Entwicklung hin zu einer gerechteren Gesellschaft zu bewirken. Eine zentrale Rolle in diesem Prozess – und hier steht Don Milani neben großen Denkern wie Freire, Lodi und De Mauro – spielt die Sprache. Es ist der kompetente Gebrauch der Sprache, der den Bauern- und Arbeiterkindern die „Schüchternheit" nimmt und ihnen ihre Stimme im öffentlichen Diskurs zurückgibt. Deshalb ist die Schule der richtige Ort, um Lesen, Schreiben und Sprechen zu lernen, auf Italienisch, aber nicht nur: Mit Sprachen kann man reisen und das eigene Denken über die Welt erweitern, indem man sowohl eine globale als auch eine lokale Perspektive einnimmt.

Die Bedeutung des *Briefes* für Südtirol

Die Wiederveröffentlichung des *Briefes* in der Übersetzung von Alexander Langer in einem Verlag aus der Provinz Bozen hat einen ganz besonderen Wert. Das Schulsystem der Provinz hat nämlich im Namen der Autonomie und aus verständlichen historischen Gründen drei verschiedene Bildungsdirektionen geschaffen, die mit den drei offiziell anerkannten Sprachgruppen – Italienisch, Deutsch und Ladinisch – verbunden sind. Die drei haben im Laufe der Zeit, wenn auch innerhalb eines gemeinsamen strukturellen Rahmens, der sich auf die Strukturen des italienischen Bildungssystems bezieht, unterschiedliche Schulkulturen entwickelt, die sich in unterschiedlichen Curricula (Rahmenrichtlinien) und unterschiedlichen Praktiken niederschlagen. Diese sind auch das Ergebnis der Orientierung an unterschiedlichen pädagogischen und didaktischen Kulturen, die aus dem italienisch- und dem deutschsprachigen Raum stammen. Vor diesem Hintergrund hat die Wiederveröffentlichung des *Briefes* auf Deutsch für Südtirol eine große symbolische Bedeutung als Brücke, als möglicher gemeinsamer Gegenstand für Austausch und Dialog. Eines der bedeutendsten Werke der italienischen didaktisch-pädagogischen Kultur wird dem Südtiroler Bildungsdiskurs in deutscher Sprache zur Verfügung gestellt – der *Brief* lädt auf diese Weise dazu ein, Kultur zu teilen.

Als Professorin für Inklusionspädagogik an der Freien Universität Bozen interpretiere ich zudem als ein wichtiges Signal, dass das Werk von einer Einleitung und einem Nachwort flankiert wird, die von zwei Personen geschrieben wurden, die im universitären Bereich zusammenarbeiten. In einem der Artikel, die in diesem Buch zusammen mit dem *Brief* veröffentlicht werden, erzählt Langer von der Aufforderung Don Milanis, die Universität zu verlassen, weil durch die akademische Kultur nur die Distanz vergrößert werde zwischen den Studierenden und „der großen Masse der ungebildeten Menschen". Milani fordert ihn auf, etwas zu tun, um diese Distanz zu überbrücken. Ich hoffe, dass die Universität, indem sie die Veröffentlichung dieser Arbeit begleitet, eine Mediationsrolle zur Überbrückung dieser Kluft übernehmen kann. Denn Forschung kann Wissen und Kultur schaffen, die dafür zu nutzen sind: Sie kann Wissen generieren, das Ungerechtigkeiten aufdeckt, und wirksame Strategien für eine gerechtere Schule finden.

Aus dieser Perspektive wünsche ich allen Leserinnen und Lesern, dass die Lektüre Anlass für Begegnungen, Austausch und Dialog über demokratische Bildung wird. Sei das Buch eine Brücke zwischen Kulturen und Kontexten!

Danksagung

Bücher sind kollektive Werke, und auch dieses Buch ist dank der Mitarbeit vieler Menschen entstanden: derjenigen, die die redaktionelle Gestaltung vorgenommen haben; derjenigen, die geschrieben haben; derjenigen, die übersetzt haben; derjenigen, die das Lektorat durchgeführt haben; derjenigen, die den Satz gemacht haben.

Und dann gibt es noch andere, die zum Gelingen dieses Buches beigetragen haben: diejenigen, mit denen ich mich bei der Auswahl der Texte von Alexander Langer beraten habe; diejenigen, die mein Vorwort durchgelesen und verbessert haben; die Libreria Editrice Fiorentina, die uns mit der Milani-Stiftung in Kontakt gebracht hat; die Milani-Stiftung und die Alexander-Langer-Stiftung, die uns erlaubt haben, die Texte zu verwenden. Dann gibt es diejenigen, die sich Tag für Tag für eine demokratischere Schule einsetzen und mir nahestehen.

Ich möchte mich bei jeder und jedem herzlichst bedanken: Dieses Buch wäre ohne ihren Beitrag nicht das, was es ist.

Sabina Langer

Territorio / Gesellschaft

Carlo Romeo
Scorci di un confine
L'Alto Adige in un secolo di letteratura italiana
2023, 320 pp., Euro 24,00 ISBN 978-88-7223-399-3

Hans Heiss
Die Blüten der Macht
Die Südtiroler Volkspartei zwischen Wunder und Widerspruch
2022, 224 pp., Euro 18,00 ISBN 978-88-7223-402-0

Lucio Giudiceandrea
Stella aliena
La Südtiroler Volkspartei spiegata agli italiani
2022, 160 pp., Euro 15,00 ISBN 978-88-7223-401-3

Federico Faloppa
La farmacia del linguaggio
2022, 104 pp., Euro 10,00 ISBN 978-88-7223-405-1

Giambattista Lazagna
Der Fall des Partisanen Pircher
2022, 152 S., ill., Euro 14,00 ISBN 978-88-7223-394-8

Giambattista Lazagna
Il caso del partigiano Pircher
2022, 136 pp., ill., Euro 14,00 ISBN 978-88-7223-393-1

Maurizio Ferrandi
Der Nationalist
Ettore Tolomei – Der Erfinder des Alto Adige
2022, 368 S., Euro 18,00 ISBN 978-88-7223-390-0

Maurizio Ferrandi, Francesco Palermo
Die Mühen des Erfolgs
Fünfzig Jahre Zweites Autonomiestatut in Südtirol/Alto Adige
2022, 120 S., Euro 12,00 ISBN 978-88-7223-396-2

Maurizio Ferrandi, Francesco Palermo
Il faticoso modello
Cinquant'anni di "seconda autonomia" in Alto Adige/Südtirol
2022, 112 pp., Euro 11,00 ISBN 978-88-7223-388-7

Maurizio Ferrandi
I giorni delle gabbie
La battaglia sul censimento etnico in Alto Adige/Südtirol quarant'anni dopo
2021, 192 pp., Euro 15,00 ISBN 978-88-7223-380-1

Renate Mumelter
Sturzflüge. Voli in picchiata. Eine Kulturzeitschrift
arm, unabhängig, innovativ, frech, italiano, ladino, etc. 1982–2004
2021, 272 pp., ill., Euro 20,00 ISBN 978-88-7223-383-2

John Butcher (Hrsg. / a cura di)
Die ersten fünfzig Jahre der Südtiroler Literatur 1918-1968
I primi cinquant'anni di letteratura altoatesina
2021, 348 pp., ill., Euro 16,00 ISBN 978-88-7223-374-0

Maurizio Ferrandi
Il nazionalista
Ettore Tolomei – L'uomo che inventò l'Alto Adige
2020, 340 pp., Euro 16,00 ISBN 978-88-7223-363-4

Massimiliano Boschi
La montagna disincantata
L'Alto Adige/Südtirol tra mito e presente
2020, 184 pp., Euro 14,00 ISBN 978-88-7223-362-7

Ulrike Kindl, Hannes Obermair (Hrsg. / a cura di)
Die Zeit dazwischen
Il tempo sospeso
2020, 464 pp., Euro 18,00 ISBN 978-88-7223-365-8

Marta Verdorfer
Die Frauen für Frieden
Gegen Aufrüstung und Krieg. Südtirol 1980–1986
2019, 240 S., ill., Euro 15,00 ISBN 978-88-7223-364-1

Alexander Langer, Alessandro Leogrande
Dialogo sull'Albania
a cura di Giovanni Accardo, prefazione di Goffredo Fofi
2019, 288 pp., Euro 16,00 ISBN 978-88-7223-347-4

Anna Maria Chierici, John Butcher (Hrsg. / a cura di)
Ein Jahrhundert schweren Zusammenlebens
Un secolo di difficile convivenza
Eine Bilanz über die letzten 50 Jahre Südtiroler Literatur
Un bilancio degli ultimi cinquant'anni di letteratura altoatesina
2019, 256 pp., Euro 16,00 ISBN 978-88-7223-336-8

Lucio Giudiceandrea, Aldo Mazza
Stare insieme è un'arte
Vivere in Alto Adige/Südtirol
2019, 210 pp., Euro 16,00 ISBN 978-88-7223-323-8

Lucio Giudiceandrea, Aldo Mazza
Das Handwerk des Zusammenlebens
in Südtirol / Alto Adige
2019, 232 S., Euro 16,00 ISBN 978-88-7223-324-5

D. Andergassen, P. Carnevale, M. Hanni (Hrsg. / a cura di)
Occupato "ex Monopolio" in via Dante-Str. 6 besetzt
40 anni dopo – 40 Jahre danach
2019, 224 pp., ill., Euro 18,00 ISBN 978-88-7223-346-7

Elisabeth Malleier, Marlene Messner (Hrsg.)
Agnes, Ida, Max und die anderen
NS-„Euthanasie" und Südtirol. Vergessen und Erinnern
2018, 188 S., ill., Euro 14,00 ISBN 978-88-7223-310-6

Gabriele Di Luca, Maurizio Ferrandi (a cura di)
Pensare l'Alto Adige – Volume secondo. 1973-2018
2018, 460 pp., ill., Euro 20,00 ISBN 978-88-7223-327-6

Gabriele Di Luca, Maurizio Ferrandi (Hrsg.)
Die Südtirol-Debatte – Band I. 1950-1972
2018, 320 S., ill., Euro 18,00 ISBN 978-88-7223-334-4

Gabriele Di Luca, Maurizio Ferrandi (Hrsg.)
Die Südtirol-Debatte – Band II. 1973-2018
2019, 518 S., ill., Euro 20,00 ISBN 978-88-7223-337-5

Gabriele Di Luca, Maurizio Ferrandi (a cura di)
Pensare l'Alto Adige – Volume primo. 1950-1972
2017, 293 pp., ill., Euro 18,00 ISBN 978-88-7223-293-4

Elisabeth Malleier
Rabenmutterland
2017, 199 S., ill., Euro 14,00 ISBN 978-88-7223-302-3

Paolo Valente
Fedeltà e coraggio
La testimonianza di Josef Mayr-Nusser
2017, 92 pp., ill., Euro 10,00 ISBN 978-88-7223-280-4

Alessandro Costazza, Carlo Romeo (a cura di)
Storia e narrazione in Alto Adige/Südtirol
2017, 196 pp., Euro 15,00 ISBN 978-88-7223-291-0

Maurizio Ferrandi
"Al Brennero ci siamo e ci resteremo..."
Cronache parlamentari della questione altoatesina
Volume primo – 1918-1943
2016, 252 pp., Euro 15,00 ISBN 978-88-7223-276-7

Maurizio Ferrandi
Dibattiti e dinamite
Cronache parlamentari della questione altoatesina
Volume secondo – 1945-1992
2017, 356 pp., Euro 15,00 ISBN 978-88-7223-277-4

Giancarlo Riccio
Vassalli, il Sudtirolo difficile
2016 , 192 pp., Euro 15,00 ISBN 978-88-7223-265-1

Paolo Emilio Petrillo
Der Riss
1915-1943. Die ungelösten Verflechtungen zwischen Italien und Deutschland
2016, 358 S., ill., Euro 19,80 ISBN 978-88-7223-258-3

Finito di stampare
nel mese di Marzo 2023
da Cierre Grafica, Sommacampagna (VR)
per conto di Edizioni alphabeta Verlag
Merano (BZ)

L'etichetta FSC®
garantisce che il materiale utilizzato per questo volume
proviene da fonti gestite in maniera responsabile
e da altre fonti controllate.